ACCESO GRATIS ***a la Lectura en la Nube***

Para visualizar el libro electrónico en la nube de lectura envíe junto a su nombre y apellidos una fotografía del código de barras situado en la contraportada del libro y otra del ticket de compra a la dirección:

ebooktirant@tirant.com

En un máximo de 72 horas laborales le enviaremos el código de acceso con sus instrucciones.

La política en el pensamiento de santo Tomás de Aquino y Joseph Ratzinger

Procedimiento de selección de originales, ver página web:
www.tirant.net/index.php/editorial/procedimiento-de-seleccion-de-originales

La política en el pensamiento de santo Tomás de Aquino y Joseph Ratzinger

Manuel Alejandro Gutiérrez González

tirant humanidades
Ciudad de México, 2024

En caso de erratas y actualizaciones, la Editorial Tirant Humanidades publicará la pertinente corrección en la página web www.tirant.com/mex/

Director de la colección:

JUAN JOSÉ TAMAYO

Director de la Cátedra de Teología y Ciencias de las Religiones
Universidad Carlos III de Madrid

© TIRANT HUMANIDADES
DISTRIBUYE: TIRANT HUMANIDADES MÉXICO
Av. Tamaulipas 150, Oficina 502
Hipódromo, Cuauhtémoc,
CP 06100, Ciudad de México
Telf: +52 1 55 65502317
infomex@tirant.com
www.tirant.com/mex/
Librería virtual: www.tirant.com/mex/
ISBN: 978-84-1183-396-7
MAQUETA: Innovatext

Si tiene alguna queja o sugerencia, envíenos un mail a: atencioncliente@tirant.com. En caso de no ser atendida su sugerencia, por favor, lea en *www.tirant.net/index.php/empresa/politicas-de-empresa* nuestro Procedimiento de quejas.

Responsabilidad Social Corporativa:
http://www.tirant.net/Docs/RSCTirant.pdf

Universidad Anáhuac Querétaro
Circuito Universidades I, Km. 7, Fracc.2
Municipio El Marqués, Querétaro, C.P. 76246
Querétaro.

Índice

Prólogo

La política del siglo XXI sufre de una enfermedad mortal y con ella la cultura occidental y las naciones. Los avances científicos y tecnológicos han traído cierto bienestar; pero, cuando se desligan de la moral pueden ser letales para las personas y para las comunidades que conforman, la sociedad. Para la política actual, se piensa, el progreso de las naciones sólo debe ser bajo este rubro, no importa el desarrollo moral de sus ciudadanos, lo cual nos ha llevado a varias crisis, no sólo en el ámbito económico, sino también científico, tecnológico, cultural y político. Para discernir esta problemática, nos apoyaremos en dos filósofos, sobre todo teólogos, quienes nos irán deshilvanando la trama política para volverla a rehacer y encaminarla hacia su fin. Ellos son santo Tomás de Aquino y Joseph Ratzinger / Benedicto XVI. El primero, quien pertenece a la Edad Media, alcanzó cotas altas en el nivel académico de su tiempo, y fue uno de los maestros más reconocidos en las universidades de Bolonia, París y Colonia. Aunque su reflexión se desarrolló en el siglo XIII sigue siendo de gran actualidad, ya que su pensamiento trasciende fronteras temporales, es un pensamiento perenne. El segundo pertenece al siglo pasado, y también ha sido uno de los más grandes académicos de Alemania, en diferentes universidades, como la de Freising, Bonn, Münster, Tübingen y Regensburg. Ratzinger ha dialogado con grandes personalidades a nivel teológico, filosófico, social, político, religioso, cultural. Santo Tomás de Aquino y Joseph Ratzinger/Benedicto XVI son dos grandes pensadores que con sus reflexiones podemos analizar los problemas sociales y hacia dónde podemos transitar para mejorar las situaciones que aquejan a la sociedad actual.

Introducción

La filosofía política se pregunta por el origen de la autoridad política, qué es la justicia y cómo es posible la justicia distributiva, la justicia legal y la justicia conmutativa, la tolerancia y la paz. En estos tiempos, empiezan a surgir otros problemas que deben ser tratados por esta disciplina filosófica, como es el caso de los tipos de democracia que existen y sus límites, los roles de los partidos políticos, los extremismos ideológicos políticos de izquierda y de derecha, el populismo y mesianismo políticos, el razonamiento y debate público, el individuo y la comunidad, los derechos humanos, la inmigración, la globalización, entre otros.

Algunos filósofos, juristas, politólogos, sociólogos en la época contemporánea tratan estos temas desde diferentes escuelas y tradiciones filosóficas, como son el caso de Arendt, Rawls, Nozick, Dworkin, Bobbio, Habermas, Sandel, Nussbaum, Sartori, por mencionar a algunos. Entre algunos de ellos, han surgido discusiones académicas respecto a los argumentos que presentan y defienden; sin lugar a dudas, uno de los filósofos más polémicos ha sido Rawls, porque filósofos como Nozick, Habermas y Sandel han cuestionado sus posturas y han mostrado algunos fallos de su pensamiento.[1]

Otra tradición filosófica diferente a los anteriores filósofos presentados es el tomismo, el cual ha tenido un nuevo impulso en el siglo XX y,

1. Véase Michael Sandel, *Filosofía pública. Ensayos sobre moral política* (Barcelona: Marbot, 2007); Michael Sandel, *La tiranía del mérito* (México: Debate, 2020); Robert Nozick. *Anarquía, Estado y utopía* (México: Fondo de Cultura Económica, 1988); Jürgen Habermas, "Reconciliation through the public use of reason: Remarks on John Rawls political liberalism", *The Journal of Philosophy*, XCII, núm. 3 (1995): 65-94.

con ello, ha tratado de entrar en las discusiones contemporáneas de la filosofía política. Uno de los representantes del neotomismo, por ejemplo, es Jacques Maritain quien, dentro de la filosofía política, trató el origen y los fines de la autoridad, la autoridad en la democracia, la democracia anarquista, los derechos humanos, la relación entre la Iglesia y el Estado.[2] Otro filósofo perteneciente a esta escuela filosófica es John Finnis, él aborda temas como los derechos humanos, los límites del gobierno, los derechos de los migrantes, la legítima defensa, la eutanasia, el aborto, los matrimonios entre personas del mismo sexo, la autoridad, la ley natural, los debates públicos.[3] Otro filósofo perteneciente a esta tradición, y no por ello agotamos la lista de filósofos neotomistas, es Alasdair MacIntyre, quien analiza las concepciones de justicia que existen y cómo algunas se contraponen, además de los argumentos del marxismo y los contrapone con el tomismo.[4]

2. Jacques Maritain, *Democracia y autoridad*, consultado el 9 de enero de 2022, https://www.jacquesmaritain.com/pdf/09_FP/03_FP_DemAuto.pdf; Jacques Maritain, *El principio pluralista en la democracia*, consultado el 9 de enero de 2022, https://www.jacquesmaritain.com/pdf/09_FP/05_FP_Plural.pdf Jacques Maritain, *Ley natural o derecho natural*, consultado el 9 de enero de 2022, https://www.jacquesmaritain.com/pdf/09_FP/06_FP_DerNat.pdf Jacques Maritain, *La carta democrática*, consultado el 9 de enero de 2022, https://www.jacquesmaritain.com/pdf/09_FP/09_FP_CartaDem.pdf Jacques Maritain, *La iglesia y el estado*, consultado el 9 de enero de 2022, https://www.jacquesmaritain.com/pdf/09_FP/12_FP_IglEst.pdf Jacques Maritain, *Posibilidades de cooperación en un mundo dividido*, consultado el 9 de enero de 2022 https://www.jacquesmaritain.com/pdf/09_FP/07_FP_DiscUNE.pdf
3. John Finnis, *Human Rights and Common Good* (Reino Unido: Oxford University Press, 2013); John Finnis, *Reason in action* (United Kingdom: Oxford University Press, 2013).
4. Alasdair MacIntyre, *Justicia y racionalidad: conceptos y contextos* (Barcelona: Ediciones Internacionales Universitarias, 1994); Alasdair MacIntyre, *Ética y política. Ensayos escogidos II* (Granada: Nuevo Inicio, 2008).

El propósito de esta obra no pretende criticar los argumentos débiles o fuertes de los filósofos políticos contemporáneos ni de finales de los siglos XX e inicios del XXI, tampoco se pondrán en diálogo sus argumentos con el pensamiento tomista.

En la primera parte se muestra, profundiza y, de alguna forma, articula el pensamiento filosófico político de santo Tomás de Aquino. Algunos de los temas que se analizan en el pensamiento de santo Tomás, llamado el *Aquinate*, son la justicia, las formas de gobierno y el bien común. En este estudio se privilegiará el acceso a los escritos de santo Tomás de Aquino; en pocas ocasiones se sustentarán los argumentos desde otros autores tomistas.

La segunda parte está dedicada al pensamiento de Joseph Ratzinger/Benedicto XVI. En ésta se articula y expone su pensamiento en temas políticos, especialmente el origen de la autoridad política, algunas desviaciones de la política y algunos límites de la democracia pluralista. De igual forma, se privilegiarán los escritos de este autor, pues no existen muchos estudios respecto al tema.[5] Es por ello que se realiza una hermenéutica

5. Una búsqueda en EbscoHost usando los algoritmos de búsqueda "political philosophy" y "Joseph Ratzinger arroja seis resultados, de los cuales dos pueden entrar en la revisión de literatura; a saber, Carlos Soler, "Fe y política en Joseph Ratzinger", *Pensamiento y cultura* 16, núm. 1 (junio de 2013): 204-235. Andrew Cummings, "The Habermas-Ratzinger Discussion Revisted: Translation as Epistemology", *Catholic Social Science Review* 22 (2017): 311-325. En Dimensions, usando los mismos algoritmos y limitándolo a "Tipo de publicación: Artículo", arroja 442 artículos entre 2013 y 2022, de los cuales sólo cinco pueden ayudar en la revisión de literatura; éstos son, Virgil Nemoianu, "The Church and the Secular Establishment: A Philosophical Dialogue between Joseph Ratzinger and Jurgen Habermas", *Logos: A Journal of Catholic Thought and Culture* 9, núm. 2 (2006): 16-24; Gary Glenn, "Is the Secularism the End of Liberalism? Reflections on Europe's Demographic Decline Drawing on Pope Benedict, Habermas, Nietzsche and Strauss", *Catholic Social Science Review* (2008); Gary Glenn, "Tocqueville's 'Democratic Despotism' and Pope Benedict's 'Dictatorship of Relativism'", *Catholic Social Science Review* (2014).

a partir de los textos originarios de los dos autores, sin comparaciones o críticas desde otras posturas argumentativas. Se privilegia la cita textual de los escritos de los autores; y de hacerse algunos comentarios, se encontrarán como notas a pie de página. No se trata de un recuento histórico, ni de una síntesis del pensamiento de muchos filósofos que han tratado temas políticos, no porque se consideren poco importantes o que no hayan aportado nada nuevo; sino porque existe un gran conocimiento actual de temas políticos gracias a ellos, pero este estudio es sobre la filosofía política en el pensamiento de santo Tomás de Aquino y Joseph Ratzinger/Benedicto XVI. Hay muchos autores que pueden y tratan de manera magistral la investigación detallada del pensamiento de muchos filósofos sobre esta materia, por ello remitimos a sus obras.

Existen tres argumentos que pueden criticar y desechar los argumentos presentados. El primero de ellos es que los autores de este análisis son eminentemente teólogos, y que el objeto de estudio de la teología es Dios y no la comunidad política, su organización y sus fines; por lo tanto, no pueden aportar nada a la discusión filosófica ni a las cuestiones políticas. El segundo, la propuesta que se presenta en este trabajo es que la política debe recuperar argumentos de la metafísica y fundamentarse en ellos, lo cual puede considerarse "medievalista" (entendido en sentido peyorativo), oscurantista y retrógrado, pues existen nuevos métodos filosóficos que responden a las exigencias de nuestro tiempo. Por último, siguiendo la misma argumentación anterior, se podría objetar que sólo es necesario aquello que sea realmente ciencia, como la ciencia política, la sociología, economía, las cuales contribuyen a la toma de de-

Mary McKenna, "On the future of Europe: Philosophical and Theological Perspectives on Pre-Political Foundations of Europe and the State from Ratzinger, Habermas, and MacIntyre", *The Heythrop Journal* (2017). Patrick Cain, "Technology and Freedom: Pope Benedict XVI on Faith, Reason, and Politics", *Perspectives on Political Science* (2012). En Google Scholar usando los mismos algoritmos de búsqueda y limitándolo a "Artículos en revisión", aparecen seis resultados, de los cuales ninguno trata el tema.

cisiones y a la acción política, mientras que la filosofía no se considera una ciencia porque no ayuda a la toma de decisiones y acción política, ya que sólo se encarga de argumentar.

Al primero de los argumentos habrá que decir que es verdad que santo Tomás de Aquino y Joseph Ratzinger son teólogos. El primero con título académico de maestro *in sacra pagina* y el segundo, doctor en teología. Esto no resulta problemático, pues nuestros autores se sirven de la filosofía para ofrecer argumentos no sólo de la fe, sino de las realidades y circunstancias históricas, políticas, económicas en las cuales vivieron, pues es el saber más noble del ser humano. Toda la obra teológica de santo Tomás y Ratzinger tiene como *nota pedal* la filosofía, donde la teología encuentra *apoyatura* de la filosofía, toda la sinfonía teológica de Aquino y de Ratzinger está embebida de la filosofía, y sin ella, se pierde el sentido de la partitura teológica en clave humano, el cual hasta puede llegar a tener bemoles. Nuestros autores no tienen, lo que hoy llamaríamos, manuales de filosofía, sino *Summæ* y escritos de teología, pero pusieron los conocimientos de la razón humana que tuvieron a su alcance al servicio de la Palabra Revelada, y entre estos conocimientos se encuentra la filosofía.

Del segundo contraargumento, se considera que no existe como tal un problema por presentar argumentos de la filosofía política desde la metafísica. De hecho, se analiza y estudia cómo es necesaria la metafísica para poder fundamentar la política en nuestros tiempos. Preguntarse simplemente ¿qué es el hombre?, ¿cuál es su naturaleza?, ¿qué es la inteligencia y la voluntad?, ¿cómo conoce y cuál es el proceso de volición del hombre?, ¿qué es la libertad?, ¿qué es la conciencia?, ¿qué es la política?, entre otras preguntas, ya es entrar en el terreno de la metafísica. Aquí se entiende por metafísica la ciencia que estudia al ser en cuanto ser, también como las causas primeras de las cosas.[6] Si bien, muchos

6. *Cfr.* Peter van Inwagen y Meghan Sullivan, "Metaphysics", *The Stanford Encyclopedia of Philosophy* (Winter 2021 Edition). Ed. por Edward N. Zalta, https://plato.stanford.edu/archives/win2021/entries/metaphysics/

métodos filosóficos han ido describiendo y reflexionando sobre la filosofía política y han aportado respuestas válidas e importantes, esto no significa que la metafísica los deseche o esté necesariamente en contraposición de estas verdades a las cuales se han llegado. La metafísica da cumplimiento y fundamentación más consistente a estas verdades, porque atiende a los primeros principios de las cosas, porque estudia lo más íntimo del ser de las cosas. La metafísica no es un tema antiguo, es un siempre presente, pues todo ser humano que empieza a contemplar y a conocer la realidad, se pregunta el porqué de las cosas, indaga sobre ellas, hasta que encuentra cierto reposo en las causas primeras del entendimiento humano. Se hace metafísica sobre Dios, el ser humano, la materia, la ciencia; por ejemplo, en las discusiones actuales sobre la ética, en especial en cuanto a las distinciones entre la objetividad y la subjetividad, cuando se recurre a la objetividad se le llama "metaética".

Por último, las ciencias que han surgido en la actualidad tampoco se contraponen a la filosofía. Es preciso decir, primero, que entre las ciencias no puede haber contraposición, lo que existe en realidad son algunos hombres de ciencia que al indagar pueden equivocar sus métodos y no conocer la verdad desde su ciencia o, bien, puede darse un traspaso gnoseológico por parte de los hombres de ciencia. Esto significa que al haber llegado a verdades usando los métodos propios de su ciencia, hacen afirmaciones respondiendo a las preguntas del ¿por qué?, y no a las del ¿cómo? Es decir, pretenden hacer meta-ciencia, no con el método que emplea su ciencia, pues esto sólo le corresponde a la filosofía. Es por ello que debe existir una investigación interdisciplinaria[7] y no un

7. Actualmente existe una disputa respecto a cuál es el término correcto, si multidisciplinariedad, transdisciplinariedad, interdisciplinariedad o crodisciplinariedad. Por multidisciplinariedad entiendo una suma, mezcla o yuxtaposición de los aportes que provienen de varias disciplinas. Por transdiciplinariedad, el desarrollo de un marco conceptual compartido, que tiene como resultado una síntesis de un todo. Por interdisciplinariedad, varias personas trabajan desde sus conocimientos, sin pretensión de que

traspaso gnoseológico; cada uno usando su propio método para llegar a verdades que le corresponden a su ciencia, pero dialogando cada uno de ellos para enriquecerse.

Como ya se ha comentado, el presente escrito se divide en dos apartados. El primero aborda el pensamiento político de santo Tomás de Aquino. Aunque el filósofo no trató sistemáticamente el tema político, es decir, no tiene un tratado extenso al respecto, como sí lo tiene sobre Dios, el conocimiento del ser humano, sobre las virtudes, entre otros, podemos encontrar en el *corpus thomisticum* el *Comentario a la Política*, que está incompleto, y *La monarquía. Carta al Rey de Chipre*, también incompleto.[8]

su disciplina es superior o mejor, en un problema en común y redunda en conocimientos nuevos. Y, por crodisciplinariedad, el conjunto de los tres anteriores.

8. El libro *Política* de Aristóteles tiene ocho libros, y Tomás escribió el comentario hasta el Libro tercero, capítulo sexto. "Aquinas is known to have composed either the first and second medieval commentary on Aristotle's *Politics* (the other being the work of Aquinas's teacher Albert the Great; it is now generally thought that Albert's commentary predates Aquinas's). Aquinas's *Sententia libri Politicorum* is primarily a literal (*ad litteram*) commentary, aiming to elucidate and elaborate the meaning of the Philosopher's text, rather than using that text primarily as a springboard to original theoretical work on the commentator's own part. Yet Aquinas left his *Commentary on the "Politics"* radically incomplete. Of the eight books of the *Politics*, Aquinas treats only the first two and a half, his text finishing with an explication of Book III, chapter 8." M. Keys, *Aquinas, Aristotle, and the promise of the Common Good* (Nueva York: Cambridge University Press, 2007), 18. Asimismo, Keys propone que Tomás dejó de escribir este comentario, porque en el pensamiento de Aristóteles parece ser que deja de preocuparse por los fines y las normas últimas que ha desarrollado, especialmente en el libro de la *Política*, y para confirmar esta postura, cita a Wayne Amber: "[t]he common good advantage is a memorable feature of Aristotle's political teaching, but it gains prominence only in the *Politics* III.6.7. And once gained, this prominence is then quickly lost: the common good or common advantage is a theme in the central chapters of Book III, but this phrase does not occur in the

No obstante, aquí se desarrolla un tratado sobre la política en Tomás de Aquino con base, principalmente, en estas obras citadas, y se toma como referencia el libro *Doctrina política de Santo Tomás*, del padre Santiago Ramírez, O.P., para abordar la política desde las cuatro causas aristotélicas: material, formal, eficiente y final. Estas cuatro causas ayudarán a comprender el objeto de estudio, es decir, a entender qué es la política.

El inicio de estas causas parte desde la naturaleza misma del hombre, su ser racional hace que se abra a demás seres, existe una apertura de la intimidad del hombre, comunica de cierta forma su ser, y en esta apertura y comunicación el hombre se manifiesta vulnerable, manifiesta su pequeñez e insuficiencia, necesita de los otros para poder subsistir; sus instintos no son como el de los animales, los cuales caminan y comen de manera expedita; los instintos animales que se encuentran en el hombre son controlados e imperados desde la razón, es decir, el actuar del ser humano no es dejarse llevar por los impulsos de sus instintos, sino la razón da orden a los instintos. El ser humano desde su más temprana edad necesita de los demás de forma dependiente, muestra su indigencia para que los demás se hagan cargo de ese nuevo ser, y sin que lo sepa ese nuevo ser humano ya empezó a entablar sus primeras relaciones sociales. A pesar de ser éste un argumento bastante concurrido para la formación de las sociedades, existe otro que complementa la visión anterior; esto es, los seres humanos también nos reunimos en sociedad porque tenemos algo que aportar al otro, yo puedo dar algo a los demás, especialmente yo me puedo donar a los demás.

El ser humano no es un mero objeto que hace funcionar la maquinaria social, sino que es un don que debe ser aceptado, recibido y acrecen-

final five books of the *Politics*". Wayne Ambler, citado en M. Keys, *Aquinas, Aristotle, and the promise of the Common Good* (Nueva York: Cambridge University Press, 2007), 20. En el caso del libro *La monarquía. Al Rey de Chipre*, se sabe que escribió hasta el Libro segundo, capítulo cuarto, y lo demás fue escrito por Ptolomeo de Luca.

tado, somos imagen de Dios y, al serlo, no sólo somos *con* los demás, sino *para* los demás. Así, la primera comunidad a la cual pertenece cada ser humano es a la del ámbito familiar. Para entrar de lleno a la cuestión social y política es necesario comprender la primera institución social, la célula base de la sociedad, que es la familia. Veremos algunos elementos que se deben dar en la familia para poder hacer una analogía de proporción en la nación, pues muchas de las virtudes que viven los seres humanos se asemejan a la vida familiar y, por último, a la vida social nacional.

También se analiza la propuesta de la estructura de gobierno según santo Tomás y las formas de gobierno; para hacer una comparación desde este momento, la concepción del Estado moderno dice que el fundamento de este Estado se da por la voluntad del ser humano, que se consolida a través del pacto social. Para Tomás de Aquino ¿será lo mismo?, y si no es así, ¿qué es lo que consolida la estructura y la forma de gobierno?

Además se estudia la autoridad y sus virtudes y a cuál de éstas le compete principalmente. ¿De dónde le viene la autoridad al gobernante, según Tomás?, ¿para qué tiene ese poder la autoridad? A través de estas preguntas entenderemos cuál es el oficio del gobernante y cuál es el premio que obtendrá si gobierna con justicia, de cumplir con diligencia el encargo.

Por último, el bien común. Para desarrollar este concepto, es preciso hacer un estudio previo de qué es el bien, concepto netamente metafísico. Después analizaremos lo que Tomás de Aquino entiende por bien común, y cómo se puede encontrar en dos dimensiones: el bien común trascendente y el bien común inmanente; ¿en qué consiste cada uno?, ¿qué persigue cada una de estas dimensiones de bien común?

En el segundo apartado se aborda el pensamiento de Joseph Ratzinger. Algunas cuestiones a resolver aquí serán la justificación de por qué tomar a este pensador para el desarrollo de la filosofía política y dilucidar qué elementos se pueden retomar desde sus escritos como Sumo Pontífice de la Iglesia católica. Joseph Ratzinger tiene un modo libre de escribir, por decirlo de alguna forma; mientras que como Benedicto XVI carga con la autoridad papal y, por tanto, escribirá desde esa posición. La forma de pensar y escribir como Benedicto XVI sigue siendo el mismo que como Joseph Ratzinger, podemos encontrar muchos argumentos similares que usa cuando fue catedrático en Alemania y en documentos pontificios.

Ya que Ratzinger es principalmente un teólogo, se tomarán todos los argumentos filosóficos que encontremos en sus escritos, ya sea como catedrático o como Papa, para tratar el tema de la política. En el desarrollo de este apartado no se pretende dar una definición o buscar la definición de política según el autor, sino cómo concibe la política en el tiempo en el que él vive. Este trabajo será un desarrollo incipiente, pues no se encuentra, hasta este momento, un escrito sistemático sobre política en Ratzinger; es un aporte modesto al tema.

Ratzinger planteará que la política sufre de una *hybris*, es decir, de una corrupción, ¿de dónde le proviene esta corrupción a la política?, ¿cuál es la raíz de esta corrupción? Estas son las preguntas que se tratarán de resolver en el apartado *La hybris de la política*; asimismo, siguiendo a Ratzinger se hará un estudio morfogenético-histórico de la corrupción en el planteamiento político, hay que resaltar que no es un estudio histórico, sino que se rastreará históricamente la raíz del problema y se discutirá el porqué para Ratzinger es un problema.

Además, se plantea el problema si es posible resolver esta corrupción, y si es así, cuál es el camino a seguir: para poder purificar a la política de la corrupción que sufre actualmente debemos recurrir a la mesura o sabiduría y al freno, dominio y control de las pasiones. Recurrir a la sabiduría para controlar las pasiones es la idea principal para solucionar este problema, pero al echar mano de la sabiduría, Ratzinger rehabilitará el elemento metafísico en la política. Este último argumento, también pretende ser otro aporte para la filosofía política.

Por último, se aborda el tema de la democracia, cómo lo entiende y estudia Ratzinger, cuáles son los problemas que él observa de esta forma de gobierno; así como, una forma específica de la democracia, que es la pluralista, cuáles son sus bases fundamentales y cuáles son los problemas que se encuentran de raíz en esta forma democrática.

Primera parte

La política en santo Tomás de Aquino

INTRODUCCIÓN

Esta reflexión la empezaremos con las cuatro causas aristotélicas: causa material, causa formal, causa eficiente, causa final, según el escrito *Doctrina política de Santo Tomás*, de Santiago Ramírez, O.P. ¿Por qué tomar como base este escrito y no los de santo Tomás? Porque en todos los escritos de Tomás no se encuentra un cuerpo doctrinal sobre lo que es la política. Se podrá objetar que Tomás tiene los libros del *Comentario a la Política*, pero aquí Tomás no desarrolla su propia doctrina, sino que escribe este libro para ayudar a sus alumnos a adentrarse y comprender el pensamiento de Aristóteles.[8] Lo que sí es de su propio ingenio son los ocho párrafos del *proemio* al *Comentario a la Política*. También tiene los libros *La monarquía. Al rey de Chipre* —conocido en latín como *De Regno*— y *Sobre el gobierno de los judíos* —en latín *Ad ducissam Brabantiæ*— y el Tratado sobre la Ley, escrito en la *Suma teológica*. En el libro *De Regno*, Tomás deja inconcluso el escrito y da algunos consejos al rey de Chipre sobre cómo gobernar, pero sin revelar cuál es la esencia de la política; en *Ad ducissam Brabantiæ* es un consejo a la duquesa de Brabante para saber si debe cobrar más impuestos a los judíos en un reino católico, y en el Tratado sobre la Ley aborda la esencia de la ley y sus dimensiones. En los escritos de Tomás de Aquino no encontramos un desarrollo integral del tema de la política, sino que en varios hay fragmentos de lo que piensa qué es la política.

8. *Cfr.* J. Arancibia, "Política, el aporte de Santo Tomás", *Revista de Marina*, 1 (1997).

Al tomar como referencia la obra de Santiago Ramírez, me parece que hay todavía algunas cosas por mejorar o incluir; es decir, creo que se podría ampliar la concepción política en Tomás; hay que recordar que el escrito de Santiago Ramírez fue publicado en 1951. Otro libro como referencia para el desarrollo de este análisis, es el de Mauricio Beuchot, *Filosofía política.* No obstante, el problema de este escrito es que en la primera parte el autor hace un recorrido histórico del pensamiento político de los grandes filósofos desde la antigüedad hasta la edad contemporánea, y al pensamiento de santo Tomás sólo le dedica cerca de cuatro páginas, enfocando más su desarrollo al tema de la ley; en la segunda parte, aborda la política desde la hermenéutica analógica, justifica cómo es importante la hermenéutica en la política, y desarrolla temas como el estado de derecho y derechos humanos, la unión entre analéctica y analogía y la praxis política. Es un gran aporte para introducirse al pensamiento político de varios filósofos y para comprender cómo la hermenéutica analógica se debe aplicar en la política, sin embargo, por ahora, estos temas no son objeto de estudio.[9]

También encontramos una breve ponencia de Eudaldo Forment, en el V Congreso Nacional sobre *El pensamiento político en la Edad Media,* titulada "Principios fundamentales de la filosofía política de santo Tomás",[10] en la cual menciona que ha habido muchos intentos por sistematizar el pensamiento político de Tomás de Aquino; en estos intentos destacan autores como Malagola, *Le teorie politiche di San Tommaso d'Aquino* (1912); Bouillon, *La politique de S. Thomas* (1927); Galán y Gutiérrez, *La filosofía política de Santo Tomás de Aquino* (1945); Roland-Gosselin, *La doctrine politique de Saint Thomas d'Aquin* (1928); Rocca, *La política in S. Tomasso* (1934); Santiago Ramírez, *Pueblo y gobernantes al servicio del Bien Común* (1956), y Lachance, *L'hummanisme politique de*

9. *Cfr.* M. Beuchot, *Filosofía política* (México: Torres Asociados, 2006).
10. *Cfr.* Eudaldo Forment, "Principios fundamentales de la filosofía política de santo Tomás", en *El pensamiento político en la Edad Media.* Coord. por Pedro Roche Arnas, 93-112 (Madrid: Centro de Estudios Ramón Areces, A.C., 2010).

Saint Thomas d'Aquin (2001), quienes discuten las tesis de *Humanismo integral* de Jacques Maritain. Además de este aporte de filósofos interesados en el tema, también Eudaldo Forment contribuye con su visión política en Tomás de Aquino, y lo sistematiza en la naturalidad de la política, la persona como fundamento de la comunidad política, el bien común como finalidad política, la amistad civil como perfeccionadora del bien común, la laicidad política, el binomio política y ética y el binomio laicidad y laicismo.[11]

Santiago Ramírez reconoce que su libro es sólo un acercamiento al pensamiento político de santo Tomás de Aquino, pues el santo no escribió un cuerpo doctrinal sobre el tema,[12] como ya lo mencionamos. Lo que se tiene sobre el tema político en el pensamiento del Aquinate son aquellas cartas que escribió al rey de Chipre Hugo II quien quería gobernar según las exigencias del Evangelio y vivir cristianamente, o a la duquesa de Brabante que le pedía consejos para gobernar a los judíos y poner un impuesto a todos los súbditos, sean cristianos, judíos, musulmanes o incrédulos.

Otro de los elementos a rescatar del padre Ramírez es lo que menciona Tomás: cada ciencia tiene su objeto propio; en el caso de la ciencia política, el objeto es un elemento meramente práctico y, por lo tanto, es necesario recurrir a los conocimiento de la razón práctica, pero como toda ciencia no se queda en recetas o en elementos particulares, siem-

11. *Cfr. Ibid.*
12. Mary Keys menciona que no existe un tratado de filosofía política en el pensamiento político de santo Tomás de Aquino: "The first is that all the important political theorizing is found in Aristotle and is repeated partially, here and there as he finds it convenient, by Aquinas, who wrote no 'Treatise on Politics' in his *Summa Theologiae* (*ST*) and left his *Commentary on Aristotle's 'Politics'* a full two-thirds incomplete. That evidence, coupled with some appreciative citations by Aquinas of key passages from the Politics, appears to indicate that Aquinas thought Aristotle had at least in this regard said it all." Mary Keys, *Aquinas, Aristotle, and the promise* 15.

pre alcanza un estatuto necesario y universal.[13] En efecto, sabemos que la naturaleza de la ciencia es una virtud intelectual que perfecciona el entendimiento especulativo, ¿de qué forma?, a través del conocimiento de la realidad. Tomás dice que es cognoscible de dos modos: conocer la realidad como es o por medio de otra verdad. La virtud intelectual de la ciencia conoce la verdad mediante otra verdad, pero este conocimiento puede ser de dos modos: "siendo el término último de un género determinado [o] siendo el término último respecto de todo conocimiento humano".[14] Entonces, Tomás concibe que la ciencia es una virtud intelectual que perfecciona el entendimiento especulativo al conocer la verdad mediante otra verdad, siendo el término último respecto de todo conocimiento humano, esto es, de éste o de aquel género, "de ahí que, según los diversos géneros de seres científicamente cognoscibles, se den diversos hábitos de ciencia".[15]

Ya que hay diversos géneros de seres y la política estudia un género de ser, tendremos que saber qué tipo de hábito de ciencia es la política. Para adentrarnos en el tema, santo Tomás dice en la *Suma teológica*: "así pues, la ciencia operativa es tan perfecta en cuanto más considera lo particular, que es donde se encuentra la acción",[16] en el caso de la política, ésta es un conocimiento del obrar humano, y por eso se enmarcará en el hábito científico de lo operativo, es decir, del obrar.

El padre Ramírez acierta al decir que el santo doctor no trata de hacer una política cualquiera, "sino una política verdaderamente cristiana y aplicable a los pueblos cristianos";[17] por lo que su política no es sólo

13. *cfr*. Ramírez, 1987.
14. *S. Th.*, I-IIæ q. 57, a. 2, *co*. (Para las siguientes citas de la obra *Suma teológica*, se escribirá *S. Th.*)
15. *Idem.*
16. *Ibid.*, Ia, q. 22, a. 3 ad 1: "*Omnis enim operativa scientia tanto perfectior est quanto magis particularia considerat, in quibus est actus.*"
17. Santiago Ramírez, *Doctrina política de Santo Tomás* (España: Instituto Social León XIII, 1951), 10.

para los pueblos cristianos, sino para todos los pueblos. ¿Cómo le hizo santo Tomás para tratar temas políticos? Esto lo iremos desarrollando a lo largo de este capítulo. Toca a nosotros conocer la realidad política, aquellas cosas que se viven de forma práctica y, como diría el mismo santo Tomás a la duquesa de Brabante, no hay que ser perezosos en colaborar en estas preocupaciones;[18] es urgente que todo ciudadano empiece a reflexionar en cómo ha colaborado para mejorar o empeorar la situación de la política familiar y de la política perfecta, aquella en la cual una multitud de seres humanos se reúnen en la ciudad para buscar el bien común.

LA POLÍTICA EN EL PENSAMIENTO DE SANTO TOMÁS DE AQUINO

La política no es algo que esté dado *de facto* como lo piensa Hegel, no es un ente real, sino un ente de razón, es decir, hablar o pensar ahora sobre el Estado o la política son dos conceptos que han sido ontologizados; algunas personas piensan que la esencia del Estado o de la política se encuentra situada en la existencia, esto es, algo real y concreto. Si esto no es así, entonces ¿qué es la política? Una definición frecuente es: la política es el arte de gobernar. Tomás entiende la palabra *ars* no como lo comprendemos en la actualidad, sino como habilidad práctica o trabajo cualificado. Así, la política al ser un tipo de arte, es algo que el individuo va haciendo gracias a la razón práctica. Pero, ¿cómo surge la política?, ¿es el esfuerzo sólo de una persona? Si la política de verdad es *ars* y tomamos la palabra "arte" en su acepción cotidiana, como lo entendemos para hacer referencia a un aspecto de lo bello, tal es el caso de un pintor o un escultor, sólo una persona realiza la obra de arte. Si dos personas se inmiscuyen en el desarrollo de la pintura resultaría un

18. *Cfr*. Tomás de Aquino, *Sobre el gobierno de los judíos. A la Duquesa de Brabante*. Trad. de Jaime Moreno Garrido (Santiago, Chile: Editado por Ana María Tapia Adler, 2004).

problema, porque cada autor tiene su propia idea de cómo dibujar, qué dibujar, qué técnica usar para el perfeccionamiento de esa pintura, entonces el espacio sería delimitado y, tal vez, los dos no podrían pintar al mismo tiempo, porque se interrumpirían a cada momento. Si entendemos el concepto de arte en este sentido, parece ser que sólo una persona puede dedicarse a esta gran empresa. Pero, como hemos dicho, Tomás no entiende este concepto, de forma "artística", sino como una habilidad práctica.

Santo Tomás de Aquino en el proemio del *Comentario a la Política* trata de forma sucinta lo que es la política. Retoma de Aristóteles una pequeña frase muy importante para comprender la naturaleza de la política: "el arte imita a la naturaleza";[19] con dicha frase va a comprender

19. Tomás de Aquino, *Comentario a la Política de Aristóteles*. Trad. de Ana Mallea (Navarra: EUNSA, 2001), pr. 1 (para las siguientes citas de esta obra se escribirá *Sententia Politic*); la palabra arte no se toma como contemporáneamente se puede entender: la contemplación estética de la belleza; Tomás retoma la idea de *arte* como virtud intelectual cuya definición es *la recta razón en el hacer* (*facere* en latín, *ποιέω* en griego). Esta frase, que santo Tomás retoma de Aristóteles al comienzo (prefacio) del comentario al libro de la *Política* es de suma importancia, es la piedra de toque de toda la ciencia arquitectónica del saber teórico-práctico, pues como veremos en algunos ejemplos que se retoman, el gobernante (que también aplica para todo político) debe imitar la naturaleza, pues la naturaleza no tiene su principio en sí, sino le viene de otro, este es Dios que ha creado *ex nihilo* la naturaleza y ésta tiene vestigios de su Hacedor Divino. Así como Dios ha hecho la naturaleza y le ha dado un orden (y en ésta se incluye la naturaleza humana), le corresponde al gobernante dar un orden a todos los seres humanos reunidos en sociedad. En el Escrito sobre las Sentencias dice: "ideo virtutes et artes principales movent secundum suum imperium virtutes et artes secundarias ad actus proprios, sicut ars gubernatoria imperat ei quae facit navem". Tomás de Aquino, *Escrito sobre las Sentencias*, lib. 3, d. 33, q. 3, a. 4 qc. 6 arg. 4 (para las siguientes citas de esta obra se escribirá *Super Sent.*). Siguiendo a Juan José Sanguineti, entiende que existe una diferencia entre técnica y arte, la primera hace referencia a "la fabricación de objetos materiales", en el caso de arte es una "pra-

los principios, las operaciones y los efectos de la política. El principio del arte es el intelecto, y el intelecto humano fue creado por el Intelecto Divino, que es el principio de las cosas naturales; esto es, los productos de nuestra inteligencia son imitación de las operaciones de la naturaleza. ¿Por qué es necesario para santo Tomás tocar esta frase de Aristóteles? Porque el intelecto humano, que es el principio de operaciones, debe informarse para sus operaciones en la observación e inspección de la naturaleza y así obrar de forma similar. Resaltemos de la frase la palabra *similar*, porque la producción del ser humano será una imitación: el arte no puede operar o hacer lo que es natural, no puede producir cosas totalmente naturales, pues obraría "exactamente de la misma manera que la naturaleza"[20] y de forma inversa; la naturaleza no puede producir lo que produce el arte, porque obraría de forma similar, como lo hace el arte. Lo que sí hace la naturaleza es proporcionar algunos de sus principios para brindarle al intelecto humano un modelo en el cual el hombre pueda inspirarse para obrar de forma similar.

A partir de estos argumentos, Tomás concluirá esta primera gran premisa sobre la ciencia, al reconocer que el conocimiento de la naturaleza es solamente teórico (principios de la naturaleza); el conocimiento de las obras humanas, lo que versa sobre las realidades producidas por el

xis humana que perfecciona una base o capacidad natural promoviendo su desarrollo, su potenciación o su corrección es algo distinto de la técnica que mira simplemente a la producción de objetos materiales. Cuando esa praxis consiste en servir o asistir a personas, o a ayudarlas a la mejor realización de su obrar persona", pues no se puede reducir a un conocimiento científico, "sino que exige comprensión, fidelidad, creatividad, empatía, intuición y muchas virtudes anejas adaptadas a las características de las personas. Recordemos en este sentido que la persona es un valor por sí misma y no un bien instrumental. Conforme a esta noción de arte, pueden considerarse tales la educación, la enseñanza, el servicio del hogar, la enfermería, la política, el periodismo, la economía o el deporte." J. Sanguineti, *Neurociencia y filosofía del hombre* (Madrid: Palabra, 2014), 255.

20. *Sententia Politic*, pr. 2.

hombre, es tanto teórica y fáctica (productor). Con estos argumentos como premisas, Tomás concluye que "las ciencias de la naturaleza son especulativas, y que las que tienen por objeto algún acto humano son prácticas, o sea, operan inspiradas en la naturaleza".[21]

Ahora bien, la razón humana no sólo debe disponer de lo que le ofrece la naturaleza, de los materiales, como son las piedras, madera, etc., sino también de los demás seres humanos que gobierna; y el dominio de las cosas de la naturaleza y de los seres humanos, va de lo simple a lo complejo —imitando la forma de producción de la naturaleza—. Respecto al gobierno de los seres humanos, el gobierno de lo simple a lo complejo, va desde la unión conyugal, la familia hasta llegar a una comunidad civil que se baste a sí misma, la llamada *autarquía* que buscaba Aristóteles, y que Tomás de Aquino denominará *societas* perfecta.

Por consiguiente, para Tomás la política es tanto un arte como una ciencia. El arte de la política imita a la naturaleza en cuanto a que el que gobierna dirige una sociedad perfecta, así como en la naturaleza percibimos el gobierno de un Intelecto Supremo para darle orden y para que se baste a sí misma; también es un arte en los gobernados, en cuanto imitan a la naturaleza en sus producciones, ofreciéndose al uso de la razón para formar una comunidad. También es una ciencia porque el objeto de estudio son los actos humanos relacionados con esta sociedad perfecta y que, además, estos actos humanos están inspirados en la naturaleza.

Los últimos cuatro párrafos del proemio al *Comentario de la Política* tratan sobre cuatro conclusiones que Tomás obtiene del libro *Política* de Aristóteles: 1) la necesidad de la ciencia política, 2) el género al que pertenece, 3) la relación con las demás ciencias prácticas, la dignidad de la ciencia política y su rango, y 4) el modo y orden de esta ciencia. En la primera conclusión, dice que la doctrina llamada política, conocida también como ciencia social, es el estudio elaborado por la filosofía

21. *Idem.*

acerca de la ciudad; este fundamento se debe a que todas las cosas que podemos conocer racionalmente deben ser llevadas por alguna doctrina a la perfección de la sabiduría humana, llamada filosofía; así que una parte del todo, que podemos conocer, está formada por la ciudad, y la doctrina que lleva a la perfección de la sabiduría humana a este todo, se llama política.[22]

La segunda conclusión pertenece al género de las ciencias morales. Al inicio de la argumentación distingue entre las ciencias especulativas y las ciencias prácticas; dice que las primeras están ordenadas solamente al conocimiento de la verdad, y las segundas se ordenan verdaderamente al obrar. De esta primera distinción, menciona que la ciencia política se debe inscribir en la filosofía práctica. Este elemento de la filosofía práctica es importante porque el objeto de estudio, que es el todo formado por la ciudad, "es una cierta entidad de la cual la razón humana no sólo es cognoscitiva, sino también operativa".[23] Tomás de Aquino hace otra distinción, ahora sobre la razón práctica, la cual tiene dos aspectos operativos: el que la actividad se transmite a una materia exterior y el que la actividad permanece en quien actúa. La primera concierne a las ciencias fácticas, prácticas o técnicas mecánicas, mientras que la segunda a la filosofía moral. Por esta razón, concluye que la ciencia política al tener por objeto el ordenamiento de los hombres, se debe incluir en las ciencias de la acción en su segunda acepción, mejor conocidas como ciencias morales.

En la tercera conclusión, se puede tomar la dignidad, es decir, la importancia o el rango de la ciencia política respecto a las demás ciencias prácticas. La ciencia política es la principal de entre todas las ciencias prácticas; en efecto, hemos dicho que el objeto de la ciencia política es el todo de la ciudad, es decir, están ordenadas las partes al todo. Dichas partes de la ciudad son las comunidades humanas que se ordenan al

22. *Cfr. Ibid.*, pr. 5.
23. *Ibid.*, pr. 6.

todo de la *societas perfecta* y, dentro de estas comunidades, la ciudad es la más importante "de cuantas la razón humana pueda constituir",[24] es decir, la ciudad es la comunidad más importante y perfecta de las que se puedan desarrollar y constituir desde la razón humana; cualquier otra comunidad que desarrolle y constituya la razón humana, nunca será más importante y perfecta que la ciudad, su perfección y excelencia tienen su base en que es la ciencia que trata el objeto más digno, más noble y perfecto, pues la comunidad política es la única comunidad que se puede bastar a sí misma. Por esta misma razón, es la ciencia principal sobre todas las demás ciencias prácticas y se deben ordenar a ella, así como el hombre se ordena a su fin, y como en las artes mecánicas, "los todos constituidos por las cosas que llegan al uso del hombre, se ordenan a éste como a su fin".[25] Por esta razón, santo Tomás también le da el título de ciencia arquitectónica, como lo refuerza Aristóteles en su *Ética*, libro X, de que la filosofía de las cosas humanas (la ética) es perfeccionada por la política.

La cuarta y última conclusión es la definición del modo y el orden de la ciencia política. Primero analiza las ciencias especulativas, y menciona que así como estas ciencias parten sus estudios de algún todo considerando sus partes y principios, de esta forma consumen el conocimiento de ese algún todo mostrando sus propiedades y sus operaciones; de manera similar sucede con la ciencia política, la cual debe considerar los principios constitutivos y partes de la ciudad, enseñará a conocer la ciudad definiendo el concepto que da razón de sus partes conformadas, de sus propiedades y operaciones manifiestas de la ciudad. Y también como es ciencia práctica, mostrará cómo puede lograrse la perfección propia de los particulares (singulares), necesaria en toda ciencia política.[26]

24. *Ibid.*, pr. 7.
25. *Idem.*
26. *Cfr. Ibid.*, pr. 8.

LOS PRINCIPIOS DE LA CIENCIA POLÍTICA EN EL PENSAMIENTO POLÍTICO DE SANTO TOMÁS

Hemos visto que la política es arte, en cuanto obra el ser humano en una sociedad perfecta, y una ciencia en cuanto que es objeto de estudio que perfecciona a la ética o filosofía de las cosas humanas, ahora estudiaremos cuáles son los principios de la ciencia política.

El padre Ramírez menciona que en la constitución de la política tomista existen dos pilares: el ontológico y el teleológico, lo cual significa que la política tomista descansa en la naturaleza humana (ontológico) y en el fin que persigue todo ser humano (teleológico),[27] ambos principios lo son en cuanto principios remotos y próximos, respectivamente. Son un buen inicio para conocer cuáles son los principios de la política, pues como contesta santo Tomás de Aquino a Hugo II, rey de Chipre: el hombre tiene un fin que persigue, pero debe tener un dirigente y este dirigente ha sido dotado de la luz natural de la razón, el cual se encuentra inscrito en la naturaleza humana.[28]

A partir de su propia naturaleza (principio ontológico), el hombre conoce que no tiene los mismos elementos que los animales; esto le lleva a reflexionar y darse cuenta de que no es autosuficiente como muchos animales, pues todos ellos han sido dotados de elementos para poder subsistir por sí mismos y, por esta razón, no tienen necesidad de reunirse para saciar o satisfacer sus necesidades naturales: "la naturaleza preparó a los demás animales la comida, su vestido, su defensa, por ejemplo los dientes, cuernos, garras o, al menos, velocidad para la fuga".[29] Ya que el ser humano no fue dotado de estos elementos para su

27. *Cfr.* Ramírez, *Doctrina política de Santo Tomás.*
28. *Cfr.* Tomás de Aquino, *La monarquía. Al Rey de Chipre*, Libro I, Capítulo I. Trad. de Laureano Robles Carcedo (Madrid: Gredos, 2012). En la forma de citación sigo las ediciones de J. Perrier y R. Spiazzi (para las siguientes citas de esta obra se escribirá *De Regno*).
29. *Ibid.,* Libro I, Capítulo I.

desarrollo, santo Tomás reconoce que se le ha dado otro elemento que supera a éstos, como la razón y que, a través de ella, pueda dirigir todos sus actos:

> El hombre, por el contrario, fue creado sin ninguno de estos recursos naturales, pero en su lugar se le dio la razón para que a través de ésta pudiera abastecerse con el esfuerzo de sus manos de todas esas cosas, aunque un solo hombre no baste para conseguirlas todas.[30]

El hombre dotado con esta capacidad racional puede conseguir los recursos naturales necesarios para su subsistencia, pero santo Tomás hace hincapié en un elemento principal: un solo hombre no basta para conseguir todos los recursos naturales; en efecto, el hombre no puede ser al mismo tiempo zapatero, cocinero, recolector, agricultor, ingeniero, albañil, arquitecto, diseñador, entre otros. Todo ser humano necesita de los demás seres humanos para poder desarrollarse integralmente; por esta razón natural, el hombre no puede vivir solo, no puede bastarse por sí mismo en su existencia. Por lo tanto, podemos saber que la naturaleza del mismo hombre es vivir en sociedad con muchos individuos: el hombre es un animal político y social, pero al ser un animal con alma espiritual podemos deducir que sus relaciones interpersonales, la constitución de comunidades, y que su desarrollo en la ciudad y en lo social también trascienden la cuestión material. Esto permite entender que su elemento espiritual es el fundamento de la sociedad política. En la respuesta a la pregunta "la ley natural, ¿comprende muchos preceptos o uno solo?", menciona que los preceptos de la ley natural son correlativos a las inclinaciones naturales, pues el bien tiene razón de fin. Una de las inclinaciones naturales del ser humano correspondiente a su naturaleza racional es vivir en sociedad, y respetar a los conciudadanos y a todo lo demás que le atañe.[31]

El hombre es un animal racional y trasciende lo singular y particular, fija su mirada en lo universal. La naturaleza humana es un microcosmos,

30. *Ibid.*
31. *Cfr. S. Th.*, I-IIæ q. 94, a. 2, *co.*

pues es donde se conjugan lo material y espiritual, es la puerta donde lo material puede llegar a lo espiritual y lo espiritual llega a lo material; es como un anfibio, el cual hace trascender todas sus acciones y obras. Todo ser humano al nacer no tiene en el acto un conocimiento perfecto de la realidad y una vida moral, ya sea buena o mala; tiene que crecer, madurar, para que contemple la verdad y haga el bien. Cuando llega a la vida madura, el ser humano puede ser consciente de la dignidad que porta en su naturaleza, pues "vive y siente como los animales y las plantas y entender con los ángeles, y mora en los confines de lo corpóreo y espiritual".[32] Es decir, el ser humano por su condición creatural es un ser imperfecto, pero que con sus acciones puede irse perfeccionando, es un ser perfectible en sus pensamientos y afectos.[33] Ya que tiene una condición creatural, no puede considerarse a sí mismo como su perfección, pues esencialmente está compuesto de acto y potencia, no es acto puro. Por eso, todo ser humano tiene en su naturaleza esa inclinación a buscar su perfección, va procediendo de lo simple a lo complejo, de lo inferior a lo superior; nace privado de toda perfección intelectual y moral, pero naturalmente es capaz de ellas y se perfecciona en el conocimiento y en el amor natural del que es perfecto y que es Acto Puro. Aquel que es su Primer Principio y Último Fin, al cual llamamos Dios (principio teleológico). Así, conociendo y contemplando a su Hacedor, conoce la perfección y tiene sed de Él, que es sumamente Perfecto, Eterno e Inmortal.

LA RELACIÓN ENTRE LAS CAUSAS Y LAS VIRTUDES EN EL PENSAMIENTO POLÍTICO DE TOMÁS

En este apartado estudiaremos las cosas particulares que trata la ciencia política, a través de las cuatro causas aristotélicas: la causa material, la

32. Ramírez, *Doctrina política de Santo Tomás*, p. 17.
33. Aunque hay que completar esta afirmación, pues en el pensamiento de santo Tomás de Aquino, el ser humano alcanza su perfección no sólo por su perfección en cuanto a sus acciones, sino también a la gracia divina.

causa formal, la causa eficiente y la causa final. Para conocer estas cuatro causas podemos hacer preguntas en cada una: la primera causa, ¿de qué está hecha esta cosa?; la segunda, ¿cuál es la forma que le hace ser tal cosa?; la tercera, ¿quién o quiénes hace(n) esta cosa?, y la cuarta, ¿cuál es la finalidad, para qué fue hecha esta cosa? Es "aquello para lo cual es".[34]

El estudio de las cuatro causas aristotélicas permite conocer qué es la cosa, o mejor dicho conocer el objeto que se va a estudiar, que en este caso es la política. ¿De qué está hecha la política? La causa material de la política es el ser humano. ¿Cuál o qué es lo que permite ser tal cosa la política? La causa formal de la política es la autoridad. ¿Quién o quiénes hacen la política? La causa eficiente de la política son los hombres reunidos en sociedad perfecta. Y, ¿cuál es la finalidad de la política? La causa final de la política es el bien común. Dado este esquema, se estudiará el pensamiento político de Tomás.

Un elemento más a considerar es la relación entre cada una de las causas aristotélicas en el pensamiento político de santo Tomás de Aquino y una virtud correspondiente; en el caso de la causa material, hemos asignado la virtud de la magnanimidad; de la causa formal, la prudencia; de la causa eficiente, la amistad; y, de la causa final, la justicia.

EL SER HUMANO, LA POLÍTICA Y LA MAGNANIMIDAD. CAUSA MATERIAL Y SU VIRTUD

Como lo hemos expuesto antes, el arte es una virtud intelectual y la recta razón en el hacer, y la política es un arte; la cuestión del hacer en el hombre se encuentra en la razón práctica y no en la razón especulativa,[35] y al estar en este ámbito hay una relación con el tema moral; en

34. Aristóteles, *Metafísica*, V,2, 1013a32.
35. "es propio de la razón el proceder de lo común a lo particular. Aunque de diferente manera, según se trate de la razón especulativa o de la razón práctica. Porque la primera versa principalmente sobre cosas necesarias, que no

efecto, la razón práctica va de la mano con la voluntad, conocida como *apetito racional*.[36]

La política al relacionarse con lo práctico, "tiene relaciones íntimas y necesarias con la ética y el derecho natural";[37] la ética se aplica tanto en las cuestiones personales, particulares, como en la sociedad general; en la primera, podemos encontrar la virtud de la justicia y las demás virtudes (asimismo, en la ética social o política); pero, en la segunda, es propio de la moral social el orden filosófico:

> La política no está fuera de la moralidad, como la sociedad no está fuera de la humanidad. El hombre no deja de serlo por vivir en sociedad, y la moralidad no deja de serlo por extenderse a la vida política del hombre.[38]

pueden comportarse más que como lo hacen y, por eso, tanto sus conclusiones particulares como sus principios comunes expresan verdades que no admiten excepción. La razón práctica, en cambio, se ocupa de cosas contingentes, cuáles son las operaciones humanas, y por eso, aunque en sus principios comunes todavía se encuentra cierta necesidad, cuanto más se desciende a lo particular tanto más excepciones ocurren." Tomás de Aquino, *Comentario al I° libro de Física*. Corpus Thomisticum, http://www.corpusthomisticum.org/cpy011.html 2000-2017.

36. José Mirete Navarro, al tratar la diferencia entre la razón especulativa y la razón práctica en santo Tomás de Aquino, menciona que la razón práctica se extiende a un fin extrínseco, "que es el fin de la voluntad, es decir, cuando aplica el propio conocimiento a la dirección de la operación voluntaria, o a la praxis. [...] La voluntad es una facultad ciega y no se mueve o ejercita su libertad sino bajo la luz de la inteligencia, que le presenta sus objetos, que son los bienes. La voluntad no apetece sino los objetos que son presentados como buenos por el entendimiento. [...] Razón y voluntad intervienen así para constituir la acción libre o elección, que es siempre acto voluntario deliberado, o de la voluntad y la razón. [...] Esta intervención constante de la razón para constituir el acto libre y moral es lo propio de la razón práctica." J. Mirete, "El proceso de la razón práctica en Santo Tomás", *Anales de Derecho* 3 (Murcia: Universidad de Murcia, 1982): 267-275.
37. Ramírez, *Doctrina política de Santo Tomás*, 12.
38. *Ibid.*, 12.

El origen de la política tiene como fundamento la naturaleza humana, sin ella, no se entiende. La unidad sustancial de cuerpo y alma espiritual constituye la naturaleza humana; ahí encontramos la inteligencia y la voluntad (razón especulativa, razón práctica y apetito racional) y, por ser un cuerpo, también tiene injerencia en lo temporal. Por su condición espiritual le corresponde ordenar, porque es propio de la sabiduría, ésta es la aspiración más alta de la razón; según el Aquinate, existen dos tipos de órdenes, en el primero se "hallan las partes de un todo unidos entre sí"[39] y en el segundo está "el orden de las cosas respecto al fin".[40] Este último es el principal por cuatro modos o causas: 1) el orden de la naturaleza, 2) el orden de la razón que hace en sus propios actos, 3) el orden que hace la razón considerando las operaciones de la voluntad y 4) el orden que realiza la razón en cuanto hace en "las cosas exteriores de las que ella misma es causa".[41] Podemos dirigir cada una de las ciencias a cada una de las causas; por ejemplo, en el caso de la filosofía natural o cosmología, su causa es el orden de la naturaleza; en el segundo consideramos a la filosofía racional o gnoseología; en el tercero a la *filosofía moral,* y en el cuarto a las *artes mecánicas*. Así, la cuestión política la encontraremos en las causas tercera y cuarta.

En el *Comentario a la Ética a Nicómaco*, Tomás vuelve a recalcar dos cuestiones que son naturales al ser humano: es un ser sociable y que no puede abastecerse y sostenerse en su existencia por sí mismo; por lo tanto, el ser humano tiende naturalmente a pertenecer a algún grupo donde se le proveerá lo necesario para vivir bien. Para Tomás este vivir bien se da en dos modos: 1) la sociedad doméstica y 2) el grupo social, denominado *sociedad política*. En la sociedad doméstica, el hombre encuentra las cosas necesarias para la vida "sin las cuales no puede pasarse

39. De Aquino, *Comentario a la Ética a Nicómano* (Madrid: Ediciones Ciafic, 1983), lib. 1 l. 1 n. 1 (para las siguientes citas de esta obra se escribirá *Sententia Ethic*).
40. *Idem.*
41. *Idem.*

la vida presente".[42] Las dos características principales de esta sociedad son: de los padres recibimos la generación, el alimento y la educación, y que todos los miembros de ésta se ayudan entre sí para tener lo necesario para la vida. En la sociedad política, no es sólo que viva (como lo ha hecho la sociedad doméstica al engendrar un nuevo ser), sino que viva bien; esta sociedad da lo que la sociedad doméstica no puede dar, pues "en la ciudad hay muchas cosas hechas por el hombre para las cuales no basta la sola sociedad doméstica, sino también en relación a las morales".[43]

De lo dicho hasta el momento, puede surgir una duda, ¿cómo fundamenta santo Tomás la ciencia política, si ésta versa sobre temas muy particulares —pues hemos comentado que la ciencia práctica es mucho más perfecta en cuanto considera lo particular— y la ciencia tiene elementos universales y necesarios? En el *Comentario a la Ética a Nicómaco*, recurre al ejemplo de los militares, entendiendo por militares a la unidad del todo, dice que se "puede tener actividades que no son operaciones del todo, como los soldados en el ejército realizan actividades que no son de todo el ejército".[44] Tomás comprende que no es esa unidad la que posee la ciencia política, sino una unidad de composición, de conexión o de continuidad, en la que la unidad es uno absolutamente:

> Y por eso no hay ninguna operación de la parte que no lo sea del todo. Pues en el continuo es él mismo el movimiento del todo y de la parte y, del mismo modo, en el compuesto o todo por conexión, la operación de la parte es principalmente del todo. Y por eso es necesario que a la misma ciencia pertenezca la consideración del todo y de sus partes.[45]

Estas actividades, en conexión con la totalidad, se enfocan específicamente en la filosofía moral. Las tres actividades que se desprenden

42. *Ibid.*, lib 1 l. 1 n. 4.
43. *Idem.*
44. *Ibid.*, lib. 1 l. 1 n. 5.
45. *Idem.*

de este todo son la moral particular, la moral de la sociedad familiar o doméstica y la moral política. En el *Comentario a la Ética a Nicómaco*, Tomás muestra que el fin de la acción moral es algún bien, el cual ordena a la razón práctica, la voluntad y la acción. "En efecto, lo verdadero es el fin de la especulación. [...] En cuanto al intelecto práctico pone el arte, que es la recta razón de lo factible [...]. Pero en cuanto al acto del intelecto apetitivo, pone la *elección*. Y en cuanto a la ejecución, el *acto*."[46]

En el libro primero, lección dos del *Comentario a la Ética a Nicómaco*, santo Tomás dice que en todas las cosas humanas hay un fin que es óptimo y que corresponde a la política, y esto se prueba por una triple razón, pero hay una principal: "algún fin es tal que por él queremos otras cosas y a él lo queremos por sí mismo y no por alguna otra, y tal fin no sólo es bueno sino que es óptimo".[47] Este fin ha de ser el mejor, pues no se quiere otra cosa, sino a esta que es por sí misma. Un ejemplo claro se tiene en la economía, pues algunos creen que el fin de la organización de las leyes de la casa son las riquezas, pero éstas no son el fin de la economía, sino un medio. En el caso de la política debemos buscar cuál es el fin que persigue, ya que a simple vista se podría pensar que el fin es el poder. Esa búsqueda del fin óptimo es algo natural al hombre y, por lo tanto, debe ser conocido, por ser importante en la vida de todo hombre; es necesario que conozca este fin óptimo, pues si no lo conoce entonces no sabe a dónde dirigir todas sus fuerzas y sus acciones. Siguiendo a Aristóteles, Tomás considera que la ciencia política es la ciencia que nos ayuda a conocer este fin óptimo. Menciona dos argumentos para demostrar que la política ayuda a conocer el fin óptimo: primero entiende la política como una ciencia especulativa, la cual trata con disciplinas y hace que la ciencia tenga cuerpo; segundo, que en cuanto ciencia práctica considera las virtudes. La ciencia política debe enseñar, el conocimiento ob-

46. *Ibid.*, lib. 1 l. 1 n. 8.
47. *Ibid.*, lib. 1 l. 2 n. 1.

tenido debe ser utilizado para un fin, esto ayuda al ser humano a decidir si obrar o no y a determinar el acto a realizar.[48]

La política se dedica a enseñar la ciencia especulativa en cuanto a su uso y no en cuanto la determinación del acto; dispone que algunos enseñen o aprendan, mas no lo que deben enseñar las disciplinas: no le puede enseñar a la geometría cómo llegar a sus conclusiones. Respecto a las ciencias prácticas, la política se vale de las ciencias inferiores, todas existen en dependencia de ésta; por eso la política usa a la economía, el arte militar, la retórica para el fin de la ciudad.[49] La política como ciencia especulativa pone orden a las demás ciencias prácticas, es decir, pone "la ley en cuanto a lo que conviene hacer y de qué cosas abstenerse",[50] lo hace en tanto ciencia arquitectónica que contiene los fines de las otras ciencias prácticas; por este hecho —que parece muy simple mencionarlo— la política busca el bien humano, el cual es el más óptimo de las cosas humanas. Es la ciencia principalísima porque se extiende a muchos objetos, y "el bien que tiene razón de causa final es tanto mejor cuanto a más cosas se extiende".[51] En este punto, santo Tomás habla de dos aspectos importantes de esta ciencia; dice que si el bien de un hombre es el mismo para la ciudad, entonces este bien se debe asumir, porque parece mejor y más perfecto, pero no sólo es cuestión de asumirlo, sino procurarlo y salvaguardarlo, porque es el bien de toda la ciudad. Todos los ciu-

48. *Cfr. Ibid.*, lib. 1 l. 2 n. 8.

49. Así como sucede con la política, lo militar es tanto un arte como una ciencia. Esta idea se encuentra en los pensamientos de los romanos y no de los griegos, como lo hace notar Gregory Reichberg. Él menciona que en el siglo XIII d.C. circularon manuales militares romanos, en ellos se encontraba esta forma de pensar, que lo militar es tanto un arte como una ciencia. Tomás de Aquino leyó dos de estos manuales: *Strategematon* de Frontinus y *Epitoma Rei Militaris* de Vegetius. *Cfr*. G. Reichberg, "Thomas Aquinas on Military Prudence", *Journal of Military Ethics* 9, núm. 3 (2010): 262-275.

50. *Sent. Ethic,* lib. 1 l. 2 n. 11.

51. *Ibid.*, lib. 1 l. 2 n. 12.

dadanos en conjunto con el gobernante deben empeñarse en procurar y salvaguardar el bien, porque este bien que corresponde a la ciudad le corresponde a cada hombre.

Debemos hacer notar que es el bien del hombre y el bien de la ciudad en conjunto, no el bien del hombre el que se extiende a la ciudad, no es de lo particular a lo universal, a esto se le conoce como generalización. Actualmente, la generalización sucede en muchas ocasiones con las leyes que se expiden, porque a algunos les parece como bueno cosas que son moralmente malas, y pretenden hacer que sea ley para toda la ciudad. Por ejemplo, cuando un particular o una minoría impone en las leyes algo malo este mal también se extiende a toda la ciudad: es una apariencia de bien, pero es un mal para la ciudad. Por el contrario, Tomás dice que es el bien del hombre (no el mal que se toma en apariencia de bien) y el de la ciudad y, a partir de este fin, toda sociedad es constituida; en efecto, esto se debe a que la ciudad se ordena a un fin y "el bien al que se ordena la ciudad es el principal entre los bienes humanos".[52]

Una idea novedosa al pensamiento político que introduce santo Tomás en el *Comentario a la Política* es el tema del amor que debe darse entre los hombres. Aristóteles en el libro I de su *Política* trata sobre el origen de la *polis*, cómo se encuentra en la naturaleza humana en especial en el poder del habla, la relación del padre con la madre, los hijos y esclavos, la distribución económica, la crematística, los hombres libres y esclavos; en el *Comentario* al libro I, Tomás dice: "compete al amor que debe existir entre los hombres que un hombre conserve el bien aun de un solo hombre, pero es mucho mejor y más divino que ese bien se extienda a todos los pueblos y a todas las ciudades".[53]

Llama la atención que Tomás de Aquino mencione el tema del amor en la política. También que no use el término *caritas* y sí *amor*. Josef Pieper menciona que el término latino amor reúne los diferentes con-

52. *Sententia Politic,* lib. 1 l. 1 n. 2.
53. *Sententia Ethic,* lib. 1 l. 2 n. 12.

ceptos que usaban los romanos para referirse al amor, entre los cuales se encuentra *caritas*, *affectio*, *pietas*, *studium* y *dilecto*.[54] Si bien, ambos términos se refieren al amor mismo, deben existir los dos tipos de amor, porque el amor de caridad ayuda a buscar el bien de todas las personas sean amigos o enemigos, buenos o malos, pero no menciona que el amor sólo debe corresponder al que gobierna, sino a todos los hombres entre sí a pesar de que sea sólo la conservación del bien de un solo hombre; además, es más divino si se extiende a todos los pueblos. Este amor del que habla Tomás, que se debe dar entre los hombres, se convierte en un amor divino, siempre y cuando se extienda a todas las ciudades, trascienda toda barrera y se convierta en caridad. Hay que notar que se usa en plural y no el singular, el amor se convierte en caridad siempre y cuando este bien se extienda a todas las ciudades, porque "se dice que esto es *más divino* en cuanto se asemeja más a lo que hace Dios, que es la causa última de todos los bienes".[55]

No sólo por articular todos los bienes de las ciencias particulares hace que la ciencia política sea la ciencia arquitectónica, sino por este hecho importantísimo reúne a todos los hombres en armonía, busca que se dé ese amor, y ese amor se convierte en más divino cuando se extiende el bien a todo el género humano de todos los tiempos. Este bien que corresponde a una o a muchas ciudades se le denomina *arte política*: "a la política, por ser principalísima, máximamente pertenece considerar el fin último de la vida humana".[56] Pero, esta ciencia es principalísima en cuanto a las ciencias "activas que versan acerca de las cosas humanas, de las cuales considera el último fin";[57] es decir, esto se debe a que la principal ciencia de todas, las cuales versan sobre las cosas humanas consideran el último fin de todo ser humano, y este último fin

54. *Cfr.* J. Pieper, *Las virtudes fundamentales* (Madrid: Ediciones RIALP, 2017), 499-502.
55. *Sententia Ethic,* lib. 1 l. 2 n. 12.
56. *Ibid.*, lib. 1 l. 2 n. 12.
57. *Ibid.*, lib. 1 l. 2 n. 13.

lo pensamos en el ámbito especulativo, que es la metafísica, pero tiene una concreción en la realidad.

¿Cómo debemos proceder ante la consecución de ese bien que se da en la política? Tomás

pone el ejemplo entre el maestro y el estudiante. El maestro es quien enseña este arte, que se debe dar, según Tomás, en una conveniencia, porque la certeza que tiene este arte no puede ser requerida del mismo modo en todos los discursos, y como todo artesano obra según la materia que tenga en manos, es el modo en el que conviene trabajarlo. La materia que trabaja el arte político es el tema moral, y a éste no le conviene una certeza perfecta. Esto se demuestra mediante dos géneros; el primero se refiere a las acciones virtuosas, las que hablan de la acción política; empero, en estos temas en ocasiones no existe un consenso entre los hombres, porque para unos puede ser algo bueno, honesto y justo y, para otros, puede parecer malo, deshonesto e injusto, según las diferencias de tiempo, lugar, personas y costumbres. El segundo, es en cuanto a los bienes exteriores que se usan para un fin, pues existen diferentes y variados bienes para cada ser humano y, además, no siempre se encuentran del mismo modo: algunos los usan para su beneficio y otros para dañar.[58]

Tomás de Aquino presenta la solución a este problema al tratar el tema de las virtudes, pues el apetito racional perfecciona la vida moral del hombre a través de las virtudes. A partir de la operación, el hombre puede llegar a ser virtuoso, es decir, si los hombres obran el bien entonces llegan a ser virtuosos, pero se debe considerar qué operaciones se deben hacer, porque su diferencia dependerá de sus hábitos, y al respecto concluye "que no poco difiere que alguien firmemente desde su juventud se acostumbre a actuar bien o mal sino todo lo contrario, incluso más bien todo depende de esto. En efecto, conservamos de manera más firme aquello que está impreso en nosotros desde un principio."[59]

58. *Ibid.*, lib. 1, l. 3, n. 16.

59. *Ibid.*, lib 2. l. 1 n. 10.

Es decir, lo que está impreso en nosotros y conservamos desde el principio es la potencia que lleva a la operación, aquello que nos lleva a ser virtuosos; si obramos según la virtud entonces recibimos virtudes. Esta operación se atestigua en lo que ocurre en las ciudades:

> [...] los legisladores hacen virtuosos a los hombres habituándolos a los actos de virtud por medio de preceptos, premios y castigos. A esto debe tender la intención de todo legislador. Pero los que no hacen bien esto cometen faltas en la legislación, y su gobierno difiere de un gobierno recto según la diferencia de lo bueno y lo malo.[60]

La ciencia moral puede presentar múltiples formas y por esta razón no tiene una certeza omnímoda. Esta ciencia práctica debe enseñarse por medio de tres elementos, el primero debe ser de forma general, es necesario en toda ciencia práctica ir componiendo, por eso se deben aplicar los principios universales y simples a lo particular y compuesto; el segundo, debe mostrar la verdad figurativamente, esto es, proceder con los principios propios de la ciencia "porque la ciencia de la moral es de los actos voluntarios, sin embargo la voluntad es movida no sólo por el bien sino también por un bien aparente"[61] y, en el tercero, debemos conocer lo que sucede frecuentemente con los actos voluntarios, porque la voluntad en ocasiones inclina más uno que otro, y teniendo en cuenta esto podemos ver la conformidad de los principios con las conclusiones.

El oyente (estudiante) debe observar las mismas cosas que hace el maestro, porque no puede existir tanta certeza en cosas tan variables y contingentes, pero el que se deja enseñar del hombre versado y bien instruido conocerá tanta certeza en cuanto la naturaleza de la misma lo permita. Según Tomás, existen tres tipos de oyentes: el incapaz, el inútil y el adecuado. En el primer caso, el incapaz, Tomás siguiendo a Aristóteles considera que cuando se está bien instruido en algunas cosas, se puede juzgar bien, pero si se está bien instruido en todas las cosas,

60. *Ibid.*, lib. 2. l. 1 n. 7.
61. *Ibid.*, lib. 1 l. 3 n. 4.

entonces puede tener un buen juicio de todas ellas. Así pues, los jóvenes no son buenos oyentes de la política, porque no tienen un conocimiento de la ciencia moral, el cual se adquiere sobre todo por la experiencia, "pues por su corta edad no tiene experiencia de los actos de la vida humana".[62] Además, las explicaciones de la ciencia moral proceden de lo que es pertinente a los actos humanos, y como el joven no es capaz de juzgar si un acto humano es verdad por su inexperiencia, entonces el oyente incapaz de la ciencia política es el joven. En el caso del oyente inútil, éste se deja llevar por las pasiones, pues la ciencia moral enseña aquellas cosas que van conforme a la razón y a alejarse de las pasiones (concupiscencias); aquellos que siguen sus pasiones se presentan de dos modos: el primero se propone complacer su concupiscencia, el segundo, se propone abstenerse de las pasiones, pero cae vencido por la fuerza de la pasión, "de tal manera que, contra su propósito, sigue dicho ímpetu; y éste es denominado incontinente".[63] El que sigue las pasiones escuchará vana e inútilmente la ciencia moral, esto es, escuchará sin eficacia y no se conseguirá el fin de esta ciencia, el cual no es sólo el conocimiento, sino el perfeccionamiento de los actos humanos. El oyente inútil de esta ciencia no es el caso del joven de edad, sino el joven de costumbres que se deja llevar por las pasiones, porque carece de aptitud para el fin que es la acción; además, el incontinente es otro oyente inútil, porque no pueden seguir esta ciencia quienes carecen de realidades morales. Y en el caso del oyente adecuado, éste es el único que sigue el orden de la razón y cumple todos sus deseos y obra hacia fuera; este oyente conoce que el sumo bien es la felicidad.

Por consiguiente, santo Tomás es tanto el maestro como el oyente adecuado; es maestro en cuanto enseña, en lo general, las cuestiones morales (acciones virtuosas), las problemáticas de la acción política, muestra la verdad de forma figurativa y conoce lo que sucede con los

62. *Ibid.*, lib. 1 l. 3 n. 7.
63. *Ibid.*, lib. 1 l. 3 n. 8.

actos voluntarios. Un ejemplo claro que demuestra su capacidad como maestro de moral es la carta que le envía a la duquesa de Brabante; en ésta Tomás se pregunta si se les debe imponer tributos a los judíos.

Parte de una pregunta puesta en forma absoluta y dice que como señalan las Escrituras, los judíos están afectados a servidumbre perpetua por su propia culpa y se puede tomar de sus posesiones, pero se debe realizar con una debida moderación, para que puedan subsistir y para que no blasfemen el nombre del Señor; pero observa algo muy particular de los judíos que vivían en el Ducado de Brabante, ellos quitaron muchas propiedades a muchas personas por la usura. Entonces, Tomás le responde a la Duquesa que tiene toda la autoridad para quitarles esas propiedades a los judíos que pertenecían a los ciudadanos, pero no para que se las quede ella, sino para restituir a las personas que les fue arrebatado algo que ellos tenían de forma lícita; y si ya no viven, entonces debe vender esas propiedades, y el dinero obtenido se debe utilizar para obras piadosas o para cosas útiles para la tierra, siempre y cuando lo exijan las necesidades o lo pida la utilidad común (bien común); y si las propiedades que quitaron los judíos fue a alguno de sus predecesores, entonces sí pueden conservarlos.

Otro ejemplo lo encontramos en el escrito al rey Hugo II de Chipre, que redacta conforme a "su profesión y deber",[64] aquí encontramos que también es un oyente adecuado por su constante búsqueda de la felicidad, de la verdad y su orden en la razón, pues en el *Proemio* encontramos que trata de seguir sus reflexiones "de acuerdo a los dictados de la Sagrada Escritura, los principios de los filósofos y los ejemplos de los príncipes famosos".[65]

Entonces, vemos que el hombre se realiza plenamente no por sí mismo, sino en sociedad. Para que el hombre pueda desarrollar perfectamente sus virtudes, la sociedad le ayuda a perfeccionarlas; esto se debe a

64. *De Regno*. Proemio.
65. *Idem*.

que todo hombre es bueno por naturaleza y complementa esta bondad en el ámbito moral, y el bien es difusivo de sí, se expande, se comunica. El hombre busca comunicarse, busca abrirse al otro, su dicha la comunica con sus semejantes en la perfecta amistad.

Si bien, los hábitos buenos ayudan a la perfección y a la convivencia armónica, empero, las faltas o males que pueda cometer el ser humano no se desvanece ni se elimina el orden natural de la jerarquía en la sociedad humana, esto gracias a la ley natural que existe en el hombre. Por ejemplo, en el caso del crimen organizado vemos cómo a pesar de obrar el mal siguen conservando sus mismas estructuras, teniendo un jefe al mando y dictando qué debe hacer cada uno de sus súbditos: "la reunión en sociedad es ley común y natural de toda criatura dotada de inteligencia".[66]

A pesar de que la naturaleza del hombre es buena, no debemos olvidar que tiene una naturaleza caída, una naturaleza que se encuentra lastimada por el pecado original, que no obstante conozcamos el bien y queramos aplicarlo, en ocasiones podemos realizar el mal que no queremos. Además, tenemos muchas necesidades materiales y espirituales que la sociedad puede ayudar a satisfacerlas; la sociedad debe ayudar a cada individuo a vencer los malos hábitos, los vicios (a menos que la persona se reúna con malas compañías donde puede contraer más vicios), ayudar a cultivar la inteligencia y a vencer la pereza.

La magnanimidad

En la *Sententia libri Ethicorum*, Tomás menciona que Aristóteles trata el tema de la magnanimidad, pero antes de hablar de esta virtud, trata el tema de la liberalidad y la magnificencia, que se refieren a los bienes materiales, pero el caso de la magnanimidad es una virtud que trata sobre los honores. Por su nombre, la magnanimidad comprende las cosas

66. Ramírez, *Doctrina política de santo Tomás*, 23.

grandes, el hombre magnánimo "es aquel que estima de sí que es digno de cosas grandes, es decir, de hacer grandes cosas y que a él le sean hechas, cuando no obstante, sea digno",[67] por otro lado, es un insensato aquel que se cree digno de cosas grandes sin serlo y, por lo tanto, no es un hombre virtuoso.

Para Tomás esta virtud reside en el apetito irascible; pero, por el tema de los honores, le corresponde al apetito concupiscible; se encuentra en el apetito irascible porque los honores que residen en la virtud de la magnanimidad se consideran en cuanto a razón de arduo; y es una virtud por el propio acto y no por la materia del acto, es decir, la magnanimidad es una virtud en cuanto que un hombre tiene el ánimo orientado hacia un acto grande.[68] Se dice que un acto puede ser grande de dos formas: relativa y absolutamente. Es relativa cuando el acto "consiste en el uso de una cosa pequeña o mediana; por ejemplo, si se hace de ella un óptimo uso".[69] Y el acto absolutamente grande "consiste en el óptimo uso de una cosa óptima".[70] Esto significa que el propio acto tiene por objeto los honores, y éstos se tributan a Dios y a los mejores, pero también a aquellos que posponen todo para conseguir el honor y evitar el vituperio, y "se llama a uno magnánimo por los actos de suyo y absolutamente difíciles".[71]

Esta virtud se refiere también a los opuestos, como podemos observar. El magnánimo observa los grandes y buenos honores y se deleita de forma moderada, los aprecia como bienes que le convienen, pero como bienes menores que los que le son debidos.

> Considera que ningún honor exterior que le presenten los hombres es un premio condigno de su virtud. Porque el bien de la razón a partir del cual

67. *Sententia Ethic*, lib. 4 l. 8 n. 2.
68. *Cfr. S. Th.*, II-IIæ, q. 129, a. 1, ad. 1.
69. *S. Th.*, II-IIæ, q. 129, a. 2, *co*.
70. *Idem.*
71. *Idem.*

> se alaba la virtud excede a todos los bienes exteriores. Sin embargo, no se indigna porque le presenten honores más pequeños que los debidos, sino que los recibe ecuánimemente considerando que los hombres no tienen algo mayor que retribuirle.[72]

El magnánimo despreciará los pequeños honores porque no le basta que se le honre como rico; en efecto, el comportamiento del magnánimo respecto a las cosas secundarias del acto, como las riquezas, el poder y lo que corresponde a la buena fortuna, se comportará con moderación, así como en los infortunios. "De tal modo que ni por ser muy afortunado gozará en exceso ni por ser desafortunado se entristecerá en demasía".[73] Lo que sucede con las cosas secundarias es que el magnánimo las desea por razón del honor, quiere ser honrado a través de ellas. La fortuna añade algo a la virtud de la magnanimidad, a saber, la sobreexcelencia, y el honor "es cierta reverencia debida a la sobreexcelencia de un bien";[74] por lo tanto, el magnánimo sólo puede ser honrado no por las riquezas, ni por la fortuna, como lo hacen los hombres vulgares, sino que debe ser honrado por la virtud, es un premio que le compete a la virtud. Y será más honorable la persona si posee la virtud y la fortuna, pues los bienes de la fortuna sirven para las operaciones de la virtud.

El hombre magnánimo tiene varias propiedades según las cosas exteriores, otras cosas exteriores que se presentan con la liberalidad, con los honores y, por último, con los actos humanos. En el caso de las cosas exteriores, existen dos propiedades: tiene prontitud en los grandes peligros y no corre riesgos por poca cosa.[75] Cualquier persona se pone en peligro por algo que aprecia mucho, pero el magnánimo tiene en vista y en aprecio muy pocas cosas como para exponerse al peligro, por eso no corre peligros ni de forma fácil ni por cosas menudas, pero "el magnánimo es gran emprendedor, es decir, que se arriesga por las grandes,

72. *Sententia Ethic,* lib. 4 l. 9 n. 2.
73. *Ibid.*, lib. 4 l. 9 n. 5.
74. *Ibid.*, lib. 4 l. 9 n. 7.
75. *Cfr. Ibid.*, lib. 4 l. 10 n. 2.

porque se expone a cualesquiera peligros por ellas, por ejemplo, por la salvación general, por la justicia, por el culto divino y otras cosas semejantes",[76] y al exponerse por tales cosas, lo hace de forma ardiente, lleno de pasión, y no escatima su propia vida para conseguir grandes bienes.

Otras propiedades del magnánimo con referencia a la virtud de la liberalidad, es que es pronto a dar beneficios con largueza, es un poderoso benefactor, y si recibe beneficios retribuirá con mayores cosas con lo que fue beneficiado; el magnánimo nunca se presenta como indigente, sino como hombre que está pronto a dar un beneficio. Y las propiedades que tiene respecto a los honores, dice que el magnánimo se presenta como grande y honorable ante los que tienen rango y superioridad, y a los que son inferiores, muestra cierta moderación. Esto sucede porque aventajar en virtud a hombres grandes es difícil y respetable, pero a los hombres mediocres es muy fácil aventajarlos; asimismo, aquel que se presenta con honores ante grandes hombres tiene cierto vigor de ánimo, pero presentarse con personas de ínfima condición es porque son cargosos u onerosos a las demás personas.

Otras propiedades del magnánimo se dan en los actos humanos, dice que el magnánimo debe ser ocioso y tardo en cuanto a los actos humanos que se dan por sí mismo, pues no se aboca a muchos asuntos ni a las ocupaciones, sino que "se dedica a aquellos actos que conciernen a un gran honor, o alguna gran obra a realizar. Y así el magnánimo es operativo de pocas cosas. Pero realiza cosas grandes y dignas de un gran nombre".[77]

Los actos humanos, en relación con los demás, deben ser en la verdad y al deleite. La verdad presenta cuatro propiedades: la primera debe mostrar si es un amigo o un enemigo de forma manifiesta, porque no se puede amar u odiar ocultamente, porque esto proviene de un temor, y el temor repugna al magnánimo; la segunda, el magnánimo procura

76. *Ibid.*, lib. 4 l. 10 n. 2.
77. *Ibid.*, lib., 4 l. 10 n. 13.

cuidar y defender la verdad antes que la opinión de los hombres; en la tercera, el magnánimo también habla y obra abiertamente, se propagan sus dichos y hechos, porque si se oculta pertenece al hecho de temer a los demás, así el magnánimo es un franco propagador y un desdeñoso de los demás, no por menospreciarlos como quitándoles un respeto debido, sino porque no los aprecia más allá de lo que se les debe tener; y la cuarta, el magnánimo siempre dice la verdad, a menos que diga cosas falsas por diversión y que las expresa de manera irónica ante muchos.[78] Respecto al deleite, dice que el magnánimo no es pronto a convivir con los demás, a menos que sean amigos, pues "abocarse a la familiaridad de todos es propio de un ánimo servil".[79]

Siguiendo a Nebel, podemos decir que la magnanimidad se resume en la expresión "Duc in altum", pues "corresponde a la búsqueda de lo que es más noble y preciado",[80] lo único que vale la pena alcanzar, lo único necesario (Dios, en términos cristianos). De esta forma, el magnánimo busca lo que tiene un valor eterno, "es quien se [dirige] al bien a pesar del mal y de la mediocridad, sabiendo que éste trasciende los tiempos y la historia, y tendrá una fecundidad eterna",[81] además, la virtud de la magnanimidad está íntimamente relacionada con la virtud de la valentía, pues se afrontan los riesgos "[n]o sólo como dominio de sí frente al riesgo (virtud clásica) sino como esta radical liberación de todo miedo que caracteriza la 'gloriosa libertad de los hijos de Dios' (Rm 8, 21)".[82]

Por todas estas razones, observamos por qué Tomás dice que los tiranos no quieren que sus súbditos lleguen a una vida virtuosa, y mucho menos a la virtud de la magnanimidad, pues puede ser que haya una persona digna del puesto de gobernante para poder servir a las demás personas de

78. *Cfr. Ibid.*, lib. 4 l. 10 n. 18.
79. *Ibid.*, lib., 4 l. 10 n. 18.
80. M. Nebel, Introducción a *Pedagogía del Bien Común*. Ed. por M. Sánchez y J. Medina, 9-21 (Puebla: Universidad Popular Autónoma del Estado de Puebla, 2021), 15.
81. *Ibid.*, 15.
82. *Ibid.*, 15.

la ciudad o provincia; el magnánimo podría abalanzarse contra el tirano y quitarlo de su puesto, pues tiene el reconocimiento de los súbditos y de personas de su misma categoría o rango, hablaría y defendería la verdad a costa de su propia vida (sobre todo de aquellas cosas que está haciendo mal el tirano y perjudicando a toda la sociedad perfecta) y daría a manos llenas a sus súbditos para alcanzar su propia perfección en la sociedad política. El tirano aborrece al bueno y lo oprime todavía más, pues el hombre magnánimo terminaría, acabaría, con la dominación inicua.

Ahora bien, en algunas ocasiones el tirano elimina todas las formas de vida social para que las personas no crezcan en virtud, sólo existirán en su gobierno algunos hombres virtuosos; pero por la opresión del tirano hacia toda la comunidad que gobierna, los hombres virtuosos no harán algo, no participarán en los temas políticos. Tomás recoge y explica lo que dice Tulio: "descansan siempre y apenas trabajan, cosa que reprochan a los demás";[83] es decir, las personas virtuosas, las que deberían propagar el bien, siempre andan descansando y apenas se ponen a trabajar. Esto se debe a que las personas virtuosas crecieron en un ambiente o en un contexto social-cultural-político de temor, lo que degenera a las personas hacia el servilismo que conlleva a la pusilanimidad (vicio contrario a la virtud de la magnanimidad).

El pusilánime se acobarda de emprender tareas nobles, arduas y grandes, porque el pusilánime "siendo digno del bien, se priva a sí mismo de aquellos bienes de los cuales es digno, en tanto no se esfuerza por obrar o conseguir las cosas que le competirían".[84] Se es pusilánime porque no se considera digno de esos bienes, porque ignora su condición y por pereza; en efecto, no sucede la ignorancia por insensatez o falta de juicio, "sino más bien de cierta pereza, gracias a la cual sucede que no quieren abocarse a las cosas grandes, según su dignidad".[85] El tirano

83. *De Regno,* lib. 1 cap. 4.
84. *Sententia Ethic,* lib. 4 l. 11 n. 2.
85. *Ibid.,* lib. 4 l. 11 n. 3.

busca hacer perezosos a los hombres magnánimos, para que *descansen siempre y apenas trabajen*; de esta forma, los hombres magnánimos dejan de lado cualquier obra viril y esforzada, por las que vale la pena luchar, trabajar, incidir e involucrar a más actores en la consecución de estas obras nobles.

Por último, santo Tomás considera que "el hombre que gobierna según su capricho, al margen de la razón, no se diferencia de la bestia en nada".[86] Muchos hombres dejan de lado la razón, en la actualidad es evidente cómo se dejan arrebatar por las pasiones e instintos y quieren renunciar al uso de la razón; actuar al margen de la razón se entiende como *no querer seguir la razón* o como *no querer tener razón*. El tirano puede hacer propuestas sin fundamento racional pese a que se le presenten los datos y las razones por las cuales su mandato está mal; quiere seguir sus propias ideas, su propia razón, entonces deja de existir la afinidad a la *ratio boni* y pasar a propuestas donde no quiere usar (tener) razón; es decir, propuestas no hechas con la razón, sino por sus instintos o pasiones bajas. Este alejamiento de la razón no diferencia en nada al tirano de la bestia; por ello, los hombres tratan de evitar al tirano, pues así como todo hombre pretende escapar de la bestia, también todo hombre procura esconderse y escapar de los tiranos, pues "estar sujeto a un tirano equivale a ser presa de una bestia voraz".[87]

¿Cómo es una bestia voraz? Santo Tomás, apelando a las Sagradas Escrituras, dice que el tirano es como un león rugiente o un oso hambriento: el primer animal siempre simboliza a la realeza, y es signo de fuerza, el rugido del león atemoriza a todo ser viviente que se encuentre cerca, porque sabe que si se acerca a él puede ser nocivo para su vida; en tanto, el oso hambriento también es signo de fuerza y cuando tiene hambre no duda ni un segundo en atacar a su presa; de esta manera, el tirano ahuyenta a todo súbdito y si trata de acercarse y el tirano tiene

86. *De Regno*, lib. 1 cap. 4.
87. *Ibid.*, lib. 1 cap. 4.

hambre de poder, riqueza y vanagloria, es capaz de destrozar en cualquier instante a los súbditos que velan por el bien de la comunidad, y los puede atosigar, intimidar y mandarlos a la cárcel, incluso usar la fuerza pública hasta darles muerte.[88]

LA FORMACIÓN DE LA SOCIEDAD Y LA ESTRUCTURA DEL GOBIERNO. CAUSA EFICIENTE Y LA AMISTAD

En el primer Libro, capítulo primero, de su escrito *La monarquía. Al rey de Chipre,* santo Tomás trata el tema de la formación de la sociedad y de la política a través de la naturaleza misma del hombre. Tomás parte de la observación de Aristóteles sobre cómo la naturaleza les ha inculcado a los animales irracionales todo acerca de la supervivencia, pero en el caso del hombre es necesario que se reúna en comunidad para que adquiera el conocimiento natural y, de esta forma, conseguir las cosas necesarias para su vida, pues un solo hombre no puede conocer por sí mismo todas las cosas a través de su razón,[89] porque es algo imposible, y el hombre es un ser finito: "luego el hombre necesita vivir en sociedad, ayudarse uno a otro, de manera que cada uno investigue una cosa por medio de la razón".[90]

Tomás dice que la naturaleza del hombre exige que viva en sociedad plural, como lo hemos mencionado anteriormente: el hombre en su indigencia necesita de los otros para poder vivir; pero al estar reunidos en sociedad plural es necesario que alguien los dirija, algo por lo que se rija la mayoría; en efecto, como cada hombre busca su propio bien, la multitud

88. *Cfr. Ibid.*, lib. 1 cap. 4.
89. Mauricio Beuchot observa una diferencia radical con Aristóteles. Menciona que el ser humano se reúne en sociedad por su naturaleza social, pero santo Tomás enfatiza que no sólo es la naturaleza social, sino porque tiene razón. M. Beuchot, "Santo Tomás de Aquino: del gobierno de los príncipes", *Revista Española de Filosofía Medieval* 12 (2005): 103.
90. *De Regno*, lib. 1 cap. 1.

de hombres se puede dispersar si no es gobernada por alguien. Es por esta razón que el gobernante hace la cohesión social; ayuda a que todos los hombres se unan bajo una bandera común, y si los hombres vivieran dispersos, entonces estarían enemistados unos con otros. El gobernante no sólo los cohesiona, no sólo los une, sino que mueve a todos para trabajar por ese bien que pueden tener en común como sociedad, pero en ocasiones no avanzan rectamente por la consecución del bien común. Una sociedad está bien regida cuando se conduce rectamente hacia su fin que le conviene. Santo Tomás hace una distinción de comunidades o sociedades, una de libertos y otra de siervos, si la sociedad de libertos es conducida hacia su bien común, entonces existe un régimen recto y justo.[91]

Este punto que menciona Tomás es importante, pues hay diferentes tipos de sociedades, y dentro de algunas sociedades también existen otros tipos de sociedad. Esta distinción de sociedades surge por la perfección del hombre que "vive en solitario",[92] mientras más perfecta sea la sociedad, más suficiente será por sí misma para lograr lo necesario para la vida. Las sociedades (comunidades)[93] que menciona son: la familia, el barrio, la ciudad y la provincia;[94] en cada sociedad encontramos su perfección, suficiente para que un hombre pueda vivir.

91. *Cfr. Ibid.*
92. En el *Comentario a la Política,* Tomás hace una distinción importante respecto a Aristóteles, pues éste menciona que los solitarios son bárbaros, pero según Tomás hay algunas excepciones, como san Juan Bautista o san Antonio. Ellos lograron perfeccionarse en la vida solitaria por una gracia divina. *Cfr.* J. Á. García-Cuadrado, "Ética y política. Tomás de Aquino comenta a Aristóteles", *Revista da Faculdade de Ciências Sociais e Humanas* 1, núm. 7 (1994): 87-103.
93. "De manera similar la comunidad que incluye a otras es la principal. Es evidente que la ciudad incluye a todas las demás comunidades, pues tanto la casa como el vecindario están comprendidos en la ciudad. Así, la comunidad política es la principal entre todas". *Sententia Politic,* lib. 1 l. 1 n. 3.
94. En el *Comentario a la Política de Aristóteles* hace notar que las comunidades que se ordenan a la ciudad son: la que se da entre dos personas, la casa, el vecindario formado por muchos grupos (*Cfr. Sententia Politic,* lib. 1 l. 1 n. 9).

En la primera sociedad (la familia) encontramos que su perfección es "en cuanto a lo necesario para los actos normales de nutrición y generación de la prole y similares",[95] el gobernante de esta sociedad son los padres de familia. La segunda sociedad (barrio) encuentra su perfección "en cuanto se precisa para una profesión",[96] aquí no precisa quién debe ser el gobernante del barrio. En la tercera (la ciudad), tiene su perfección "la comunidad perfecta en cuanto a lo necesario para la vida"[97] y, en la cuarta (la provincia), "por la necesidad de lucha y mutuo auxilio contra los enemigos".[98] Tanto en la tercera como en la cuarta, el que gobierna es el rey, y se llama de esta forma por antonomasia, porque dirige una comunidad perfecta, y se le conoce como padre del pueblo. Pero el rey tiene dos características principales: gobierna y pastorea; es decir, rige y conduce a toda la comunidad perfecta (ciudad o provincia) a la consecución del bien común.

Como pastor le corresponde vigilar la ciudad o la provincia, vigilancia que procura la salvación, porque "el bien y la salvación de la sociedad es que conserve su unidad, a la que se llama paz, desaparecida la cual desaparece asimismo la utilidad de la vida social".[99] La unidad en la paz es el fin que debe perseguir el gobernante, y no se puede debatir o deliberar sobre este fin, sino sobre los medios para poder conseguirla. Con esta idea, Tomás de Aquino, el *Doctor Angélico* se pregunta: "¿cuál es el mejor gobierno que debe existir?",[100] y responde que el mejor gobierno es el que sea más útil

95. *Idem.* Resulta interesante mencionar lo que también dirá en *In duo præcepta Caritatis et in decem legis præcepta expositio* en el cuarto Mandamiento, dirá que hay tres cosas que dan los padres a los hijos: "el sostén en cuanto al ser[,] el alimento o mantenimiento en cuanto sea necesario para la vida[y] la enseñanza". Tomás de Aquino, *De los dos preceptos de la caridad y de los Diez Mandamientos de la Ley* (*Los Mandamientos*), a. 4.
96. *De Regno,* lib. 1 cap. 1.
97. *Idem.*
98. *Idem.*
99. *De Regno,* lib. 1 cap. 2.
100. El capítulo 2 tiene como título "Es mejor que la ciudad o la provincia sea gobernada por uno, el rey o emperador, que por muchos".

para conservar la paz en la unidad; pero en *Suma teológica* encontramos que muchos no pueden unir y concordar la paz si ellos mismos no están de algún modo sujetos a la unidad (unificados), por eso "lo que es uno esencialmente, puede causar la unidad mejor y más propiamente que muchos unidos. Por eso, la multitud es mejor gobernado por uno que por muchos".[101]

Aunque existiera un gobierno de muchos, también tendría que tener cierta unión para poder dirigir a la sociedad; para justificar que el gobierno de una persona es más óptimo recurre a la experiencia del ser humano, a su naturaleza, porque se le considera lo mejor que se da en ella, porque la naturaleza obra en cada uno lo que es óptimo.[102] De los ejemplos que menciona, destaca el corazón, porque de todos los miembros es el primero que se mueve; en las partes del alma humana, la que preside toda fuerza es la razón; las abejas tienen una reina y el universo tiene a Dios. Asimismo, destaca tres conclusiones: la primera, todo gobierno natural es unipersonal, y Tomás lo ha demostrado con los ejemplos que encontramos en la naturaleza, los cuales nos muestran que el gobierno sólo es de uno, pero el ejemplo perfecto es el de Dios, porque es Persona, además porque es Creador de todo y Señor de todas las cosas; así pues, toda la naturaleza nos muestra el gobierno de una sola Persona y encontramos en ella armonía, concordia y paz. La segunda conclusión, aquello que se ha mencionado sobre la naturaleza es lo más razonable, y lo es porque observamos que lo múltiple surge de lo uno; en efecto, el uno es indivisible de sí y por sí y de la unidad se derivan las demás cosas, por la indivisión es razonable que el gobierno sea mejor de uno que de muchos. Y la tercera conclusión, el arte imita a la naturaleza, y ¿qué no debe hacer la política si es un arte? La política al ser una habilidad práctica (*ars*) "es tanto mejor cuanto más se asemeja a lo que hay en ella, necesariamente también en la sociedad humana lo mejor será lo que sea dirigido por uno".[103]

101. *S. Th.*, Ia q. 103 a. 3 *co.*
102. *Cfr. De Regno*, lib. 1 cap. 4.
103. *Ibid.*, lib. 1 cap. 4.

Así como la mejor forma de gobernar es sólo de una persona (unipersonal), es pésimo el gobierno de una sola persona, al cual se le conoce con el nombre de tiranía. Siguiendo a Aristóteles, menciona que de entre los regímenes injustos, el más tolerable es la democracia.[104] Es tolerable, mas no aceptable; no se puede querer algo que dañe al bien común de la sociedad y mucho menos el bien de la persona.

De la tiranía observa que al ser sólo uno el gobernante, un gobierno unipersonal, éste deja de buscar el bien común por el bien propio, oprimiendo a sus súbditos de mil formas, porque su pasión puede ser muy fuerte. También puede tener codicia y robar los bienes de sus súbditos; comete homicidios no por justicia, sino por poder, "cumpliendo un capricho de su voluntad".[105] Cuando esto sucede, no existe seguridad alguna, sino pura incertidumbre, porque el gobernante se ha olvidado del derecho y se deja llevar por la avaricia. En estos deseos caprichosos, no sólo oprime a los súbditos en sus bienes materiales, también en sus bienes espirituales, porque ha olvidado que la función del gobernante es servir (*prodesse*) y ahora se dedica a figurar (*prœesse*), por esta razón impide el progreso general de sus súbditos pues sospecha "que cualquier superioridad de sus súbditos supone un perjuicio para su dominación inicua".[106]

En este cuarto capítulo del libro primero, le dedica una extensión mayor al tema de los bienes espirituales que retiene e impide el tirano, más que los bienes materiales. Considera que, a través de la fuerza espiritual de los seres humanos, puede resultar más fácil quitarle el poder al gobernante, porque un hombre bueno tiene más autoridad moral que el tirano, pues al tirano le parece terrible la virtud ajena y no los vicios ajenos, sabe que es más sencillo llegar a una persona ya corrupta a través de los bienes materiales, que de los bienes espiri-

104. *Cfr. Ibid.*
105. *Ibid.*, lib. 1 cap. 4.
106. *Ibid.*, lib. 1 cap. 4.

tuales, porque los súbditos virtuosos pueden alcanzar la virtud de la magnanimidad.[107]

La amistad

La virtud que se debe promover y desarrollar en la comunidad política, entre el gobernante y los ciudadanos es la amistad. Un contraejemplo que propone Tomás es respecto a los tiranos, quienes "se preocupan de que entre sus súbditos no se fortalezca ninguna relación de amistad y que se alegren mutuamente de las ventajas de la paz de manera que, mientras uno desconfía del otro, nada pueden preparar contra su dominio".[108]

La amistad es uno de los lazos más fuertes que podemos encontrar en las sociedades. Es un tipo de amor, como hemos dicho anteriormente, importante para el tema de la política, porque busca el bien del otro como propio bien, sobre todo busca acrecentar las virtudes de la otra persona. Santo Tomás dice que no todo amor tiene razón de amistad.[109] Un elemento para que el amor sea de amistad es la benevolencia, esto significa querer el bien del otro, amar a alguien "de tal manera que le queramos el bien".[110] Todavía más, la benevolencia es principio de amistad. Asimismo, es necesaria la reciprocidad, pues "el amigo es amigo para el amigo".[111] La reciprocidad que debe existir es en la benevolencia y ésta se funda en la comunicación.[112-113]

107. *Cfr. Ibid.*
108. *Ibid.*, lib. 1 cap. 4.
109. *Cfr. S. Th.* II-IIæ q. 23 a. 1 *co.*
110. *Ibid.*, II-IIæ q. 23 a. 1 *co.*
111. *Idem.*
112. En la cuestión 25 de la II-IIæ dice que la comunicación que existe entre los amigos es la *comunicación de vida* (*Cfr. Ibid.*, q. 25 a. 3 *co.*). Y en el caso de la amistad con Dios, Él mismo comunica la vida eterna (bienaventuranza).
113. La cuestión 23 de la II-IIæ trata sobre la caridad misma, pero en el artículo primero se pregunta si la caridad es amistad. Y termina respondiendo que la

Santo Tomás al hablar sobre la virtud de la caridad en la *Suma teológica*, se pregunta si la caridad es amistad. En el primer argumento se menciona que lo propio de la amistad es convivir con el amigo, y la caridad se da entre el hombre y Dios y los ángeles, pero no existe la convivencia real entre el hombre y Dios y los ángeles, entonces resulta que la caridad no es amistad; pero en las objeciones dice que existe una doble vida en el hombre: la corporal y la anímica; según la vida corporal nosotros no podemos tener trato con Dios y los ángeles, pero en la vida anímica sí se puede dar. No obstante, en el estado en el que nos encontramos actualmente el trato y la convivencia es de forma imperfecta, pero será perfecta en el cielo, pues ahí se encuentra nuestra ciudadanía, ahí está nuestra Patria. "Por eso, en el estado presente, la caridad es imperfecta; pero se perfeccionará en la Patria".[114] Aunque en esta cita Tomás habla de la Patria celeste, la podemos tomar por analogía para el tema sobre la política que veremos más adelante; además, Tomás menciona que un elemento importante de este amor es la convivencia con el amigo.

En la cuestión 114 de la II-IIæ de la *Suma teológica*, Tomás vuelve a tratar el tema de la amistad. Se pregunta dos cosas sobre la amistad: si es una virtud especial, y si es parte de la justicia. En el primer caso responde que la amistad es una virtud especial gracias a la *afabilidad*, lo que significa que la virtud se ordena al bien, pues "donde hay una razón especial de bien debe asimismo haber una virtud especial",[115] y esta razón especial de bien es la existencia de un "orden conveniente entre el hombre y sus semejantes en la vida ordinaria, tanto en sus palabras como en sus obras".[116] Ser benevolente y afable son características principales

caridad es amistad porque existe la benevolencia y la reciprocidad, basada en la comunicación, y la comunicación que se da entre Dios y el hombre es la caridad, pues es "evidente que la caridad es amistad del hombre con Dios". *S. Th.*, II-IIæ, q. 23.

114. *Ibid.,* II-IIæ q. 23 a. 1 ad. 1.
115. *Ibid.,* II-IIæ q. 114 a. 1 *co.*
116. *Ibid.,* II-IIæ q. 114 a. 1 *co.*

de la amistad, y podemos decir que en la afabilidad encontramos cinco condiciones, pues están ordenadas al bien del amigo; éstas son: 1) la existencia de su amigo y que viva, 2) le quiere bienes, 3) le hace el bien, 4) convive con él plácidamente, 5) coincide con sus sentimientos contristándose o deleitándose con él.[117] En resumen, el orden conveniente se da en el querer dos cosas: al amigo al que queremos el bien y tenemos la amistad, y la segunda cosa es el bien que le deseamos.

Santo Tomás también trata el tema de la amistad en el *Comentario a la Ética a Nicómaco*. El Filósofo define así a la amistad: "a la razón de amistad corresponde que por ella algunos se quieran bien entre sí, que esto no sea oculto para ellos y que ocurra solamente en razón de algo de lo dicho, es decir, en razón del bien, lo deleitable, o lo útil".[118] Las amistades que se basan en los bienes útiles y deleitables se disuelven con facilidad, pero la verdadera amistad se basa en el bien honesto, esto es, en la virtud. De hecho, es una amistad por sí y no por accidente, pues quieren el bien del otro, y son buenos por sí mismos porque las virtudes los perfeccionan; además, esta amistad contiene a las otras dos, pues los amigos son deleitables y útiles al mismo tiempo: "[...] las acciones de los virtuosos son las acciones propiamente de uno mismo para sí mismo y

117. *Cfr. Ibid.*, II-IIæ q. 25 a. 7 *co.* En la II-IIæ q. 27 a. 2 arg. 3 dice que las cinco cosas que atañen a la amistad son: 1) quiere el bien para el amigo, 2) le desea existir y vivir, 3) conviva con él, 4) tenga los mismos gustos, 5) comparta sus alegrías y penas. Se aprecia que el punto 3 de los dos elementos son diferentes, pero normalmente cuando una persona convive con otra siempre busca hacerle el bien, además queda expuesto en el punto 4 que busca la convivencia plácida. Hay un cambio importante en estas dos cuestiones, en la cuestión 27 de la II-IIæ sigue a Aristóteles en *Ética a Nicómaco,* IX 4, pero el cambio en la cuestión 25 es importante, como lo subraya Hadjadj, porque primero se quiere que el otro sea, y sea verdaderamente él mismo, antes de buscar su bien. *Cfr*. F. Hadjadj. *Por qué dar la vida a un mortal. Y otras lecciones* (Madrid: Ediciones RIALP, 2020), 163.

118. *Sententia Ethic,* lib 8 l. 2 n. 11.

las de otro, similares a las propias porque las acciones que son según la virtud no son contrarias entre sí, sino que todas según la recta razón".[119]

Tomás coincide con Aristóteles al decir que este tipo de amistad es rara de encontrar, pues es un signo de perfección, y la perfección raramente se encuentra, pues "pocos son virtuosos a causa de la dificultad de alcanzar el medio de la virtud".[120] Este tipo de amistad no se consigue con muchos amigos, pues se asemeja a un exceso en el amor, porque no es natural que se ame a muchos, sino a una sola persona; porque esta amistad es perfecta y la más grande. Además, es difícil agradar a muchos, por esa razón esta amistad hace que se agraden mutuamente en gran manera, y también es necesario adquirir experiencia del amigo, lo cual es difícil si se tiene experiencia de muchos amigos.[121]

La amistad se puede dar en tres etapas de la vida del hombre: en la juventud, en la etapa adulta y en la vejez. En la primera, la amistad es necesaria porque los amigos ayudan a abstenerse del pecado, "pues los jóvenes según sí mismos son propensos a las concupiscencias de los deleites".[122] En la segunda, la etapa adulta, los amigos ayudan a "llevar a cabo buenas acciones, pues cuando dos coinciden son más poderosos".[123] Y en la tercera, la etapa de la vejez, los amigos están para complacer y servir: "debido a sus deficiencias corporales, y porque fallan en sus acciones debido a su debilidad, les son necesarios como una ayuda".[124]

En la amistad existen diferentes intensidades de amor, el cual procede de la unión del amado y de quien ama; asimismo existen motivos de unión en la que se funda la amistad. "Según eso, hay que decir que la amistad entre consanguíneos estriba en la comunidad de origen natu-

119. *Ibid.*, lib. 8 l. 3 n. 17.
120. *Ibid.*, lib. 8 l. 3 n. 20.
121. *Cfr. Ibid.*, lib. 8 l. 3 n. 20.
122. *Ibid.*, lib. 8 l. 1 n. 3.
123. *Idem.*
124. *Idem.*

ral; la amistad de conciudadanos, en cambio, estriba en la comunicación civil, y la amistad de compañeros de armas, en lo bélico."[125] La amistad más fuerte y natural es la consanguínea, pues proviene de la familia; en otras ocasiones, puede ser que la amistad con los conciudadanos sea un lazo más fuerte y duradero que el de la familia. Los lazos más estrechos pueden darse con los compañeros de armas, pues al estar en batalla uno y otro se protegerían para salvar sus vidas, de este modo comunican el pleno deseo de la vida, y eso los llevaría a una amistad más perfecta. En el caso de la amistad con los conciudadanos, que también se extiende al conciudadano que puede ser el gobernante, se busca un bien para todos sus ciudadanos y por esta razón se le debe dar fidelidad y obediencia.

> Toda amistad considera con preferencia aquello que atañe principalmente al bien en cuya comunicación se funda, y así, la amistad política se fija principalmente en el príncipe de la ciudad, de quien depende el bien común total de la misma. Por eso los ciudadanos le deben también, sobre todo, fidelidad y obediencia.[126]

En cuanto al príncipe de la ciudad, o mejor dicho, los que ejercen el poder, también se sirven de los diferentes tipos de amistad, pues algunos hombres le resultan útiles y otros deleitables, pero no pueden ser amigos útiles y deleitables al mismo tiempo.[127] Los amigos que son para deleite son los bufones, aquellos que divierten a los poderosos, y los útiles son hábiles para conseguir aquello que se les ha encomendado, por tal motivo "esas dos cosas no coinciden en el mismo, es decir, la habilidad y la jocosidad, porque los hombres hábiles no se dan a la diversión sino a las cosas serias. De allí que los poderosos tienen diferentes tipos de amigos".[128]

Pero cuando el gobernante no cumple con la consecución, ni preserva ni acrecienta el bien común, los ciudadanos pueden ir perdien-

125. *S. Th.*, II-IIæ q. 25 a. 8 *co.*
126. *Ibid.*, II-IIæ q. 26 a. 2 *co.*
127. *Cfr. Sententia Ethic,* lib. 8 l. 6.
128. *Ibid.*, lib. 8 l. 6 n. 12.

do la amistad con el gobernante, la disminuyen o la pueden eliminar. Eso sucede con el tirano, ya que ve como malas cosas buenas, porque tiene miedo de que entre los ciudadanos se establezcan esos vínculos de amistad, y procuren los bienes que el gobernante ha quitado.[129] La benevolencia del amigo puede ser de forma magnánima, y un hombre magnánimo puede convertirse en un buen amigo para poder combatir contra los males que el tirano ocasiona a la provincia, que lleva a la opresión y que quita los bienes de los demás.

El amigo siempre busca la convivencia con su amigo, pues se deleita en su compañía, pero al tirano no le gusta que se deleiten con compañías, y donde existe la paz siembra cizaña y discordia, piensa que sus reuniones son para tratar asuntos en su contra, por eso elimina todo tipo de convivencia. Y si esa amistad ciudadana se transforma en verdadera virtud de la caridad, entonces los amigos buscarán eliminar los males de la ciudad para conseguir los bienes que necesitan y desean, ya que en ese preciso momento ven el bien reducido y también su convivencia, que es imperfecta por la forma de gobierno del tirano. Los hombres al añorar la Patria celeste, como dice Tomás, buscarán por todos los medios acabar con esa imperfección que viven, apresurarán traer la Patria celeste a la Patria terrena en la que viven, una Patria grande, fuerte, rica, justa , pues el amigo busca el orden justo en su propia vida y en la de sus semejantes, y ese orden justo se da en sus palabras y obras.

La virtud de la amistad se perfecciona en la caridad porque existe otro tipo de amistad, semejante a la amistad de caridad; porque la amistad de semejanza guarda "las reglas del decoro en el trato cotidiano con los hombres".[130] Asimismo, existe otro tipo de amistad que reina de forma natural, una amistad general, en la que se ama a los de la misma especie, pero con diferencia de amor, éste no es igual al que damos a los que nos unen lazos especiales de amistad, por eso podemos manifestar

129. *Cfr. De Regno,* lib. 1 cap. 4.
130. *S. Th.,* II-IIæ q. 114 a. 1 ad. 1.

signos "externos de palabra o de obra [...] incluso a extraños y desconocidos".[131]

El buen gobernante cultivará tanto para él como para sus ciudadanos las virtudes de la magnanimidad y de la amistad; por el contrario, el tirano no desea ni a los hombres magnánimos ni las amistades, y si existen amigos magnánimos, hombres que fomentan la amistad y además procuran la paz y el bienestar de un sector de la sociedad, eso es un sonido aterrador para el tirano, quien elimina toda forma con la cual llegó a tener el gobierno como tirano, a través de las riquezas y las relaciones con más personas.

> Por eso siembran las discordias entre sus súbditos, o las atizan si ya han surgido, y prohíben todo lo que pueda llevar a la unión de los hombres, como las asambleas y los banquetes y cosas semejantes, por medio de los cuales suele aparecer la familiaridad y la confianza entre las personas. Se preocupan también de que no se hagan poderosos o ricos porque sospechan de los súbditos por su experiencia anterior, ya que, como ellos mismos utilizan el poder y las riquezas para hacer el mal, temen que ese poder y riquezas de sus súbditos se vuelvan peligrosos para su perdición.[132]

En el *Comentario a la Ética a Nicómaco* al inicio de la cuarta razón de porqué la amistad corresponde a la moral, Tomás menciona que *la amistad conserva ciudades*, por ello los legisladores deberán ganarse la amistad de los ciudadanos que aplicar la ley. Esto sucede porque la concordia se asemeja en mucho a la amistad: "los legisladores desean sobre todo que exista la concordia, y ahuyentan sobre todo las contiendas entre los ciudadanos, como enemigas de la salud de la ciudad".[133] En la quinta razón, santo Tomás dice que si existe la amistad, entonces no sería necesaria la justicia, "porque los amigos tendrían todas las cosas como si fueran comunes, ya que el amigo es como otro yo y no hay justicia para consigo mismo".[134]

131. *Ibid.*, II-IIæ q. 114 a. 1 ad. 2.
132. *De Regno*, lib. 1 cap. 4.
133. *Sententia Ethic,* lib. 8 l. 1 n. 5.
134. *Ibid.*, lib. 8 l. 1 n. 6.

La justicia ayuda a conservar y restaurar la amistad, por esta razón los poderosos deberían buscar amigos útiles y virtuosos, pero sucede que los hombres poderosos no buscan las amistades por su falta de virtud. Así

> [...] es frecuente que los hombres en la medida en que aventajan en poder y riquezas, tanto se estimen como mejores. Pero no suelen encontrarse hombres poderosos que también sobresalgan en virtud, o que ante un virtuoso se tengan como un inferior ante el mejor.[135]

Respecto al tema de la amistad en la política pensada por Aristóteles y Tomás de Aquino, para Eudaldo Forment, la amistad es algo olvidado en las filosofías políticas actuales, pues están influenciadas por ideologías, sean individualistas o colectivistas, y sólo buscan la justicia en la sociedad política.[136] Asimismo, Forment menciona el vínculo estrecho que existe entre la ley y la amistad, ya que la convivencia de las personas se da gracias a la ordenación de la ley, y así los hombres pueden lograr su inclinación al bien común.[137] Forment recuerda esta cita de Tomás: "toda ley tiende a esto, a establecer la amistad de los hombres, unos con otros o con Dios".[138] Entonces, la relación entre la amistad y la ley ocurre porque dará estabilidad a la sociedad y a la justicia —que es formalidad del bien común—, "se distribuyen, protegen y respetan los bienes exteriores y los de toda la cultura y con este orden surge la paz".[139]

Las formas de gobierno y los tipos de amistad

Ya hemos visto que Tomás de Aquino menciona en su libro *La monarquía. Al rey de Chipre* y en la *Suma teológica* que la mejor forma de

135. *Ibid.*, lib. 8 l. 6 n. 14.
136. *Cfr.* Forment, "Principios fundamentales...", 100.
137. *Cfr. Ibid.*
138. *S. Th.*, I-IIæ q. 99, a. 1, ad. 2.
139. Forment, "Principios fundamentales...", 103.

gobierno es la unipersonal, es decir, la monarquía, y que la peor es la tirana; aunque reconoce que existen otras más. Resulta interesante que santo Tomás retoma este tema en el *Comentario a la Ética a Nicómaco* después de tratar el tema de la amistad, de hecho, en el inicio de la Lección X dice: "Una vez que el Filósofo mostró que las especies de amistad se reducen a la relación política, *ahora las distingue según las diferentes relaciones políticas*".[140]

Aristóteles, en su *Ética a Nicómaco* en el Libro Octavo, Capítulo X comienza así:

> Aunque no es propio de este lugar tratar del gobierno de república, porque aquí no se trata sino de los principios de ella, que son las virtudes, con todo eso, como trata de la amistad civil, y ésta no se puede bien entender sin entender las diferencias de la república, ponerlas aquí brevemente, las cuales más tarde entenderemos en los libros de *República*.[141]

Para poder comprender este tipo de amistad especial, la civil, primero debemos entender los tipos de república.[142] Después menciona que hay tres maneras de gobierno de república: la monarquía, la aristocracia y la timocracia.

Estamos acostumbrados a conocer o escuchar que las tres formas de gobierno son monarquía, aristocracia y democracia, pero en este caso escribe que es la timocracia, pero ¿qué es la timocracia? Es la forma de gobierno que se hace y se escoge conforme a la facultad que cada uno

140. *Sententia Ethic,* lib. 8, l. 10, n. 1.
141. *Ibid.,* lib. 8, l. 10.
142. "He has noted Aristotle's basic regime classification, distinguishing the 'correct' regimes of kingship, aristocracy, and polity from the 'deviant' variants of tyranny, oligarchy and democracy. Finally, Aquinas follows Aristotle's privileging of the bases and ends of rule of the various regime types (virtue, wealth, and freedom) over the number of rulers (one, few, and many) in understanding and defining the basic forms of political arrangement." Keys, *Aquinas, Aristotle...*, 18.

tiene de hacienda, es decir, es un gobierno de hacienda. Y, para Aristóteles, ¿cuál es el gobierno vicioso de la timocracia o, mejor dicho, su contrario? La democracia[143] se opone a la forma buena de gobierno de los

143. Aristóteles comenta que existe un orden en el que se suceden los regímenes malos, empieza por la oligarquía (porque consideraban como un honor la riqueza), después se pasa a una tiranía hasta llegar a la democracia. Esto sucede porque la codicia reduce el número de personas (de oligarquía a tiranía), lo cual origina que la multitud (muchedumbre, vulgo, la gente corriente o enardecida) tome fuerza y se imponga (*Cfr.* Aristóteles, *Política*, 1286 b12). Una acepción más cercana a la política o *politeia* es la democracia moderada, dirigida por la clase media (*Cfr. Ibid.*, caps. VIII y IX), esto se debe a que existen varias formas de democracias (*Ibid.*, 1289 b4-5); además es el régimen más moderado en comparación con el de la tiranía y la oligarquía (*Cfr. Ibid.*, 1289 b2), pues es más blanda y relajada (*Ibid.*, 1290 a8). Aristóteles considera que hay democracia cuando ejercen el poder los libres y pobres, los cuales son mayoría (*Cfr. Ibid.*, 1290 b6); y existen diferentes formas de democracia por las diferentes clases de *pueblo*, tales como los campesinos, los que tienen oficio, los comerciantes, los navegantes (en ésta hay más diferencias, como los militares, los mercantes, los que transportan y los que pescan), los jornaleros, los que tienen haciendas pequeñas, los libres cuyos padres no son ciudadanos y cualquier otra clase análoga de pueblo (*Cfr. Ibid.*, 1291 b20-21). Hay un pasaje sumamente interesante en el libro IV de la *Política*, en el cual Aristóteles, al citar a Homero, menciona que el pueblo (multitud y no varios jefes) se ha hecho monarca, y dice: "Un pueblo de esta clase, como si fuera un monarca, busca ejercer el poder monárquico, sin estar sometido a la ley, y se vuelve despótico, de modo que los aduladores son honrados, y una democracia de tal tipo es análoga a la tiranía entre las monarquías. Por eso su carácter es el mismo: ambos regímenes ejercen un poder despótico sobre los mejores, los decretos son como allí los edictos, y el demagogo y el adulador son una misma cosa o análoga: unos y otros tienen una especial influencia en sus dueños respectivos, los aduladores con los tiranos, y los demagogos con los pueblos de tal condición. Esos son los responsables de que los decretos tengan la autoridad suprema y no las leyes, presentando ante el pueblo todos los asuntos; pues les sobreviene su grandeza por el hecho de que el pueblo es soberano en todas las cosas, y ellos

muchos. La democracia es la menos mala de todas, porque se aleja poco de su especie de República, pues parece que no hay señores que gobiernen, todos viven igual y cada uno tiene libertad de hacer lo que quiere. Es decir, para Aristóteles la forma virtuosa de gobierno de muchos no es la democracia, sino todo lo contrario, la verdadera forma virtuosa de gobierno se llama timocracia.

Por su parte, santo Tomás de Aquino comenta este mismo escrito de Aristóteles y en el comentario al Libro Octavo, Lección X, dice que la palabra timocracia, viene del griego *timos* que significa *precio*.[144] Es

controlan la opinión del pueblo porque el pueblo les obedece. Además, los que presentan acusaciones contra los magistrados dicen que el pueblo debe juzgarlas, y éste acepta con gusto la invitación, de modo que se disuelven todas las magistraturas". Aristóteles, *Política*, 1292 a26-30.

144. En el Libro VIII de la *República*, Platón menciona que la timocracia era una forma de gobierno elogiada por muchos, especialmente por Creta y Lacedemonia (*Cfr.* Platón, *República,* 544 c); también lo analiza con los hombres inferiores amantes del honor y triunfo, conforme a la constitución de Esparta (*Cfr. Ibid.*, 545 a); dice que la timocracia es el régimen político basado en el amor al honor (*Cfr. Ibid.*, 545 b); que inducen hacia la excelencia y a la constitución (*Cfr. Ibid.*, 547 b); en este tipo de gobierno, se trata de imitar a la aristrocracia en lo "concerniente al honor debido a los gobernantes y la abstención de la clase guerrera respecto de la agricultura, las artes manuales y de las lucrativas en general, así como en cuanto a la disposición de comidas en común y a la dedicación a la gimnasia y a las prácticas militares" (*Ibid.*, 547 d); además "será feroz con los esclavos, por no sentirse superior a ellos, como el que ha sido suficientemente educado; gentil con los hombres libres y muy sumiso con los gobernantes, amará el poder y los honores, no basando su pretensión de mando en su elocuencia ni en nada de tal índole, sino en las acciones guerreras y en las cosas relativas a éstas; gustará de la gimnasia y de la caza" (*Ibid.*, 549 a). El joven timocrático "desdeñará las riquezas mientras sea joven, pero cuanto más edad tenga mejor les dará la bienvenida, por participar de la naturaleza del codicioso y no estar incontaminado respecto de la excelencia, a raíz de faltarle el mejor guardián [=la razón]". (*Ibid.*, 549 b.)

decir, la timocracia es la forma de gobierno que "aprecia a los pobres y se aplican sanciones a los ricos si no aportan a la comunidad política", además es el gobierno de hombres medios y muchos.[145] De hecho, muchas personas conocen la tercera forma de gobierno con la palabra *política*, porque es un gobierno común a los ricos y a los pobres. También explica por qué la timocracia o política son gobiernos limítrofes con la democracia, y lo son por dos cosas: primero porque la timocracia y la democracia son el gobierno de la multitud, y segundo, porque todos los que ocupan cargos, son iguales. La diferencia radica en que la timocracia o política es un gobierno virtuoso porque tiende al bien común de los ricos y de los pobres; mientras que la democracia sólo busca el bien de los pobres. Por esta razón, la democracia es de los males, el menor, tiene una mínima perversidad, pues se aleja poco de la timocracia. También observa que los que ostentan el poder, lo hacen con un mando débil, pues todos son iguales y tienen poder casi igual dentro del gobierno y el que manda poco puede.[146]

Siempre se ha pensado que lo contrario a la democracia es la demagogia, pero en realidad van acompañadas. La demagogia no se opone a la democracia,[147] sino que van unidas; por un lado, la democracia tiende al populismo (sólo busca el bien de los pobres) con discursos ostentosos donde se promete la creación de nuevos trabajos, inversión en ciencia y tecnología, inversión en educación, aumento al salario mínimo, etcétera. Hay que resaltar que el concepto de democracia que pensaron Aris-

145. *Cfr. Sententia Ethic,* lib. 8 l. 10.
146. *Cfr. Ibid.*
147. Siguiendo a Aristóteles en su *Política,* dice que la demagogia es una alteración de la oligarquía, y se da de dos maneras: 1) en el seno de la misma minoría y 2) los que forman parte del gobierno se atraen con procedimientos demagógicos con vistas a tener pleitos y provocar cambios de régimen, estos cambios se dan para restringir a los miembros de gobierno a una minoría, pues "los que buscan la igualdad se ven obligados a llamar en su auxilio al pueblo". Aristóteles, *Política,* 1305 b.

tóteles y Tomás de Aquino es diferente a la realidad actual, pues la teoría de Estado nos enseña que existen distintas democracias: la liberal, la participativa, la deliberativa, la radical, la parlamentaria, la minimalista, la directa, la procedimental, la de resultados y la democracia maximalista. Aun así, tenemos una forma de gobierno que se llama República, y que es diferente a lo que plantearon los griegos, y que en realidad es un mal menor.

Otro punto que sorprende en este tema es la comparación sobre las formas de gobierno y la semejanza entre las formas domésticas. En cuanto al *reino* o *monarquía* es la relación entre el padre y el hijo o hijos, "pues el padre tiene cuidado de sus hijos como el rey de sus súbditos".[148] El vicio de la monarquía, *tiranía*, también se encuentra en estas relaciones, y pone el ejemplo de los persas, en donde los padres trataban a sus hijos como esclavos.[149] En cuanto a la forma de gobierno de la *aristocracia*, la autoridad es por igual en el marido y la mujer que mandan en la casa: "el marido tiene dominio y cuidado de lo que le pertenece como marido según su dignidad, y delega en la mujer lo que a ella le pertenece".[150] En el caso del vicio en esta forma de gobierno pone dos ejemplos respecto a la doméstica antes presentada: el primero respecto al marido, el segundo en cuanto a la mujer. En el primer caso dice que "el marido quiere disponer de todas las cosas y no deja a la mujer el dominio de ninguna. Pues esto no es según la dignidad ni según lo que es mejor".[151] En el segundo caso santo Tomás refiere que "ocurre cuando son las mujeres las que ejercen todo el mando de la casa porque son las herederas y entonces el gobierno de la casa no se desempeña según la virtud sino en razón de las riquezas y el poder".[152] Los puntos que se resaltan para no caer en una oligarquía en la sociedad doméstica ni en la sociedad civil

148. *Sententia Ethic,* lib. 8 l. 10 n. 11.
149. *Cfr. Ibid.,* lib. 8 l. 10 n. 11.
150. *Ibid.,* lib. 8 l. 10 n. 13.
151. *Ibid.,* lib. 8 l. 10 n. 14.
152. *Ibid.,* lib. 8 l. 10 n. 14.

son: la dignidad de las personas, lo mejor para la sociedad, el desempeño en la virtud; lo que hace que este tipo de repúblicas caigan en su vicio, son el dominio en una sola persona, el desempeño en razón de las riquezas y el poder.[153] En el caso de la timocracia o política en la sociedad doméstica, lo equipara con los hermanos, pues son iguales, "a no ser en cuanto difieren según la edad, pues si hay mucha diferencia no parece que haya amistad fraterna, sino casi paterna".[154] La timocracia doméstica se convierte en democracia cuando las casas no tienen un amo, es más, no sólo en la familia, sino cuando hay compañeros que comparten una residencia es una cuestión democrática, pues todos los miembros son iguales, pero "si alguno manda lo hace con un mando débil".[155]

Después de haber hecho esta distinción de las formas de gobierno y las formas en la sociedad doméstica, empiezan en la lección XI las diferencias en las formas de amistad. En cada una de las sociedades expuestas hay algo de justo y, la amistad y la justicia, pueden referirse a lo mismo. En el caso de la monarquía, Tomás dice cómo es la amistad entre el rey y los súbditos: "una amistad de sobreabundancia según la razón de beneficio",[156] pues el rey al ser bueno cuida de sus súbditos para que actúen bien, los beneficia y procura que sean virtuosos. En ocasiones se le ha llamado *pastor* al monarca, porque conduce a sus súbditos como el pastor a las ovejas. También compara la amistad civil del monarca con la paternal, y dice que la paternal es similar a la regia, pues el padre manda a los hijos, los que son ascendientes sobre su descendencia, así pues, los hijos están bajo la potestad del padre, como los súbditos bajo la potestad del rey.[157] Pero la similitud también se da por la diferencia entre ambas, la cual radica en la magnitud de los beneficios: el rey mira por el bien de todos, y el padre procura el bien para todos sus hijos; parece que hay ma-

153. *Cfr. Ibid.*, lib. 8 l. 10 n. 14.
154. *Ibid.*, lib. 8 l. 10 n. 15.
155. *Ibid.*, lib. 8 l. 10 n. 16.
156. *Ibid.*, lib. 8 l. 11 n. 2.
157. *Cfr. Ibid.*, lib. 8 l. 11 n. 2.

yor beneficio del padre al hijo por causa de tres grandes bienes: porque el padre ha generado la existencia de su hijo, "que es considerada el más grande de los bienes";[158] porque lo cría, que es causa de su nutrición; y le da educación, que es causa de su disciplina.[159] La amistad del rey con sus súbditos y del padre con sus hijos se debe a que existe una cierta superioridad, y en el caso del último por la superioridad del padre, los hijos lo honran y respetan, y el honor se debe a que "es algo debido a una preeminencia".[160] Así, de forma similar, debe existir el honor y el respeto de los súbditos para con el monarca; en segundo lugar, esto se debe a la justicia. Santo Tomás menciona que no es lo mismo para ambas partes, pues tanto el rey como el padre de familia dan más de lo que pueden dar los súbditos al rey o los hijos al padre; pero la justicia se alcanza gracias a la dignidad de cada una de las partes, "de modo tal que cada cual haga al otro lo que es digno, porque así también se considera la amistad entre ellos, que uno ame al otro según lo que es digno".[161]

La amistad en la aristocracia Tomás la sigue comparando con la relación que se da entre el marido y su mujer, pues están al frente según su virtud y por ésta son amados, porque son los mejores, y por esta razón se les atribuye más de bien y a pesar de ello dan a cada uno lo que le corresponde, "pues los virtuosos que gobiernan no usurpan el bien que a sus súbditos corresponde".[162] De aquí que el gobierno que ejercen los esposos también conservan la justicia, porque no quitan el bien a sus hijos y además la amistad que se da entre el marido y mujer se sustenta en que "el marido por ser mejor es puesto en autoridad sobre la esposa, sin embargo el hombre no le arrebata a ella la autoridad que es de la mujer".[163]

158. *Ibid.,* lib. 8 l. 11 n. 4.
159. *Cfr. Ibid.*, lib. 8 l. 11 n 4.
160. *Ibid.*, lib. 8 l. 11 n. 6.
161. *Ibid.,* lib. 8 l. 11 n. 6.
162. *Ibid.*, lib. 8 l. 11 n. 7.
163. *Ibid.*, lib. 8 l. 11 n. 7.

La amistad en la timocracia se asimila al compañerismo, "es decir, a las amistades de la misma edad, pues los hermanos son iguales y coetáneos, y parecen tener la misma educación, y las más de las veces las mismas costumbres";[164] en este tipo de gobierno la amistad se da entre iguales y equitativos por ser igual de virtuosos; por esta razón, la justicia se da en que gobiernen en parte, y así se evita que uno solo tenga el poder y lo comparta con el otro.[165]

En las formas corruptas de gobierno, santo Tomás señala que ahí existe poca justicia y, por lo tanto, poca amistad. En cuanto a la tiranía, ya se ha expuesto que el tirano no busca que los súbditos se reúnan en lugares donde puedan fomentar la amistad, pues lo considera nocivo para su gobierno. Además, entre el tirano y el súbdito no existe algo en común; al tirano sólo le interesa su propio bien, por tanto no existe la justicia y mucho menos la amistad: "el que manda usurpa para sí todo el bien que es debido al gobernado".[166] Usa a los súbditos como siervos, y aunque algún súbdito pueda gozar de beneficios, no es para el bien común de la sociedad, sino para beneficio propio del tirano. El tirano puede utilizar al súbdito como siervo en dos formas: como inanimado y como animado, y así como no hay amistad entre un ser animado y uno inanimado, tampoco existe la amistad entre el tirano y el súbdito; trata al siervo como animado, y lo hace como si fuera un animal irracional. De esta manera, el súbdito es como un instrumento animado y, al ser un instrumento, es una especie de siervo inanimado, en consecuencia tampoco puede existir la amistad entre el tirano y el súbdito.[167] Pero sí puede existir cierto tipo de amistad en cuanto que es un hombre, porque pueden establecer leyes o acuerdos: "y según ese modo puede haber amistad del amo hacia el siervo en cuanto hombre".[168] De este modo

164. *Ibid.*, lib. 8 l. 11 n. 8.
165. *Cfr. Ibid.*, lib. 8 l. 11 n. 8.
166. *Ibid.*, lib. 8 l. 11 n. 11.
167. *Cfr. Ibid.*, lib. 8 l. 11 n. 13.
168. *Ibid.*, lib. 8 l. 11 n. 13.

queda demostrado que en el gobierno corrupto de uno llamado tiranía hay poca amistad y poca justicia.

Después, Tomás menciona en cuál forma política corrupta hay mayor amistad, dice que se da en la democracia, pues "en ella los que gobiernan sobre muchos tienden al bien común, en cuanto quieren igualar a los de la clase popular con los insignes, tendiendo principalmente al bien de la clase popular".[169] Respecto a la aristocracia, aquí se encuentra en una posición intermedia, pues "ni tiende al bien de muchos como la democracia, ni al bien de uno solo como la tiranía, sino al bien de unos pocos".[170]

A pesar de estas distinciones que hace santo Tomás al comentar el libro de la *Ética a Nicómaco*, en su libro *De la monarquía. Al rey de Chipre* menciona que en el gobierno de una sola persona se da lo óptimo y lo peor, y aunque muchas personas desean el gobierno monárquico, sufren la crueldad de los tiranos, y ejercen la tiranía con el pretexto de la dignidad real; a pesar de esto pone dos ejemplos, el de los romanos y el de los judíos.[171] El punto medular del primer ejemplo es que después de destituir a los tiranos la forma de gobierno empezó a ser de algunos, es decir, trocaron la monarquía por la aristocracia:

> Pues sucede la mayor parte de las veces que los hombres que viven en una monarquía se esfuerzan menos en buscar el bien común, como si pensasen que lo que gastan para el bien común no revierte en sí mismos sino en otro bajo cuyo poder ven que se encuentran los bienes de la comunidad.[172]

Toda la comunidad o se vuelve perezosa o indiferente ante el bien común y no se compromete en conseguirlo, pues ve que todo el esfuerzo que realicen recaerá siempre en beneficio de una sola persona, y no para todos. Por esta situación es importante que el monarca muestre

169. *Ibid.*, lib. 8 l. 11 n. 14.
170. *Ibid.*, lib. 8 l. 11 n. 14.
171. *Cfr. De Regno,* lib. 1 cap. 7.
172. *Ibid., De Regno,* lib. 1 cap. 7.

su cariño y su afecto, es decir, su amistad para con el pueblo, para que juntos busquen en esa monarquía la justicia y, por ende, el bien común. Pero, así como en este ejemplo de tipo histórico cambiaron su forma de gobierno, nos podemos imaginar qué es lo que veían en la aristocracia, en la que el bien común recaía en algunos y en los mejores de la ciudad:

> Cuando, por el contrario, observan que el bien común no se encuentra al cuidado de uno, no contemplan ese bien común como algo ajeno, sino que cada uno tiende a él como algo propio, pues la experiencia demuestra que una sola ciudad gobernada por dirigentes elegidos anualmente tiene más poder entonces que cualquier rey aunque tenga tres o cuatro ciudades semejantes a aquélla.[173]

El ejemplo que pone santo Tomás después de este argumento es cuando los romanos llegaron a desprenderse hasta de su dinero, sus anillos y condecoraciones; es decir, todo el pueblo ya sean pobres, ricos, militares, dieron sus pertenencias para que se restableciera su República con los aristócratas, pues veían el bien común que redundaba para todos los ciudadanos romanos.

El Aquinate muestra un gran dilema, ¿cuál de los dos puntos extremos, en los que existe amenaza de peligro, hay que elegir? La respuesta se encuentra dentro de la moralidad expuesta por Tomás en otras de sus obras, esto es, "debe elegirse evidentemente aquel del que se siga un mal menor".[174] Para santo Tomás, ¿cuál es el mal menor de las tres formas corruptas de gobierno? Dice que el mal menor es el gobierno de muchos, pues aquí encontramos la división, y la división ataca al bien de la paz de la sociedad; en el caso de la tiranía, no existe tal división y mucho menos la paz de la sociedad, lo que sí existe es la obstaculización, la consecución de algunos bienes a personas particulares, a menos "que se dé tal exceso de tiranía que se ensañe contra toda la comunidad".[175]

173. *Ibid.*, lib. 1 cap. 5.
174. *Ibid.*, lib. 1 cap. 5.
175. *Ibid.*, lib. 1 cap. 7.

Un último punto a tratar es cómo se deben comportar los súbditos y el rey, siguiendo todo el discurso de que la mejor forma de gobierno es la monarquía. Dice que a los que les toca elegir al rey, al monarca, lo deben elegir con tal condición que no se incline a la tiranía, esto es lo primero y lo más necesario que se debe realizar. Recomienda que si la monarquía se convierte en tiranía, hay que ver si es o no una tiranía excesiva; si no lo es, entonces es más útil tolerarlo por algún tiempo que levantarse contra el tirano, pues se pueden meter en problemas más graves que los de la misma tiranía. Si se derroca, puede sobrevenir una tiranía realmente excesiva o que el tirano se haga más cruel, también puede suceder que al derrocarlo, la misma sociedad puede ponerse en contra, dividirse en muchas partes y opiniones, o si alguien ayuda a derribar al tirano, ese nuevo puede abusar de la tiranía y hacer lo mismo que el anterior tirano y con mayor severidad, "porque el que entra no quita las cargas viejas, y por su malicia traza otras nuevas".[176]

Tomás pone como ejemplo dos hechos que se narran en las Sagradas Escrituras; cuando Aioth (Ehúd) mata a Eglón, rey de Moab, y cuando el apóstol Pedro dice, en una de sus cartas, que se pueden sufrir injurias injustas por la causa de Cristo, así como cuando los emperadores romanos perseguían a cristianos, sean éstos nobles o plebeyos, militares o indefensos. ¿Cuál de las dos posturas se debe optar? Para Tomás se debe optar por proceder contra la crueldad del tirano a través de la autoridad pública, pero ¿cómo es esto?, "si pertenece a una sociedad el derecho de darse un rey, el rey elegido también puede ser destituido sin faltar a la justicia o frenar su poder, si abusa del poder real como un tirano".[177]

Después de argumentar que en la tiranía existe poca amistad o nula, y muy poca justicia, santo Tomás comenta que no se puede decir que el pueblo procede infielmente contra el rey, es más, mereció que el pueblo le fuera "infiel" por la forma de gobernar al pueblo, pues no

176. *Ibid.*, lib. 1 cap. 7.
177. *Ibid.*, lib. 1 cap. 7.

procedió como debía ser en lo que el oficio de rey pide. Pero, si el gobierno del rey no procede del pueblo sino de algún superior, entonces él es el que debe dar el remedio para curar la maldad de los tiranos, como sucedió con la historia del rey de los judíos Arquelao, que fue depuesto por el emperador Augusto César, quien disminuyó la potestad del rey Arquelao. Y si no se encuentra una solución para remediar el mal de los tiranos, entonces "debemos acudir a Dios, que es Rey de todos y es el que ayuda a tiempo oportuna en la tribulación, y en su poder está el convertir el corazón del tirano a mansedumbre",[178] y comenta que para que esto realmente suceda, el pueblo debe cesar de pecar: "pero, para que el pueblo merezca conseguir de Dios este beneficio, debe abstenerse de pecar, pues para castigo del pecado los impíos toman el poder por concesión divina".[179]

EL OFICIO DEL GOBERNANTE Y LA PRUDENCIA. CAUSA FORMAL Y SU VIRTUD

En el capítulo XIII del primer libro *De Regno*, Santo Tomás menciona cuál es el oficio del rey. Para hacer política, Tomás recurre al libro II de *Física*, de Aristóteles, y dice que la política es *ars imitatur naturam*, la política es una habilidad práctica que debe imitar a la naturaleza; al recordar esta frase que es piedra de toque, menciona que el rey debe imitar a la naturaleza, ¿cómo debe suceder? El gobierno de la realeza debe imitar el gobierno natural, pues la naturaleza es gobernada por una razón suprema; pero hace una notación del gobierno natural: que es universal y particular: es universal en cuanto todo está gobernado por la Providencia de Dios; es particular en cuanto que el gobierno se encuentra también en el hombre, y es muy semejante al gobierno divino, pues todas las partes corporales están gobernadas por la razón. Por analogía, cuando el hombre por naturaleza se reúne en sociedad, todas las

178. *Ibid.*, lib. 1 cap. 7.
179. *Ibid.*, lib. 1 cap. 7.

partes deben estar gobernadas por una razón y ésta es la autoridad.[180] La autoridad dará orden a la sociedad, así como el alma da orden al cuerpo y como Dios ordena el mundo.

La analogía de Tomás sobre el alma y el cuerpo explica la situación de la autoridad, recordemos que la forma sustancial informa a la materia para generar un nuevo ser. En el caso de la autoridad —que es la causa formal—, informa a los hombres reunidos en sociedad —causa material próxima—. Para santo Tomás, el origen de la autoridad se puede entender desde tres razones: 1) en cuanto a la misma autoridad, y ésta es Dios; 2) en el modo de adquirir la autoridad, si es manera ordenada es de Dios, si es por el apetito perverso del hombre, puede ser por la ambición o un modo ilícito; 3) en cuanto al uso, si se usa según los preceptos de la ley divina está orientado a Dios, si se usa de manera injusta no proviene de Dios.[181] Si seguimos este argumento, podemos decir que lo único que delegan los súbditos es el poder, y la autoridad es participada por Dios.[182] Tomás siempre dio preponderancia a la persona, y con ello siempre salvaguardó la dignidad de las personas, lo cual se puede constatar en el desarrollo del bien común, pues todas las personas tienden a un fin y también la sociedad, pero la persona por tener individualidad no se pierde en la sociedad como masa. No existe la idea de masificación al buscar el bien común y al estar reunido en sociedad, y mucho menos con la idea de Estado que absorbe a las

180. *Cfr. Ibid.*, lib. 1 cap. 13.
181. *Cfr. Super Epistolam B. Pauli ad Romanos lectura*, cap. 13, l. 1.
182. Contrario a lo que sucederá en la modernidad, como es el caso de Nicolás Maquiavelo, quien dice que la autoridad proviene de algún talento o virtud, por la fortuna, perfidia o favores; para Rousseau es la voluntad general, pues se busca el bienestar y la conservación del todo y la parte; para Montesquieu, la legitimidad se da por el consentimiento de los gobernados y la dedicación de los gobernantes a la hora de ejercer su poder y mando; para Diderot, la autoridad proviene de la fuerza y la violencia o por el consentimiento de quienes se someten bajo un contrato donde transfieren su autoridad.

personas.[183] Por eso, la autoridad debe imitar la naturaleza, en el que el todo debe estar gobernado por la razón; en el pensamiento de Tomás no encontraremos al Estado como una sustancia existente *per se*, no es una sustancia metafísica como Hegel y Marx nos lo han querido vender por mucho tiempo.

Cuando el gobernante entiende esta situación, entonces viene lo que dice Tomás en *De Regno* que el que ostenta la autoridad "se hará manso y clemente, teniendo a cada uno de los que están debajo de su gobierno por propios miembros suyos".[184]

La forma en la que debe gobernar la autoridad, la explica con la metáfora del navegante, la nave y el puerto: el navegante lleva la nave de forma segura, sin daño, guiándola hacia el puerto, hacia su fin; la autoridad debe conservar sin daño, hacerla navegar, dirigirla, guiarla, hacia el fin que persigue la sociedad, y si no tiene como fin alguna cosa y la sociedad se empecina por conseguirla, entonces la autoridad debe encaminarla, redirigir el curso de la sociedad, para que no reciba daño.[185] ¿Cuál es el fin al que se dirige la sociedad y que debe dirigir la autoridad? Siguiendo la analogía, Tomás encuentra un fin específico que tiene tanto el individuo, como la sociedad; a saber, la vida virtuosa, que es un fin en sí mismo. Si el fin de la sociedad fuera algo extrínseco a ella misma, como la salud, la riqueza económica o la educación, etc., el gobernante debiera ser o un médico, un administrador o un docente.[186] Entonces, para que los hombres puedan vivir rectamente, es necesario que consigan la virtud en sociedad y no de manera aislada, y por esta razón considera que el fin de la sociedad humana es la virtud.[187]

183. "Al bien común del pueblo se ordenan como a su fin cualesquiera bienes particulares que los hombres procuran, ahora sean riquezas, ahora ganancias, salud, facundia, o erudición". *De Regno,* lib. 1 cap. 15.
184. *De Regno,* lib. 1 cap. 13.
185. *Cfr. Ibid.*, lib. 1 cap. 15.
186. *Cfr. Ibid.*, lib. 1 cap. 15.
187. *Cfr. Ibid.*, lib. 1 cap. 15.

Para que la sociedad alcance su fin último, la autoridad debe disponer de todos los medios para llevar a los súbditos a bien vivir, ya que la autoridad es un ser superior que gobierna las cosas para que se encaminen a su fin último y debe encaminarlas y guiarlas con imperio, y no sólo las cosas, sino también todos los humanos oficios que debe ordenarlos con el imperio de su gobierno. Y ¿cómo lo logrará la autoridad? "Mandándoles las cosas a que ella encaminan y estorbándoles, en cuanto fuere posible, lo que es contrario a esto".[188] La explicación no termina aquí, sino que recurre a que el fin, como ya se ha dicho, es la bienaventuranza, lo sabemos por la ley divina. Dios es la autoridad que crea, dirige y gobierna con su providencia todas las cosas existentes, todo esto lo hace a través de la ley.[189] Por esta razón, el gobernante debe "leer la ley divina", no se puede separar de estos preceptos, debe tener a la mano la ley y meditarla todos los días para que las personas que viven bajo su gobierno puedan vivir bien, y el gobernante debe encargarse de: "fundar en el pueblo este modo de vivir. Lo segundo, cómo lo ha de conservar después de comenzado. Y lo tercero, cómo podrá hacer que cada día vaya en aumento".[190]

Tomás observa que estos bienes que ha fundado y que se busca conservar y aumentar, en muchas ocasiones no pueden ser conservados por "tres impedimentos del bien público". El primer enemigo es el que proviene de la misma naturaleza del ser humano, pues el bien del pueblo no debe instituirse por un tiempo limitado y todos los hombres tenemos un tiempo de vida limitado, además no mantenemos el mismo vigor; puede suceder que la sociedad se quede sin hombres para algunos oficios importantes de la vida social y, por lo tanto, sin ese bien común. El segundo, no se puede conservar el bien público desde el interior, es decir, que algunos hombres tienen malicia en su voluntad, otros son perezosos para hacer lo que le conviene a la sociedad y otros cuando da-

188. *Ibid.*, lib. 1 cap. 16.
189. *Cfr. Ibid.*, lib 1. cap. 16.
190. *Ibid.*, lib. 1 cap. 16.

ñan el vínculo de la paz con cosas injustas. El último enemigo proviene del exterior cuando los enemigos de la República o sociedad arremeten contra ésta y en ocasiones es destruido.

¿Cómo garantiza el gobernante la procuración y conservación del bien público? Al primero, el gobernante debe procurar la sucesión de los hombres, así como de lo que sustenta los diferentes oficios en los cuales presiden; al segundo, con leyes, reglamentos, constituciones, preceptos que alejen a las personas de la maldad con penas y premios para que los súbditos puedan vivir virtuosamente; y al tercero, cuidar que sus súbditos estén seguros de amenazas exteriores a través de la potestad que ellos mismos le han legado, es decir, a través de la fuerza, pero no cualquier fuerza, sino la armada, pues de nada sirve que estén seguros por dentro y no puedan defenderse de las amenazas exteriores.[191]

El primer elemento que destaca santo Tomás puede ser muy controversial en la actualidad, pues dice dos cosas; la primera, que el gobernante debe asegurarse de que siga existiendo la sociedad, que la población no disminuya sino que se conserve, recordando que el gobernante no sólo debe conservar, también acrecentar este bien público, para garantizar la existencia de los mismos oficios necesarios para la sociedad. La segunda, debe encargarse de la formación de nuevos oficios; en efecto, la autoridad política debe garantizar que a la sociedad no le falten los recursos naturales, ni hombres ni mujeres que trabajen por el fin para el cual fue constituido el gobierno.[192]

Hasta aquí se ha hablado de tres oficios de la autoridad: el primero, que no a todos les corresponde sólo a unos cuantos, es la fundación del reino o gobierno o sociedad; el segundo es la conservación y el desarrollo del bien público, y el tercero es "la buena institución del pueblo, y es el tener solicitud y cuidado de mejorar siempre las cosas".[193] En tanto, la

191. *Cfr. Ibid.,* lib. 1 cap. 16.
192. *Cfr. Ibid.,* lib. 1 cap. 16.
193. *Ibid.*, lib. 1 cap. 16.

autoridad además de fundar la sociedad debe de preservarla, así como sus oficios, también mantener la buena institución del pueblo. La autoridad se encarga de la fundación de instituciones para que velen por la conservación y el aumento del bien público, mismas que deben ser sólidas y acordes con las necesidades de cada individuo de la sociedad, además de las agrupaciones, de los miembros de cada uno de los oficios antes llamados gremios, de las ahora Organizaciones de la Sociedad Civil, así el gobernante empieza a gobernar, a dirigir al pueblo en la consecución del bien común.[194]

Una segunda forma para evitar la destrucción del bien común por parte de la autoridad es a través de la ley.[195] Gracias a la ley, la autoridad puede preservar los bienes comunes que genera, pues a los ciudadanos que son viciosos y rebeldes se les puede retraer de sus conductas mediante la fuerza y el castigo, para que no sigan generando sus iniquidades y dejen vivir en paz a los demás. Tomás considera que al acostumbrarse a este estilo de vida, realizarán los actos moralmente buenos de manera voluntaria, en vez del miedo al castigo, y se convertirán en ciudadanos virtuosos.[196] El gobernante es el único que puede dictar la ley, pero recordemos todo lo antes mencionado: para que la autoridad pueda imperar necesita del consejo, esto a través de la virtud de la prudencia política, para que pueda establecer la justicia, ya sea legal, conmutativa o distributiva. No obstante, deberá establecer de forma expedita, pronta y justa la justicia legal, pues ésta se encarga del bien común, o del bien del pueblo, lo que actualmente llamamos *justicia social.* Por estas razones, podemos comprender por qué, cuando Tomás habla de la ley, la define como "ordenación de la razón al bien común, promulgada por quien tiene el cuidado la comunidad".[197]

194. *Cfr. Ibid.*, lib. 1 cap. 16.
195. *Cfr. Ibid.*, lib. 1 cap. 16.
196. *Cfr. S. Th.*, I-IIæ, q. 95, a. 1, *co.*
197. *S. Th.*, I-IIæ, q. 90, a. 4, *co.*

Sólo basta decir una última cosa más acerca de la autoridad, ahora que hemos mencionado la situación que a la autoridad legítima y competente le corresponde la expedición de las leyes, Tomás no está pensando sólo en el rey, sino que la autoridad, como también hemos mencionado, se puede dar en la aristocracia y en la política o timocracia. La situación actual es que no tenemos ni monarquía, ni aristocracia ni timocracia, más bien es una mezcla de las tres, que ahora llamamos democracia como buena forma de gobierno. Tomás estaría de acuerdo en que el único que puede ostentar la autoridad sea el presidente y éste, a su vez, delega las responsabilidades de la creación de leyes, como es el caso de las cámaras de Diputados y Senadores, y la impartición de justicia a través de la Suprema Corte de Justicia de la Nación.

El premio del gobernante

¿Qué es lo que hace que el monarca se haga tirano? El honor unido con la vanagloria; estos dos hacen que el monarca se haga un tirano porque no dependen directamente del monarca, sino de los súbditos. Por tal razón, los dos son totalmente frágiles, son las cosas más mudables en la vida de los súbditos, ya que depende de su opinión. En el caso de la gloria, Tomás dice que este deseo aniquila la grandeza de ánimo y, como ya hemos visto antes, esta grandeza de ánimo se llama magnanimidad, lo que realmente elimina la magnanimidad del monarca es la vanagloria, pues procura el favor de los hombres, y todo lo que haga y diga lo acomodará a la voluntad de los súbditos; "y así, queriendo agradar a todos, se hace esclavo de cada uno".[198] Al querer agradar a todos, el monarca se convierte en esclavo de todos; y al perder la magnanimidad, el monarca no puede proceder bien. En realidad, el monarca debe despreciar la gloria mundana y todos los bienes temporales; aunque parezca contradictorio, el hombre que desprecia

198. *De Regno*, lib. 1 cap. 8.

la gloria, más rápido puede alcanzarla, pues su vida virtuosa le permite alcanzar la verdadera gloria. Pero el premio de la verdadera gloria no sólo les corresponde a los gobernantes, sino a todos los ciudadanos buenos; en la historia ha habido personas que por Dios han sido buenos administradores en las ocasiones de gloria, de bajeza, en la infamia y de buena fama, y así estos buenos administradores han alcanzado la verdadera gloria como premio.[199]

Las personas que buscan la gloria como recompensa de forma inmoderada, como fin, le vienen algunos males, como la pérdida de la libertad, la vida, el fingimiento, pues es complicado contener y ser una persona virtuosa y una persona que finge también puede fingir tener virtudes, como es el caso de la virtud del honor.[200] A estas personas se les llama hipócritas. Así existen dos peligros en el Príncipe o en el que gobierna, es peligroso "al pueblo que el Príncipe se incline a las riquezas y a los deleites, porque se hace ladrón y contumelioso, así también es peligroso que se mueva por ambición de gloria; para que no se haga presuntuoso ni fingido".[201] A pesar de ser peligrosos, el mal menor de estos dos es que procure el honor y la gloria, pues éstos se asemejan a la virtud, y se vuelven más tolerables; esta gloria que buscan los gobernantes es el buen juicio y opinión que tienen los otros hombres sobre ellos, pero el rastro de virtud que tiene que busque el honor y la gloria es que busca el juicio de los hombres buenos y trata de apartarse de desagradarles.

> Porque el que desea gloria y fama, procura la aprobación de los hombres por el verdadero camino y por obras de virtud, o al menos con dolo y con engaño; pero si desea ser señor carece de este deseo y no teme parecer mal a los que juzgan bien, procura la más de las veces alcanzar lo que ama con muy descubiertas maldades.[202]

199. *Cfr. Ibid.*, lib. 1 cap. 8.
200. *Cfr. Ibid.*, lib. 1 cap. 8.
201. *Ibid.*, lib. 1 cap. 8.
202. *Ibid.*, lib. 1 cap. 8.

También las riquezas son aquellas cosas que pueden lastimar el gobierno de un buen gobernante, pues aquellos que gobiernan con justicia alcanzan más riquezas, que los tiranos que roban. Esto sucede porque los tiranos, además de tener el disgusto de todos sus súbditos, necesitan muchos soldados bien armados para estar bien seguros de sus súbditos, para que no se le rebelen, no le quiten lo que les es propio y, con tantos soldados, tienen la necesidad de gastar más de lo que ellos roban.[203] En cambio, con el buen gobernante los súbditos están a gusto, todos son soldados para guarda suya y, de esta forma, el monarca no tiene necesidad de gastar en soldados; cuando el monarca tiene necesidad de salvaguarda, los súbditos algunas veces dan más que lo que suelen robar los tiranos.[204]

Habiendo mostrado santo Tomás que las riquezas del mundo, el honor y la gloria no son el premio que merece el rey, demostrará cuál sí es el premio que le corresponde por su dignidad real. El premio que merece el rey por su buen gobierno de sus súbditos le vendrá de la mano de Dios; el rey es ministro de Dios con su pueblo.[205] ¿Qué premios da Dios a los gobernantes? Los premios que provienen de la mano de Dios, son los bienes temporales, como la victoria sobre sus enemigos, obtener reinos y ofrecer despojos de estos mismos; empero, estos premios terrenos les sobrevienen a los gobernantes malos como Nabucodonosor. Si esto sucede con los malos gobernantes, ¿qué premio les esperará a los buenos gobernantes? No es un premio terreno, la paga no es sólo con bienes terrenos, sino con bienes eternos, pues Dios es Rey de reyes y Él les dará la corona de gloria, la cual no se marchitará, esto es, la corona de gloria. El premio eterno es el mismo Dios, pues "el Señor será corona de alegría y diadema de gloria para su pueblo",[206] porque el premio de

203. *Cfr. Ibid.*, lib. 1 cap. 8.
204. *Cfr. Ibid.*, lib. 1 cap. 11.
205. Parece que santo Tomás retoma esta idea de san Ambrosio, en su *Expositio Evangelii secundum Lucam,* IV, 9.
206. *De Regno*, lib. 1 cap. 9.

una vida virtuosa es la vida bienaventurada. Llamamos felices a algunos hombres, que tienen puestas sus esperanzas en la tierra, pero serán perfectamente felices cuando posean perfectamente el bien, cuando venga el bien esperado, que es Dios.

Ningún honor caduco, temporal, puede ser premio del rey, pues debe ser un honor que dure para siempre. En sí, el premio del rey es ser ciudadano de la casa de Dios, "y que consiga con Cristo la herencia del Rey de los Cielos",[207] ya que la conciencia alaba las buenas acciones, que son confirmadas por Dios. Asimismo, el premio que obtiene el gobernante es en grado eminente en el Cielo, pues si la bienaventuranza se alcanza por la vida virtuosa de la persona, mayor bienaventuranza alcanzará el gobernante que ha dirigido, gobernado, a más personas para que también vivan una vida virtuosa.[208]

Tomás pone tres ejemplos de por qué el gobernante alcanzará mayor gloria, mayor bienaventuranza: el maestro que enseña la verdad en vez de sólo aprender lo que se enseña, el arquitecto que diseña y dispone el edificio que los que lo hacen por sus manos, y en la guerra el general alcanza la victoria por su prudencia que el soldado por su fortaleza; "por lo cual el rey es digno de mayor premio, si gobierna bien sus súbditos, que ninguno de los que debajo de su gobierno proceden".[209]

Cuando Tomás trata el tema del premio del gobernante, hace mención de un tema que en la actualidad es delicado, como es el caso de la pena de muerte. Si el gobernante manda matar a un ladrón, ¿está haciendo un acto moralmente bueno o malo? Santo Tomás responde que el gobernante al buscar y procurar el bien común es la mejor, mayor y divina cosa que buscar el bien particular.[210] Con este razonamiento, algunas veces el mal de una persona es permitido si se da lugar al bien

207. *Ibid.*, lib. 1 cap. 9.
208. *Cfr. Ibid.*, lib 1 cap. 9.
209. *Ibid.*, lib. 1 cap. 10.
210. *Cfr. Ibid.*, lib. 1 cap. 10.

común, así como la muerte del ladrón es pagada para la paz de una multitud: "y el mismo Dios no dejará que hubiera males en el mundo, si no sacara bienes de ellos para la utilidad y hermosura del universo".[211]

¿No será más digno un gobernante que encuentra la paz para su ciudad, que elimine toda violencia, que procede con justicia, con las leyes y preceptos que dirige para todos sus súbditos? Santo Tomás recuerda que a este tipo de gobernantes, que procedían con los elementos anteriores, se les llamaba dioses y con razón lo hacían, pues esta grandeza de virtudes por parte de los gobernantes, tienen una grandeza semejante a la de Dios, "pues obra en su Reino lo que Dios en el mundo".[212] Existen algunos gobernantes que quieren tomar el poder y pasarse por Dios, éstos cometen el pecado de soberbia. De ahí se desprenden más males para sus súbditos, hay algunos gobernantes que se humillan por los males y errores que han cometido y son más fácilmente perdonados por sus súbditos, pero el premio que gozarán en la vida bienaventurada, que menciona santo Tomás, es que en la eterna paz, las casas de los otros serán como la casa de David, porque todos serán reyes y reinarán con Cristo, así como los miembros con su cabeza; la casa de David será como la casa de Dios, porque así como gobernando hizo en su pueblo fielmente el oficio de Dios, así se acercará más a Él.[213]

Por otro lado, los tiranos buscan y procuran siempre los bienes temporales; los gobernantes justos, los bienes sempiternos. El primer bien y el más digno que gustan y buscan los gobernantes es la amistad, entre todos los bienes del mundo, no hay ningún bien que se le pueda comparar ni preferir, la amistad es tan digna que, como se ha mencionado, junta y reúne a los virtuosos, conserva y levanta la virtud. De la amistad, todos tenemos necesidad en cualquier negocio que hayamos de realizar, asimismo la amistad es la que oportunamente entra en las cosas prós-

211. *Ibid.*, lib. 1 cap. 10.
212. *Ibid.*, lib. 1 cap. 10.
213. *Cfr. Ibid.*, lib. 1 cap. 10.

peras, y en las adversidades no desampara a los hombres. De modo que la amistad:

Es causa de los mayores contentos, de tal suerte que cualquier cosa, por delectable que sea, sin amigos se convierte en cansancio y enfado, y las que son ásperas el amor las hace fáciles y de ninguna pesadumbre: ni ha habido tan gran crueldad de tirano que no se deleitase con la amistad.[214]

Los tiranos no gozan de este bien (la amistad), no lo alcanzan. Tomás menciona que algunos tiranos se admiran de las amistades de otros, la desean, se deleitan con las otras amistades, y no consiguen una amistad verdadera; si existe la poca amistad del tirano hacia sus súbditos, es porque la amistad tiene cierta semejanza y similitud en la justicia.[215] De hecho, según Tomás los tiranos no pueden amar, tampoco quejarse porque sus súbditos no los amen, ya que no merecen ser amados.[216] Sin embargo, a los buenos reyes, cuando cuidan y tratan bien del provecho, del bien común, y que los súbditos conocen que por este buen gobernante les vienen grandes bienes y comodidades, éstos los aman. Porque el bien común se debe conseguir, conservar y acrecentar, por tal motivo el amor de los súbditos a los buenos reyes es estable y permanente. Con este amor perdurable, sucede que en la ciudad o la *polis* no se perturba ni se altera el dominio del gobernante.

El tirano toma el temor del pueblo como fundamento del poder y procura ser temido por los súbditos.[217] Para Tomás de Aquino, el temor es un fundamento débil, porque los súbditos se pueden levantar contra

214. *Ibid.*, lib. 1 cap. 11.
215. *Cfr. Ibid.*, lib. 1 cap. 11.
216. *Cfr. Ibid.*, lib. 1 cap. 11.
217. *Cfr. Ibid.*, lib. 1 cap. 11. Podemos recordar lo que Maquiavelo recomienda a los príncipes con su famosa frase de "el fin justifica los medios", y dos de los medios que recomienda es la fuerza pública y la segunda, el temor, para que los gobernantes puedan ejercer un buen gobierno.

el tirano: el temor de los súbditos los lleva a la desesperación, en su desesperación intentarán cualquier cosa de forma atrevida para quitar del gobierno al tirano que los oprime. Por esta razón, Tomás concluye que si el premio del buen gobernante es la bienaventuranza de forma excelentísima, entonces el mal gobernante, el tirano, recibirá el mayor grado de tormento por sus penas, porque por todas partes y por todas formas roba a todos y procura quitar la libertad a todos, y dar muerte a quien quiera que se le antoje.

> Pues si a los reyes les vienen los bienes temporales abundantemente, y se les prepara por Dios tan alto grado en la bienaventuranza, y los tiranos por la mayor parte se quedan sin los bienes temporales que desean, y de más de esto están sujetos a muchos peligros, y lo que es más que todo, son privados de los bienes eternos y guardados para gravísimas penas; con vehemente cuidado deben procurar los que toman el gobierno ser para sus súbditos reyes y no tiranos.[218]

La virtud de la prudencia

Hasta ahora hemos analizado dos virtudes: la magnanimidad y la amistad. Se escribieron primero, para ir en ilación con las ideas que se exponen en los libros *De Regno* y *Sententia libri Ethicorum*. No obstante, la primera virtud que debe poseer el gobernante es la virtud de la prudencia, porque de aquí se desprende el imperio o mandato, y de éste el mando que ostenta la autoridad o, en resumidas cuentas, es de donde procede la *auctoritas*.

La prudencia es la primera virtud de las cardinales, porque es la causa, medida y forma de las demás virtudes. Como causa, decimos que la virtud es una facultad perfectiva: perfecciona al hombre en cuanto hombre y en cuanto a sus facultades, esto es, que la justicia, fortaleza y templanza no serán perfectas si no tienen el cimiento de la pruden-

218. *Ibid.*, lib. 1 cap. 12.

cia, facultad perfectiva que dispone a determinarse rectamente. La prudencia en cuanto justicia, fortaleza y templanza, hace que el hombre se acerque a la realidad de las cosas y, además, encuentra una relación con la verdad, pues está conformada con la medida de la realidad de las cosas y, de esta forma, actuará moralmente bien. ¿De qué forma lo realiza el hombre? De forma análoga: como están las cosas creadas en el pensamiento divino, están pre-figuradas y pre-formadas; en efecto, en el conocimiento humano encontramos el mundo extra mental, que es objetivo, de una forma pasiva, reproducida, y también "del mismo modo, finalmente que el artefacto construido imita al ejemplar o modelo, vivo en el conocimiento creador del artista, así, y no de otra manera, constituye el imperio del prudente la pre-figura que preforma la buena acción moral".[219] Y, por último, informará a las demás virtudes cardinales, será para ellas la forma esencial intrínseca, es decir, que la prudencia informará a las demás virtudes la forma esencial del bien: todo acto humano, informado y dirigido por la prudencia, tendrá el sello del bien.

La prudencia es una virtud especial, es la bisagra entre las virtudes intelectuales y las morales, principalmente se encuentra dentro de las intelectuales, debido a que la prudencia conoce el futuro a través del presente y pasado, este conocimiento le corresponde al entendimiento por las deducciones que hace, que se proyectarán por medio del entendimiento práctico.[220] La virtud ayuda al ser humano a perfeccionarse, a ser mejor de lo que ya es; normalmente se define la virtud como *hábito*

219. Pieper, *Las virtudes fundamentales*, 43.

220. *Cfr. S. Th.*, I-IIæ q. 57 y II-IIæ q. 47. Tomás se ha preguntado si la prudencia se encuentra en el entendimiento o en la voluntad, y se decantará por el entendimiento, pues conocer el futuro a través del pasado y del presente se hace por deducción. He dicho que la prudencia es como la bisagra entre las virtudes intelectuales y morales porque para santo Tomás, la prudencia pertenece directamente a la facultad cognoscitiva, pero no está simplemente en el entendimiento, sino que su mérito también radica en la aplicación de la obra, y esto ya incluye a la voluntad.

bueno, pero Aristóteles lo llama *segunda naturaleza*,[221] un *principio de operaciones*. ¿Qué operaciones hace la virtud de la prudencia? Lo entenderemos por las ocho partes cuasi integrales de la prudencia: 1) memoria, 2) entendimiento, 3) docilidad, 4) sagacidad, 5) razón, 6) previsión, 7) circunspección y 8) precaución, las cuales se pueden sintetizar en tres: consejo, juicio e imperio.[222]

En pocas palabras, la virtud de la prudencia es la virtud del buen gobierno, pues debe mandar (imperar) bien sobre lo concreto, para mandar bien es necesario que cada hombre (o, en particular, cada gobernante) tenga inteligencia robustecida, enriquecida con conocimientos y virtudes, porque la virtud de la prudencia se define como *recta razón en el obrar*; también como la *recta disposición de la razón práctica*.[223] Si la razón no está rectamente encaminada, el obrar humano no tenderá a su fin último, y se desviará, entonces se introducirá el mal en su vida (ausencia de perfección) y en la sociedad (ausencia del bien común).

La recta razón[224] la encontramos en el obrar, en especial en la última parte de la prudencia (imperio), que pertenece a la *razón prác-*

221. Santo Tomás privilegia la definición que Pedro Lombardo construye desde los escritos de san Agustín; cuando en las *Quæstiones Disputate de Virtutibus*, Tomás define la virtud, usa cinco definiciones de virtud que da Aristóteles. *Cfr.* M. A. Gutiérrez-González, *Las virtudes intelectuales como horizonte normativo de los bienes comunes en instituciones de educación superior* (próximamente).

222. En la actualidad, encontramos esta síntesis de tres partes en la Doctrina Social de la Iglesia como "ver, juzgar y actuar". Son lo que Tomás llama las partes potenciales de la virtud de la prudencia: eubolia, synesis y gnome.

223. *Escrito sobre las sentencias*, lib. 3, d. 33, q. 2, a. 1, qc. 3 arg. 6. *Cfr.* Pieper, *Las virtudes fundamentales*, 49.

224. La *recta razón* es la regla homogénea y próxima de las acciones voluntarias. Esto significa que es una "medida objetiva del valor moral de un comportamiento. [...] *La recta razón es lo que la razón humana dictamina de suyo acerca de una acción, es decir, la recta razón es el dictamen obtenido cuando la razón procede correctamente* (sin error de razonamiento) *según las leyes,*

tica;[225] también en las dos primeras partes de la prudencia (consejo y juicio), es decir en la *razón especulativa*.[226] Esto significa que la prudencia tiene una parte de conocimiento, la que aprehende la realidad de las cosas objetivas para que después la ordene el querer y el obrar, y exista una rectitud. La prudencia cognoscitiva se encuentra en cinco partes cuasi integrales, y son: la memoria, la razón, la inteligencia, la docilidad y la sagacidad. Las otras tres aplican el conocimiento a la obra, son como perceptivas: la previsión, la circunspección y la precaución.

Para que exista ordenación recta del querer y obrar es necesaria una razón robustecida, ¿de qué forma se robustece la razón para el desarrollo de la prudencia? Según Josef Pieper, la prudencia se robustece como conocimiento con tres partes cuasi integrales, que son el común de todas ellas y que, además, son las más importantes: la memoria, la docilidad y la sagacidad; en este caso, seguiremos lo que dice Tomás de Aquino.

Tomás menciona que es evidente que la prudencia tenga ocho partes, ya que se debe tener en cuenta que en el conocimiento se consideran tres momentos: el conocimiento en sí mismo, la adquisición misma del conocimiento y el uso del conocimiento.[227] Del primero dice que si son de cosas pasadas, la parte que corresponde es la memoria, si de cosas presentes inteligencia; de la segunda, si es por enseñanza se llama docilidad y si es por propia invención, *eustochia*; de la tercera, cuando

los principios y los fines que son propios de a razón moral en cuanto tal, sin interferencias ni presiones de ningún tipo. La recta razón es, podríamos decir, la razón práctica que obra según su legalidad propia o, si se prefiere, es la razón práctica que puede reconocerse enteramente a sí misma tanto en su modo de proceder como en su principios y en sus conclusiones." Á. Rodríguez, *Ética general* (Navarra: EUNSA, 2004), 234.

225. *Cfr. S. Th.*, II-IIæ q. 47, a. 2, *co. Cfr. Suma contra gentiles*, lib. 3, cap. 35, n. 4.
226. *Cfr. S. Th.*, II-IIæ q. 47, a. 2, ad. 2 y ad. 3.
227. *Cfr. Ibid.*, II-IIæ q. 48, a. 1, *co.*

tenemos conocimiento de algunas cosas y éstas nos llevan a conocer o juzgar otras, se llama razón.[228]

De la síntesis que hemos mencionado (consejo, juicio e imperio), empezaremos primero con el consejo,[229] pues "lo propio del hombre es aconsejar".[230] El consejo implica deliberación sobre lo que debe hacerse, la cual se realiza en la memoria, porque la virtud de la prudencia versa sobre acciones contingentes y, en estas situaciones, el hombre no puede dirigir su vida sobre la verdad absoluta y necesaria, sino sobre lo que sucede comúnmente, y para resolver las situaciones contingentes es necesario recurrir a la experiencia y al tiempo. Los mejores consejos que puedan darse se basan en la experiencia y en el tiempo, pero el consejo no se queda en la parte deliberativa, sino que implica el juicio del mejor elemento de la deliberación y su ejecución. Para nutrir el elemento deliberativo en el caso del gobernante, éste debe resguardar la memoria nacional,[231] ¿qué significa esto?, ¿acaso vivir de la memoria llevará al

228. *Cfr. Ibid.*, II-IIæ q. 48, a. 1, *co.*
229. *Cfr. Ibid.*, II-IIæ q. 47, a. 2, *co.* En la exposición que haré sobre el consejo, mencionaré y abundaré en el tema de la memoria; pero, para Josef Pieper también es importante la docilidad, porque nadie se puede bastar a sí mismo. Pieper definirá la docilidad como "esa disciplina que se enfrenta con la polifacética realidad de las situaciones y cosas que brinda la experiencia, renunciando a la absurda autarquía de un saber de ficción. Por *docilitas* debe entenderse el saber-dejarse-decir-algo, aptitud nacida no de una vaga 'discreción', sino de la simple voluntad de conocimiento real (que implica siempre y necesariamente auténtica humildad)". Pieper, *Las virtudes fundamentales*, 55. Para que la prudencia se perfeccione, necesita también ser disciplinada, discreta y humilde.
230. *S. Th.*, II-IIæ q. 51, a. 1, *co.*
231. Tomás de Aquino y Josef Pieper no tocan el tema de **memoria nacional**, es más, no es un término usado por ellos. Lo he incluido porque al hablar de la política me parece importante llevar este término al pensamiento de Tomás de Aquino, en el ámbito de la filosofía política. De igual forma, sucederá con **identidad nacional**. Para un estudio sobre cómo la memoria nacional

progreso de la nación?, ¿la memoria nacional no es tradición, y al ser tradición no es algo retrógrado y, por ende, falto de progreso?

Tomás recoge lo dicho por Marco Tulio Cicerón en su libro *Rethorica*, y menciona éste que la memoria sí es un sentido interno en los animales y seres humanos, pero en éstos últimos dicho sentido debe perfeccionarse por medio de un método educativo (*racional*).[232] Este método se divide en cuatro partes: 1) buscando algunas semejanzas con las que intentamos recordar, 2) organizar debidamente las cosas que intentamos recordar, 3) poner interés y amor en las cosas que queremos recordar y 4) pensar con frecuencia las cosas que queremos recordar.[233]

La formación de la identidad nacional va estrechamente ligada con la memoria nacional, pues las semejanzas se basan en las cosas que nos han sorprendido porque son inusitadas, que no suceden comúnmente, y a esas cosas les prestamos mayor atención. El elemento principal de esta educación de la memoria es poner interés y amor a esas cosas, que nos han llamado más la atención. Según Tomás es necesaria la memoria de las cosas pasadas —contingentes—, para que de éstas "saquemos como argumentos para hechos futuros[, ...] la memoria de lo pasado es

es importante para la recuperación de la identidad nacional, véase J. Reyes, "La religión y las asociaciones religiosas en México y sus efectos en desarrollo de Seguridad Nacional" (conferencia, Colegio de Defensa Nacional, 6 de marzo de 2020), consultado el 23 de junio de 2021, https://capellaniamilitar.org/wp-content/uploads/2021/03/capellania-militar-conferencia-colegio-de-la-defensa-nacional.pdf

232. *Cfr. S. Th.,* II-IIæ, q. 49, a. 1, ad. 2.

233. *Cfr. Ibid.* Josef Pieper menciona que la parte de la memoria no perfecciona a la prudencia tomando aquella como mera facultad de recordar, sino que la memoria es aquella capaz de ser fiel al ser. La memoria ayudará a la prudencia a perfeccionarse y a ser la medida: la prudencia es el conocimiento verdadero de las cosas de la realidad objetiva manifestándose como regla de la acción; esta verdad se guarda en la memoria, la cual es fiel a las exigencias del ser (verdad). *Cfr.* Pieper, *Las virtudes fundamentales*.

necesaria para aconsejar bien en el futuro".[234] A esto también se le conoce como providencia o previsión, pues todo lo que suceda en el presente debe ser ordenado hacia algo distante que puede llegar a suceder. Así, el gobernante es el garante de resguardar la identidad y memoria nacionales: tener pleno dominio de la historia nacional (pasado de la nación), conocer por completo lo que sucede día con día, todos los problemas, necesidades e inquietudes de la nación (presente de la nación), y al conocer su pasado y su presente, la experiencia y el tiempo, el gobernante debe aconsejar bien para el futuro. La situación se complica o, mejor dicho, se hace mucho más compleja cuando tiene que conocer de forma sucinta la identidad y memoria de las naciones amigas para el desarrollo del bien común internacional y mundial.

Después del consejo que, en resumidas cuentas, es la indagación sobre lo que se debe hacer en orden a un fin determinado; la virtud de la prudencia manda elegir lo óptimo de lo que se ha indagado, "juzgar el resultado de la indagación",[235] es decir, el acto de juzgar o *juicio*. Para la intervención oportuna del gobernante en el presente y la previsión en el futuro, el gobernante necesita un juicio recto, ya que por ser contingentes las cosas éstas pueden cambiar sucedáneamente y en ocasiones de forma rápida e intempestiva. La intervención oportuna debe ser eficaz, debe ordenar y dominar convenientemente todas las cosas. Santiago Ramírez, O.P., dice que el gobernante debe "captarla por intuición directa, certera y profunda al primer golpe de vista, es la inteligencia, es la perspicacia, con sus auxiliares la sagacidad y la buena puntería; rapidez en la percepción y exactitud en el juicio".[236]

¿Qué es lo que realiza la inteligencia y la sagacidad? Aquino no toma la palabra *inteligencia* como la facultad intelectiva —en el caso de esta parte cuasi integral de la prudencia—, sino cierto conocimiento último,

234. *S. Th.,* II-II q. 49, a. 1, *ad.* 3.
235. *Ibid.,* II-IIæ q. 47, a. 8, *co.*
236. Ramírez, *Doctrina política de Santo Tomás*, 65.

como el de los primeros principios para el obrar (*haz el bien y evita el mal*), y dado que el obrar es sobre lo contingente, el conocimiento de los primeros principios termina en una acción particular,[237] ¿cómo actúa esta inteligencia? Procede de una doble inteligencia: una universal, que conoce los primeros principios, y la segunda que conoce "el extremo, es decir, un primer singular contingente operable, la menor del silogismo de la prudencia, [p]ero este primer singular es un fin particular, [...] la inteligencia que ponemos como parte de la prudencia es cierta estimación recta de un fin particular".[238] La resolución interesante que da Tomás sobre la inteligencia es que, efectivamente es esa recta estimación de un fin particular, pero es en "cuanto principio y *sentido* en cuanto particular",[239] la inteligencia que tiene la prudencia es un cierto sentido, pero no es el sentido que conoce los sensibles propios (vista-color, oído-sonido, olfato-olor, gusto-sabor, tacto-texturas), es un sentido interno que "juzga de lo concreto y singular",[240] a saber, la *cogitativa*.

Por el otro lado, la *sagacidad* sigue el proceso de la *inteligencia*, porque le compete "formar un juicio recto sobre la acción".[241] La formación del recto juicio es a través de la demostración de los medios, pero no demostraciones especulativas, sino prácticas u operables; estas demostraciones operables se dan de dos formas, por propia invención y aprendiendo del otro. La sagacidad permite que cualquier ser humano no limite su propio ingenio, la elección de los medios para obrar puede inventar nuevas formas, nuevos medios, para la resolución del conflicto. En palabras del Aquinate: "la sagacidad se propone la adquisición de una recta opinión por propia iniciativa, pero entendida la sagacidad en el plano de la vigilancia o *eustochia*".[242] Es decir, la sagacidad considera

237. *Cfr. S. Th.*, II-IIæ q. 49, a. 2, *co.*
238. *S. Th.*, II-IIæ q. 49, a. 2, *ad.* 1.
239. *Ibid.*, II-IIæ q. 49, a. 2, *ad.* 3.
240. *Ibid.*, II-IIæ q. 49, a. 2, *ad.* 3.
241. *Ibid.*, II-IIæ q. 49, a. 4, *co.*
242. *Ibid.*, II-IIæ q. 49, a. 4, *co.*

todos los medios que el consejo ha proporcionado y la inteligencia debe conocer lo que está sucediendo en el caso particular, concreto y singular, para que la sagacidad demuestre con juicio recto qué medio es el mejor y óptimo. La sagacidad hace "una buena conjetura, rápida y que no admite discurso"[243] para que, como el tirador con arco dé al blanco, con el primer golpe de vista dé con certeza, a saber, *eustochia* (ευ-bien, στοχία-objetivo, fin, meta). Da al blanco con la *cierta buena conjetura* realizada por la inteligencia, y se reviste de carácter de *consejo*, pues hay ocasiones que es necesaria la *eustochia como consejo*, "por ejemplo, cuando se presenta de improvisto algo que debemos ejecutar".[244] Lo que sucede en el instante, en el momento, el hábito de la *eustochia* da con el medio preciso que se debe usar de forma expedita, oportuna, rápida sobre el particular, contingente y concreto: "[e]n efecto, la vigilancia o *eustochia* deduce bien en toda clase de asuntos; la sagacidad, en cambio, es *habilidad para la rápida y fácil invención del medio*".[245]

Pero como se debe elegir el mejor medio para el particular, la buena conjetura que debe realizar la prudencia es la conjetura sobre todas las materias, y como un hombre particular no puede conocer todas las conjeturas, necesita del consejo de los que son peritos y sabios de cada conjetura, por esta razón Tomás menciona que esta formación del juicio recto es por invención o aprendido de otro.[246] Todo lo antes dicho es cómo, por la *eustochia*, el hombre concreto inventa los medios necesarios cuando se presenta algo de improviso, asimismo, la *eustochia* es consejo en cuanto ese hombre particular no conoce todas las conjeturas de todas las materias y necesita de otros hombres, quienes deben ser virtuosos, experimentados y competentes en las conjeturas particulares que se deben tratar.

243. *Ibid.*, II-IIæ q. 49, a. 4, *arg*. 2.
244. *Ibid.*, II-IIæ q. 49, a. 4, *ad*. 2.
245. *Ibid.*, II-IIæ q. 49, a. 4, *co.*
246. *Cfr. Ibid.*

Al presentarse la resolución de lo particular, del fin particular, no siempre se requiere el mismo procedimiento, algunas veces se necesitarán muchos consejeros o uno solo, en otras se deberá extender el consejo o reducirlo para que no se eternice; por esta razón, en el elemento del consejo hemos dicho que la resolución de las situaciones contingentes son necesarios la experiencia y el tiempo; en pocas palabras, el recto juicio es lo que en términos coloquiales llamamos *tener sentido común.*

Con esto, podemos entender por qué la sagacidad es una facultad perfectiva de la prudencia; cuando el hombre prudente se enfrenta ante algo inesperado, no se cierra en sí y mucho menos a ciegas a la acción, sino que "se halla dispuesto a afrontar objetivamente la realidad con abierta mirada y decidirse al punto por el bien, venciendo toda tentación de injusticia, cobardía o intemperancia".[247]

El juicio decide —sin caer en los vicios por exceso, precipitación, y por defecto, pereza o lentitud— diligentemente. Hasta aquí termina la intervención de la razón especulativa en la virtud de la prudencia, "fidelidad de la memoria al ser, disciplina, perspicaz objetividad ante lo inesperado: tales son las virtudes cognoscitivas del prudente".[248]

Hay que decir todavía más, el acto principal de la prudencia no es ni el consejo ni el juicio, sino el imperio o el mandato. El imperio o mandato se encuentra en la *razón práctica* y ésta se ordena en la acción. Lo que realiza el imperio es "aplicar a la operación el resultado de la búsqueda y del juicio";[249] es importante recalcar que el imperio se desarrolla den-

247. Pieper, *Las virtudes fundamentales*, 56.

248. *Ibid.*, p. 57.

249. *S. Th.*, II-IIæ q. 47, a. 8, *co.* Ya hemos visto que el juicio en su parte cuasi integral de la inteligencia; Tomás dice que ésta es "la menor del silogismo". *S. Th.*, II-IIæ q. 49, a. 2, ad. 1. Y ahora, en el imperio es la "operación del resultado". Con la introducción de la filosofía de la acción, Alejandro Vigo menciona que Aristóteles tiene un *hapax legomenon* sobre el silogismo práctico. Para que se dé este silogismo práctico deben existir la *órexis*, que es el apetito, el

tro de la *razón práctica*; aunque se aplique lo que se ha conocido, sigue existiendo un orden en el movimiento, operación o acción. Tomás dice que el "imperio abarca tanto conseguir el bien como evitar el mal".[250]

Perseguir el bien y evitar el mal es el objeto propio del primer principio de la razón práctica, que se conoce como *sindéresis*: primer principio del orden práctico, que dice *haz el bien y evita el mal*.[251] El orden,

impulso y el deseo racional; también la *doxa*, que son opiniones y creencias. El resultado de una deliberación racional y la conexión con los deseos y creencias es la elección de un estilo de vida. *Cfr.* Alejandro Vigo, "La concepción aristotélica del silogismo práctico, en defensa de una interpretación restrictiva", *Dianoia,* 55, núm. 65 (2010): 3-39. Si adaptamos esta figura aristotélica del silogismo práctico, parece que santo Tomás de Aquino nos está presentando este silogismo práctico en la prudencia consejo (premisa mayor), juicio (premisa menor) e imperio (conclusión).

250. *S. Th.*, II-IIæ q. 47, a. 8, *ad.* 1.

251. En la primera nota al pie de página que ofrece Esteban Pérez Delgado en el libro de Santo Tomás, de la Biblioteca de Grandes Pensadores de la editorial Gredos, en la parte de la sindéresis, que es la cuestión 16 de las *Quæstiones disputatæ de veritate*, dice que la palabra sindéresis es una traducción latina de la palabra griega *συντήρησις*, que viene del verbo "sintereo" y significa conservar, preservar cuidadosamente, guardar un secreto, observar, vigilar la ocasión. Estas traducciones dan a entender que en su sentido original no tenía una connotación moral, sino aquello que permite conservar la naturaleza. Entra en el sentido moral con el comentario al libro de Ezequiel, que hace san Jerónimo y dice que existe una cuarta parte, que se eleva sobre la parte racional del alma, la irascible y concupiscible, ésta es la *syntéresin*: "chispa de la conciencia, que no se extingue en el corazón del mismo Caín, aún después de haber sido echado del Paraíso" (citado en *Quæstiones disputatæ de veritate*, 139. El resaltado corresponde al autor de esta obra). No se debe confundir *syntéresin* con *syneídesin*, que significa conciencia; la palabra conciencia es creada por Marco Tulio Cicerón; no existe en la ética platónica ni aristotélica, lo más cercano en Aristóteles es "recta razón" (*Cfr. Quæstiones disputatæ de veritate* [*Cuestiones disputadas sobre la verdad*]). Habrá que hacer notar algo que menciona Josef Pieper sobre la relación en-

el mandato, el imperio siempre debe ser claro, conciso y firme; el que tiene la autoridad debe mandar sin titubear, sin mirar falsos respetos humanos porque está en juego el bien común.

Hemos visto que en la respuesta a la cuestión 48, Tomás después de mencionar cómo se distingue la virtud de la prudencia (integrales, subjetivas y potenciales), en la cuestión 47 dice que en sentido propio la prudencia ordena el gobierno de cada uno de los sujetos y el gobierno de la multitud; en el caso de la multitud también se especifica, diversifica, según las diversas especies de multitud: militar, económica, gobierno y política: existen diferentes especies de prudencia "la prudencia propiamente dicha, [...] la prudencia económica [...], y la prudencia política, ordenada al bien común de la ciudad o de la nación".[252]

tre la sindéresis, conciencia y la virtud de la prudencia: "la prudencia no apunta directamente a los últimos fines —natural y sobrenatural— de la vida humana, sino a las *vías* conducentes a tales fines. Su función más peculiar no es la contemplación actual de esos "principios universales" (pese a que sólo por este contemplar se posibilita la adopción de resoluciones prudentes: "*synderesis movet prudentiam*"; ya que sin virtudes teológicas jamás podría darse la prudencia cristiana). La más característica función de la prudencia es su referencia al plano de los "caminos y medios", que es el de la última y concreta realidad.

Por lo demás, la unidad viva de sindéresis y prudencia no es otra cosa que lo que solemos denominar "la conciencia". Pieper, *Las virtudes fundamentales*, 48-49.

En este último párrafo, tendremos que alejarnos de la postura que ofrece Josef Pieper, pues para santo Tomás la conciencia no es la unión viva de la sindéresis y de la prudencia, y mucho menos, como dirá después, que la prudencia es "conciencia de situación" y la sindéresis es "conciencia de principios". Para santo Tomás, la conciencia no es prudencia por el simple hecho de que la conciencia es acto y no hábito, y como acto puede aplicar cualquier hábito. *Cfr. Q. Disp. De Veritate*, q. 16 y 17.

252. *S. Th.,* II-IIæ q. 47, a. 11, *co.* Para una lectura sobre la prudencia militar en el pensamiento de santo Tomás de Aquino, véase Reichberg, *Thomas Aquinas on Military Prudence*, 262-275.

La prudencia le corresponde propiamente al gobernante, y al súbdito de cierta participación de la actividad política, pues encontramos el imperio o mandato en la prudencia, pero como el súbdito goza y participa de la prudencia en su aspecto general por el hecho de ser un humano, se le puede dominar *prudencia propiamente dicha* o también *prudencia monacal.* El súbdito participa de la *prudencia política* "como *arte mecánica* o ejecutores de un plan";[253] asimismo, "participa algo del gobierno según el juicio de la razón".[254] Y por esta razón, cuando resuelve el problema de la asignación de las partes de la prudencia, Tomás menciona dos tipos de prudencia en el tema del bien común:

> la prudencia que gobierna a la multitud se diversifica, a su vez, según las especies distintas de multitud. [O] la agrupación de una ciudad o de una nación, para cuya dirección reside en el jefe la prudencia de *gobierno*; en los súbditos, en cambio, la prudencia *política* propiamente dicha.[255]

Para que exista un gobierno eficaz, debe darse la sujeción de los súbditos para ser gobernados; además, una gobernabilidad activa sucede cuando se legitima la participación de los ciudadanos en algo del gobierno de la ciudad (ejecutores de un plan), dirigidos por la prudencia del gobernante (arquitectónica); si no existe esta legitimidad, entonces no hay una gobernabilidad activa, sino una tiranía y, por lo tanto, queda anulada la *potestas* del gobernante. Entonces, tanto gobernante como

253. *S. Th.*, II-IIæ q. 47, a. 12, *co.*
254. *Idem.*
255. *Ibid.,* II-IIæ q. 48, a. 1, *co.* En el *Comentario a las Sentencias de Pedro Lombardo,* dice que la materia de la prudencia política es sobre las operaciones civiles; además, la prudencia política tiene dos partes: una compete a regir a la ciudad, que es la conjunción del bien común de toda la multitud, llamada *regnativa,* cuya experiencia es gobernar a la multitud inofensiva, o bien, la ley positiva; la otra compete al ciudadano, según su ordenación al bien común; y esta *política,* retiene el mismo nombre. *Cfr. Escrito sobre las sentencias,* lib. 3, d. 33, q. 3, a. 1, qc. 4, co.

gobernados participan juntos del gobierno de la ciudad o de la nación y buscan en conjunto el bien común.

En este apartado trataremos el tema de la *prudencia de gobierno*. En el primer argumento en contra que pone Tomás sobre si es posible su existencia, la encontramos en la cuestión 47, artículo 10, la objeción que pone Tomás dice que la virtud sobre el bien común no puede ser la prudencia, sino la justicia, y la prudencia no es lo mismo que la justicia. Tomás contra argumenta diciendo que Aristóteles menciona que existe la virtud moral y no la prudencia pura. Y reconoce que la especie de prudencia que sí le compete tratar el bien común es a la *prudencia política*, la cual tiene relación con la *justicia legal*. En la respuesta que da al tercer argumento, menciona que tanto la prudencia como la justicia buscan el bien común porque pertenecen a la parte racional.[256] En el *corpus* de Tomás para responder la pregunta del artículo 10, dice que para algunas personas la prudencia no puede tratar el bien común, porque el hombre debe buscar sólo su bien propio. Tomás refuta esta idea, y dice que buscar su propio bien va en contra de la caridad y la *recta razón*, "que juzga el bien común mejor que el particular".[257] Entonces, el gobernante y el ciudadano deben buscar juntos el bien común y no sus propios intereses, pero no termina aquí el argumento; en la respuesta al segundo argumento menciona que cuando uno busca y persigue el bien común se consigue como consecuencia el bien propio, por dos razones:

> La primera, porque no puede darse el bien propio sin el bien común, sea de la familia, sea de la ciudad, sea de la patria. [...] Segunda razón: siendo el hombre parte de una casa y de una ciudad, debe buscar lo que es bueno para sí por el prudente cuidado del bien de la colectividad. En efecto, la

256. Reichberg nota que una diferencia notable entre el pensamiento de Aristóteles y Tomás de Aquino es que en la virtud de la prudencia militar, Aristóteles dice que el fin de esta virtud es la victoria, mientras que Tomás de Aquino, que es el bien común. *Cfr*. Reichberg, *Thomas Aquinas on Military Prudence*, 270.
257. *Suma teológica,* II-IIæ q. 47, a. 10, *co*.

> recta disposición de las partes depende de su relación con el todo, ya que, como escribe San Agustín en el libro *Confess.*, *es deforme la parte que no está en armonía con el todo.*[258]

Si uno busca su propio bien y es una cosa imprudente, que atenta contra la recta razón, entonces se introduce una disonancia en el bien; siempre que busquemos nuestro propio bien, debe estar encaminado a cuidar siempre del bien de la comunidad. ¿Cuál es la disonancia introducida por el imprudente? La negligencia, pues es el vicio opuesto a la prudencia.[259]

Tomás trata de forma completa lo que es la prudencia gubernativa, también llamada prudencia regnativa. En la cuestión 50 desarrolla tres argumentos en contra de la existencia de esta especie de prudencia; éstas son: 1) la prudencia gubernativa debe velar por la justicia, 2) existen seis formas de gobierno, pero la aristocracia, la política, la tiranía, la oligarquía y la democracia no tienen su prudencia propia, por lo tanto la monarquía no debería tener su propia prudencia; 3) no sólo le compete al rey promulgar leyes, además una parte de la prudencia manda legislar, por lo tanto esta parte no puede ser sustituida por la prudencia gubernativa. En el argumento en contra, retoma una frase de Aristóteles en su libro la *Política*, y menciona que "La prudencia es virtud propia del príncipe".[260]

Tomás responde que la prudencia regnativa se considera una especie de prudencia "por una razón especial y perfectísima",[261] si la prudencia en su forma general manda y dirige a la persona que la posee, es más perfecto y especial a la comunidad perfecta de una ciudad o reino: "En efecto, la república es tanto más perfecta cuanto más universal, extendiéndose a más cosas y llegando a un fin más elevado".[262] En cuanto a las respuestas de los argumentos en contra, expone: 1) a la primera, que

258. *Ibid.*, II-IIæ q. 47, a. 10, ad. 2.
259. *Ibid.*, II-IIæ q. 54.
260. *Ibid.*, II-IIæ q. 50, a. 1, *s. c.*
261. *Ibid.*, II-IIæ q. 50, a. 1, *co.*
262. *Ibid.*, II-IIæ q. 50, a. 1, *co.*

la aplicación de la justicia necesita de la dirección de la prudencia, porque como la misma definición de prudencia lo dice, es la recta razón y compete por tanto a las virtudes morales; la justicia necesita de la prudencia para orientarse hacia el bien común, "que es el oficio especial del rey"[263] —por esta razón, la prudencia y la justicia son las virtudes que le competen propiamente al rey (gobernante), la diferencia entre la prudencia y la justicia que denota Tomás es que la primera es directiva y la segunda es ejecutiva—;[264] 2) a la segunda, se le llama prudencia regnativa, porque Aristóteles considera que la mejor forma de gobierno es la monarquía, por esta forma de gobierno —que es la mejor— se le ha denominado con este nombre y no excluye a las otras formas buenas de gobierno —aristocracia y política—, y no a las que se oponen a estas tres —tiranía, oligarquía y democracia— porque no conllevan virtud y no pueden ser parte de la prudencia;[265] 3) a la tercera, que el acto principal del rey es dar leyes. "Y aunque esto competa también a otros, sólo les compete en cuanto de algún modo participan del gobierno del rey".[266]

La prudencia *propiamente dicha* es un tipo de sabiduría, no una sabiduría absoluta que considera la última causa, sino que el género de sabiduría es más de tipo humano, su causa es "el fin común a toda la vida humana".[267] Y como el gobernante ostenta una especie de prudencia, por consiguiente también tiene un género de sabiduría, pues razona bien sobre un fin particular: orientar hacia el bien común. Por este fin particular, se puede decir, con razón, que la prudencia regnativa es sa-

263. *Ibid.*, II-IIæ q. 50, a. 1, *ad.* 1.
264. *Cfr. Ibid.*, II-IIæ q. 50, *ad.* 1.
265. *Cfr. Ibid.*, II-IIæ q. 50, a. 1. *Cfr. Super Sent.*, lib. 3, d. 33, q. 3, a. 1, qc. 4, arg. 4.
266. *S. Th.*, II-IIæ q. 50, a. 1, *ad.* 3. En el *Comentario a las Sentencias de Pedro Lombardo*, menciona que Aristóteles dice que la ley positiva es una especie de política, por lo cual también pone la prudencia; por esta razón, la ley positiva pertenece en mayor grado a la prudencia que a la justicia. *Cfr. Scriptum super Sententiis,* lib. 3, d. 33, q. 3, a. 4 qc. 6 arg. 4.
267. *S. Th.*, II-IIæ q. 47, a. 2, *ad.* 1.

biduría en el gobernante. Cuando las afecciones del hombre se inclinan al bien propio, a las pasiones, a la delectación y, máxime, la delectación del coito, la estimación de la prudencia se corrompe.

Al inicio de este apartado sobre la virtud de la prudencia, se han tratado las virtudes de la magnanimidad y de la amistad anteriormente por seguir la ilación que propone santo Tomás de Aquino en sus tratados *De Regno* y la *Sententia libri ethicorum*, pero resulta interesante que Josef Pieper mencione que existe una relación muy estrecha entre la virtud de la magnanimidad y de la amistad con la virtud de la prudencia. Todavía más, en el caso de la virtud de la magnanimidad dice que tiene un parentesco con la prudencia, pues es una virtud con una mirada brillante. ¿A qué se debe que Pieper emparenta estas virtudes? A la siguiente frase que recupera de la *Suma teológica:* "no es lícito llegar a un fin bueno por vías simuladas y falsas, sino verdaderas".[268] El hombre magnánimo buscará siempre los medios verdaderos, sobre excelentes, óptimos, arduos de conseguir, honorables, etcétera; es decir, los medios que busca la virtud de la prudencia. Por el contrario, las pseudoprudencias —avaricia y astucia— buscan medios simulados y falsos, en consecuencia, al vicio de la pusilanimidad, que busca "la simulación, los escondrijos, el ardid y la deslealtad".[269]

En el caso de la virtud de la amistad, Pieper recuerda la definición de la virtud de la prudencia que se encuentra en las *Cuestiones Disputadas sobre las virtudes*, de santo Tomás de Aquino: "emitir un juicio recto sobre la materia concreta agible, donde se diga cómo hay que obrar *ahora*".[270] Con esto, Pieper recuerda que la virtud de la prudencia es la única garantía de la bondad moral de la acción humana singular, hace énfasis en que todo esfuerzo que provenga de fuera para ser garantía de la bondad de la acción moral particular y singular del ahora, será vano. Pero, parece ser que existe una sola y única posibilidad que contrarreste

268. *Ibid.*, II-IIæ q. 55, a. 3, *ad.* 2.
269. Pieper, *Las virtudes fundamentales*, 62.
270. *Quæstiones disputatæ de virtutibus* q. 1, a. 6, *ad.* 1.

esa garantía vana. La otra garantía (externa) de la bondad moral de la acción humana singular, es el amor de amistad. Esto se debe a que el amigo *prudente* coasume "la decisión del amigo desde el mismo yo (y, por tanto, no del todo 'desde fuera') de este último, al que el afecto viene a hacer como propio".[271] Porque uno de los requisitos de la amistad honesta es tener los mismos sentimientos, alegrarse o contristarse, esto ayuda a unificar a los amigos; y así, el amigo asume la posición de su amigo y entonces "está facultado para contemplar la situación concreta de la decisión desde, vale decir, el centro inmediato de su responsabilidad".[272] Entonces el amigo, siempre y cuando sea prudente, asume la responsabilidad de ayudar a su amigo a preformar la decisión de su amigo hacia el bien concreto mediante el consejo.

EL BIEN COMÚN Y LA JUSTICIA. CAUSA FINAL DE LA POLÍTICA Y SU VIRTUD [273]

Mary Keys propone estudiar el tema del bien común desde el pensamiento de santo Tomás de Aquino, porque es necesario hacer una revi-

271. Pieper, *Las virtudes fundamentales*, 77.
272. *Idem.*
273. Nos centraremos en el pensamiento de santo Tomás de Aquino, pero para una revisión más exhaustiva y novedosa sobre el bien común desde el aspecto teológico, filosófico, económico y político, véase J. Rawls, *Teoría de la justicia* (México: Fondo de Cultura Económica, 1979); E. Ostrom, *El gobierno de los comunes. La evolución de las instituciones de acción colectiva* (México: Universidad Nacional Autónoma de México, 2000); E. Ostrom, *Trabajar juntos. Acción colectiva, bienes comunes y múltiples métodos en la práctica* (México: Universidad Nacional Autónoma de México, 2012); M. Sandel, *Filosofía pública. Ensayos sobre moral en política* (España: Marbot ediciones, 2008); M. Sandel, *La tiranía del mérito. ¿Qué ha sido del bien común?* (España: Debate, 2020); M. Nussbaum, *Las fronteras de la justicia. Consideraciones sobre la exclusión* (Barcelona: Paidós, 2006); W. Hussain, "The Common Good", *The Stanford Encyclopedia of Philosophy* , ed. por Edward N. Zalta (Spring 2018

sión no utilitarista de este término como se ha dado en el pensamiento de la filosofía política del siglo pasado e inicios de éste. Comenta que el pensamiento del Aquinate es mucho más rico que el de Aristóteles en el concepto de bien común, pues además de refinar el pensamiento aristotélico, lo nutre de la ética cristiana:

> It is often the case that the reader finds insights into Aquina's social and political theory in sections of his works that apparently have little or nothing to say about politics. One such passage that may prove especially apropos for considering the relationship between Aquinas's and Aristotle's respective notions of politics and the common good is to be found in the First Part of the *ST*, where Aquinas inquires into the cause of evil. In doing so, he argues that those philosophers erred who posited a *summum malum* as the ultimate cause of evil alongside the *summum bonum* as the ultimate cause of good. [...] Aquinas has just elaborated Aristotle's famous location of "absolute" or unqualified political justice in the regime's seeking the common good of the

Edition), URL https://plato.stanford.edu/archives/spr2018/entries/common-good/; P. Riordan, *Global Ethics and Global Common Good* (USA: Bloomsbury, 2015); P. Riordan, *A Politics of the Common Good* (Dublín: Institute of Public Administration, 1996); P. Riordan, *Recovering the Common Goods* (Dublín: Veritas, 2017); M. Nebel, "Operacionalizar el bien común. Teoría, vocabulario y medición", *Metafísica y Persona*, 10, núm. 20 (2018): 27-66. D. Hollenbach, *The common good* (Cambridge: CUP, 2002); K. Anatolios, "A Patristic Reflection on the Nature and Method of Theology in the New Evangelization", *Nova et Vetera* 14.4 (2016): 1067-1082; Medina, "Una aproximación a las actitudes constructivas del bien común a partir del *De Nabuthe* de Ambrosio de Milán", *Metafísica y Persona. Filosofía, conocimiento y vida* 12, núm. 24, julio-diciembre (2020): 115-142; C. Tsironis, "The common good: historical roots in the Greek patristic texts and modern foundations", en *Searching for the Common Good. Philosophical, Theological and Economical Approaches* (Suiza: Pano Verlag, 2018), 161; S. Holman, "Out of the Fitting Room. Rethinking Patristic Social Texts on 'The Common Good'". Ed. por J. Leemans, B. Matz y J. Verstraeten, *Reading Patristic Texts on Social Ethics*. Issues and Challenges for Twenty-First-Century Christian Social Thought (Washington: The Catholic University of American Press, 2011). J. Finnis, *Human Rights and Common Good.* Collected Essays: Volume II (Reino Unido: Oxford University Press, 2013).

city and the citizens, in contrast with the fundamental injustice of regimes intending only or principally the good of the rulers themselves.[274]

Es sabido que santo Tomás de Aquino no formula un escrito especial para el tema del bien común, no se encuentra plenamente desarrollado como si fuera una cuestión en algún apartado de la *Suma contra Gentiles*, la *Suma teológica* o las *Cuestiones Disputadas*, por mencionar algunas obras importantes. En realidad, este concepto se encuentra desarrollado en muchos de sus escritos, en especial en la *Suma teológica* cuando habla sobre la ley y la virtud de la justicia. Algunos estudiosos de santo Tomás empezarán a estudiar y proponer el concepto para seguir manifestando que es un concepto importante para la vida política y que debe hacerse no sólo en la filosofía política, sino en las ciencias políticas, jurídicas, económicas, sociales, entre otros. Algunos de estos filósofos son Jacques Maritain, Mauricio Beuchot, John Finnis,[275] Juan Manuel Burgos, Juan Antonio Widow,[276] José Luis Widow,[277] Mary Keys,[278] Martin Rhonheimer,[279] entre otros. Además, es conocida la definición que proponen los Padres Conciliares del Concilio Vaticano Segundo, en la *Constitución Pastoral Gaudium et Spes*[280] y que tiene como fundamento

274. Keys, *Aquinas, Aristotle...*, 16 y 18.
275. *Cfr.* Finnis, *Human Rights & Common Good.*
276. *Cfr.* J. A. Widow, *Escritos políticos de Santo Tomás de Aquino*; J. A. Widow, *El hombre, animal político* (Argentina: Nueva Hispanidad, 2007).
277. *Cfr.* J. L. Widow, *"El bien común político"*, en *Problemas del Derecho natural.* Ed. por A. Miranda, y S. Contreras (Santiago: Thomson Reuters); J. L. Widow, "Bien común y bien particular", *Intus-Legere Filosofía* 18, núm. 5 (2002): 79-97; J. L. Widow, "Las partes del bien común político", *Albertus Magnus* 2, núm. 2 (2009): 71-84.
278. *Cfr.* Keys, *Aquinas, Aristotle...*
279. *Cfr.* M. Rhonheimer, *The Common Good of Constitutional Democracy* (USA: The Catholic University of America Press, 2013).
280. "el conjunto de aquellas condiciones de la vida social que permiten a los grupos y a cada uno de sus miembros conseguir más plena y fácilmente su propia perfección" Constitución Pastoral Gaudium et Spes, n. 26.

los escritos de santo Tomás de Aquino.[281] Asimismo, existe una tesis doctoral de Emilio José Baños Ardavín, que versa sobre el mismo tema.[282]

Siguiendo a Juan Manuel Burgos, dice que Jacques Maritain hará un cambio entre lo que es el bien común como contenido a una condición, siendo una idea precursora de esta definición dada en la Gaudium et spes:

> Una segunda aportación de Maritain, probablemente la más valiosa y la que más trascendencia tuvo, afecta al 'contenido del bien común' o, en otras palabras, a lo que la sociedad puede pedir a la persona. Tanto Aristóteles como Tomás de Aquino tuvieron una visión perfeccionista de la sociedad. Si el hombre es necesariamente social y su felicidad consiste en ser virtuoso, la sociedad debe intentar que cultive lo más posible las virtudes y viva una vida virtuosa. Y no sólo intentarlo, sino motivar y orientar activamente a la persona en la dirección de la virtud así como dificultar la realización de los vicios. [...] Para él, una sociedad sin objetivos, sin bien común, sin una 'obra común' que realizar es una sociedad destinada al fracaso y a la disolución. Si nada profundo une a los miembros de una comunidad, ¿por qué o para qué se mantendrán unidos? Más pronto o más tarde la sociedad se fragmentará y será sustituida por otras, quizá menos sofisticadas, pero con aspiraciones y con ideales. Su oposición al liberalismo extremo no le impidió advertir, sin embargo, que había elementos atendibles en la reivindicación de la modernidad, es decir, que, aunque es bueno que la sociedad promueva una cierta bondad de los individuos que la componen, no puede sustituir a la construcción personal e individual del propio camino mediante la libertad.

281. *Cfr.* D. Hollenbach, *The common good* (Cambridge: CUP, 2002); S. Holman, "Out of the Fitting Room. Rethinking Patristic Social Texts". on J. Leemans, B. Matz, & J. Verstraeten, *Reading Patristic Texts on Social Ethics. Issues and Challenges for 'The Common Good'.* Ed. por J. Leemans B. Matz y J. Verstraeten, *Reading Twenty-First-Century Christian Social Thought* (Washington: The Catholic University of American Press). 20 *Patristic Texts on Social Ethics. Issues and Challenges for Twenty-First-Century Christian Social Thought*, Washington: The Catholic University of American Press, 2011.
282. *Cfr.* E. Baños, *Una hipótesis constructiva del bien común desde Tomás de Aquino.* Tesis doctoral (Ciudad de México: Universidad Panamericana, 2017).

Es fácil advertir que las consecuencias de todo ello para la concepción del bien común son muy importantes ya que suponen, en la práctica, el abandono de la visión 'perfeccionista', al menos, en su sentido más fuerte. La asunción del pluralismo, puesto que de esto se trata, en definitiva, supone que el bien común ya no puede ser concebido de una manera rígida y cerrada que lo identifique con un conjunto de bienes sociales y morales precisos que los ciudadanos tienen que asumir y compartir, porque, si así fuera, se estaría negando su libertad. En otros términos, el pluralismo no es un mal menor, sino un bien social, el resultado natural del ejercicio de la inteligencia, "un rasgo permanente de la cultura pública democrática" [...] El fin supremo de la sociedad política, dirá Maritain, es "mejorar las condiciones de la vida humana en sí misma, es decir, procurar el bien común de la multitud de tal modo que cada persona concreta, no sólo en el ámbito de una clase privilegiada, sino de la entera población pueda verdaderamente alcanzar el grado de independencia propio de la vida civilizada". Una descripción muy parecida a la que adoptaría, años más tarde, el Concilio Vaticano II en la Constitución Gaudium et spes, que define el bien común como "el conjunto de condiciones de la vida social que hacen posible a las asociaciones y a cada uno de sus miembros conseguir más plena y fácilmente su propia perfección".[283]

283. J. Burgos, "Persona y sociedad: el bien común en Jacques Maritain", en *Pedagogía del Bien Común*. Ed. por M. Sánchez, 10-31 (Puebla: Universidad Popular Autónoma del Estado de Puebla, 2021), 18-20. Por su parte, Mathias Nebel realiza una hermenéutica de la noción del bien común en *Doctrina Social de la Iglesia* a partir de los documentos pontificios, especialmente las encíclicas sociales. Esta hermenéutica la hace no sólo desde el pensamiento de Tomás de Aquino, pues considera que es una miopía, sino desde una hermenéutica patrística y escolástica, así pretende "corregir la miopía hermenéutica proponiendo un itinerario que llevará de los textos actuales a sus fuentes en la tradición, y luego de regreso al corpus de textos de la doctrina social de la Iglesia. Este recorrido, mediante el cual se completará el círculo hermenéutico, permitirá devolver a estos textos los elementos de unidad y complejidad que habitualmente desconciertan a los lectores y hacen que el concepto de bien común tenga un significado equívoco, en lugar de unívoco". Nebel, "Hermenéutica de la noción de bien común en la doctrina social de la Iglesia a partir de las síntesis escolástica y patrística". En *Pedagogía del*

Como se ha mencionado, no existe un apartado dedicado al bien común, es por ello que aquí se tratará el tema desde los siguientes textos: *Comentario a las Sentencias de Pedro Lombardo*; *Suma contra los gentiles*; *Cuestiones disputadas sobre la verdad*; *Monarquía. Al rey de Chipre*; *Cuestión sobre las virtudes en general*; *Cuestión sobre las virtudes cardinales*; *Carta a la Duquesa de Brabante*; *Suma teológica*; *Comentario a la Ética a Nicómaco*; *Comentario a la Política*.

Antes de tratar el tema, no se partirá por las explicaciones sobre lo que es el *bien*[284] y lo que es *común*.[285] Además, conviene precisar que en

Bien Común, ed. por M. Sánchez, 52-94 (Puebla: Universidad Popular Autónoma del Estado de Puebla, 2021), 52-53. También anota cuáles son las raíces de esa concepción de bien común en el marco histórico: "Lo que preocupa en el Concilio es la forma en que se construye esta interdependencia mutua de las naciones. El mundo está divido en dos bloques antagónicos, y la posibilidad de una tercera guerra mundial entre las dos grandes potencias nucleares está latente. Por ello, el Concilio apela a la 'norma' que ha de regir esta creciente interdependencia: el bien común. A medida que crezca y se universalice la interdependencia, también crecerán y se universalizarán las 'exigencias' del bien común, idea ya presente en Quadragesimo anno (86-110) y en Mater et magistra (65-66). En este contexto, la comunidad de referencia del bien común va más allá de los límites nacionales, así como la soberanía de los estados, para referirse a 'todo el género humano', a toda la 'familia humana' (Cf. MM 78-81). Es en 'este contexto específico' en el que el magisterio concreta la noción de 'bien común' de la que se derivan estas exigencias u obligaciones." Nebel, "Hermenéutica de la noción de bien común...", 52-94.

284. *Cfr. Super Sent*, Lib. 1, d. 8, a. 3; De veritate, q. 1; q. 21, *a. 1, arg. 4; Suma teológica,* I. q. 5.*;* I-IIæ q. 5, a.4, a.1.

285. Santo Tomás desarrolla ampliamente el concepto de común y el de analogía en el *Comentario a las Sentencias de Pedro Lombardo*, en la *Suma contra gentiles* y las *Cuestiones Disputadas sobre la verdad. Cfr. Super Sent.* q. 1, a. 2, co y ad. 2; lib. 1, d. 4, q. 1, a. 3, ad 2; lib. 1, d. 7, q. 1, a. 3, ad. 4; lib. 1, d.8 q. 4 a. 2 s.c.2; lib. 1 d. 13, q. 1, a. 3, co; lib. 1 d. 13, q. 1, a. 3, ad 2; Lib. 1, d. 19, q. 4, a. 2, ad 2; lib. 1, d. 21, q. 1, a. 1, qc. 2, s.c. 1; lib. 1, d. 23, q. 1, a. 1, co; lib. 1, d. 25, q. 1, a. 3; lib. 1, d.

el pensamiento teológico de santo Tomás existen dos formas de sociedades; la primera es una sociedad natural que llamamos política, y la segunda es una sociedad sobrenatural, la eclesiástica; esto es importante, pues Tomás menciona que también existen bienes comunes en este tipo de sociedad, específicamente en la comunión de los santos.

En el *Comentario a las Sentencias de Pedro Lombardo*, Tomás menciona que el bien es más común, no por su predicación, sino según la razón de causalidad. Tomás retoma la pregunta de si el Nombre de Dios (El que Es) es el primero de todos los nombres divinos, y encuentra un contraargumento, el bien es anterior, por ser común. Pensando en Dios, menciona que el bien es común por "la causalidad simultáneamente eficiente y ejemplar" y que "se extiende solamente a las cosas que participan en acto la forma de su causa ejemplar".[286]

En la disputa 19, al hablar de la eternidad de Dios, en un contraargumento menciona que en la participación de la bondad divina hay comunidad, "tanto en razón del nombre, como en razón de cierta analogía entre la perfección participada por la criatura y el principio de comunicación en Dios: al igual que se comporta la bondad de la criatura con la bondad increada".[287] Tomás responde a este argumento diciendo que la bondad divina es participada según modos diversos, una de ellas es la razón común de esa perfección y, por ello, es común al mismo principio que comunica de la bondad como "a todos los que participan conforme a una analogía";[288] también puede ser participada por el modo en el que es recibida o se halla en la criatura.

27, q. 1, a. 1, ad 3; lib 1, d. 29, q. 1, a. 1, qc 2, arg2; lib 1, d. 29, q. 1, a. 1, qc1 co; lib 1, d. 29, q. 1, a. 1, qc 1, ad 1, 2 y 3; lib 1, d. 29, q. 1, a. 3, co; lib 1, d. 33, q. 1, a. 4, co; lib 1, d. 34, q. 1, a. 1, ad4; lib 1, d. 34, q. 1, a. 4, co; lib 1, d. 34, q. 1, a. 4, ad 6; lib 1, d. 36, q. 1, a. 3, ad2; lib. 2, d. 9, q. 1, a. 1, ad 4; lib 2, d. 16, q.1, a. 4, co; 2, d. 16, q.1, a. 4, expos; lib 2, d. 42, q. 1, a. 3, co y ad 1; *Contra gentiles*, lib 1., cap. 26 n 11; *De veritate* q. 2, a. 11, co, ad 5 y 6; q. 7, a. 6, ad. 7.

286. *Super Sent.*, lib. 1, d. 8, q. 1, a. 3, ad. 2.
287. *Ibid.*, lib. 1, d. 19, q. 2, a. 1, arg 3.
288. *Ibid.*, lib. 1, d. 19, q. 2, a. 1, ad 3.

Si Dios es el Bien Común y participa su bondad a las criaturas, de alguna forma podemos intuir del pensamiento de santo Tomás de Aquino, que existen bienes comunes a los cuales tiende el ser humano. Siguiendo en la misma distinción de los *Comentarios a las Sentencias,* Tomás refiere que la igualdad en Dios se puede dar de dos formas, la primera, por la razón común de cantidad y, la segunda, por la razón de una cierta especie de cantidad. En la primera acepción, es lo que se encuentra en muchos y "conviene a estos en cuanto les es común y no en cuanto les es propio",[289] la razón común de cantidad consiste en cierta divisibilidad: "la razón de cantidad se encuentra propiamente en aquellas cosas que se dividen en sí mismas",[290] de esta manera no conviene en Dios, pero con esta razón de cantidad, podemos entender que existe una igualdad en los bienes comunes y que el bien común, en su sentido general y político, se puede dividir en sí mismo. En la segunda acepción, se puede considerar una división, pero de acuerdo con lo que es extrínseco, así como sucede con la virtud que puede ser dividido en cuanto a su razón de "cantidad, tanto por el concepto, como por la división de los actos y de los objetos",[291] el bien común político puede dividirse por la división de sus actos y de los objetos.

Ya que Dios es el fin común de todas las cosas que existen, las criaturas racionales tienden a Él fuera del modo común, pues "toda criatura desea algún bien que constituya una cierta semejanza con la bondad divina".[292] Las criaturas racionales buscan relacionar todas las bondades entre sí, pues si no logran relacionarlas no pueden alcanzar su fin último, la primera bondad que rige el orden de los demás bienes es "por la esencia del acto, [que] es común a todos los actos",[293] esta bondad subyace a las otras bondades, es decir, al tener la bondad dada por la materia debida, se le

289. *Ibid.*, lib. 1, d. 19, q. 1, a. 1, ad 1.
290. *Ibid.*, lib. 1, d. 19, q. 1, a. 1, ad 1.
291. *Ibid.*, lib. 1, d. 19, q. 1, a. 1, ad 1.
292. *Ibid.*, lib. 2, d. 1, q. 2, a. 2, co.
293. *Ibid.*, lib. 2, d. 36, q. 1, a. 5 co.

puede añadir la bondad que corresponde al fin y las bondades que corresponden a las circunstancias. Además, Tomás observa que se le puede añadir la bondad de los hábitos, y que sin las bondades del fin y de las circunstancias no se puede dar la bondad de los hábitos, por eso "un acto que tiene bondad por la materia, no obstante, puede ser mal hecho a causa de las circunstancias indebidas".[294] Asimismo, todo lo anterior puede alcanzar la perfección, porque cada cosa debe relacionarse con su fin último, y esto se da por la operación; la perfección radica en tres cosas: el objeto, el hábito y el deleite. Mientras más alto sea el objeto, "más pura y perfecta es la operación a la que tiende",[295] mientras más alto sea el objeto, más perfecta será la operación. De igual forma, la operación no es perfecta, sino también por el hábito y el deleite.

De esta forma podemos darnos cuenta de que el término Bien Común es diverso y escalonado y más si nos percatamos de que existe el Bien Común Inmanente y el Bien Común Trascendente. Antes de abordar el Bien Común Inmanente, que corresponde a la sociedad perfecta natural,[296] veremos qué es el Bien Común Trascendente.

El Bien Común Trascendente

Santo Tomás de Aquino define el bien común trascendente en la *Suma Contra Gentiles*, y ahí dice: "*Bonum autem summum, quod est Deus, est bonum commune, cum ex eo universorum bonum dependeat: bonum autem quo quaelibet res bona est, est bonum particulare ipsius et aliorum quae ab ipso dependent*".[297] Tomás de Aquino será deudor de esta idea gracias a los aportes que hicieron los primeros cristianos, los Padres de la Iglesia sobre Cristo, del bien común:

294. *Ibid.*, lib. 2, d. 36, q. 1, a. 5 co.
295. *Ibid.*, lib. 2, d. 38, q. 1, a. 2, co.
296. Se llama sociedad perfecta porque tiene los elementos para perfeccionar a sus ciudadanos.
297. *Suma contra gentiles*, lib. 3 cap. 17 n. 6.

> Estas ideas originarias germinales [de Cristo como bien común en el pensamiento de Clemente de Alejandría] florecerán con el pensamiento patrístico de su discípulo Orígenes de Alejandría, que este a su vez tenía como discípulo al capadocio Gregorio Taumaturgo, y después encontramos en los Capadocios (Basilio, Gregorio de Nisa y al Nacianceno), en San Ambrosio de Milán, San Agustín de Hipona, y en el pensamiento medieval con Santo Tomás de Aquino, y San Buenaventura, especialmente en temas como el conocimiento, la iluminación y el magisterio.[298]

Clemente de Alejandría, "para reafirmar la idea de que Dios es el bien común, lo dirá de otro modo:

> se dice que lo que es útil es un bien, no porque agrade, sino porque es conveniente (συμφέρον). Y todo esto es justicia: es un bien en cuanto que es virtud, y es amable por sí misma, no porque produzca placer; pues no juzga conforme a lo que agrada, sino que da a cada uno lo que se merece. Así, pues, lo útil (ὠφέλιμον) es lo que conviene (συμφέροντι)".[299]

Y de forma contundente, al citar el pasaje bíblico

> de san Mateo (13, 31-35) y dice que el Logos-Pedagogo ha hecho una excelente descripción de sí mismo comparándose con un grano de mostaza (I, 96, 1): el Reino de los Cielos se parece a un gano de mostaza. Así pues, Clemente nos quiere decir que el Reino de los Cielos es Cristo mismo, dando la idea germinal que usará Orígenes de Alejandría al decir que Cristo es *autobasileia*. Este Reino de los Cielos ha sido sembrado en la tierra y tiene una naturaleza espiritual y fecunda; el poder de este Reino es grande, pero todavía puede crecer más: es una tensión que existe aquí en el presente (carácter mordaz de purificación) y que se proyecta en el futuro (salvación) (I, 96, 1); vivimos en la tierra tratando de imprimir (grabar) en nosotros mismos la vida saludable, la vida celestial, que nos diviniza (I, 98, 3).[300]

En el caso de san Ambrosio de Milán, encontramos que

298. M. Gutiérrez, "La acción pedagógica del Logos-Pedagogo para la formación y edificación del bien común temporal en Clemente de Alejandría", *Metafísica y Persona,* 13, núm. 25, julio-diciembre (2021).
299. *Ibid.*
300. *Ibid.*

sólo Dios es Bueno y Jesucristo, su Hijo, es el Bien Común por antonomasia, fuente de la que emerge todo bien; en él se da la común unión entre Dios y el hombre y de los hombres entre sí; él es la causa de la alegría y comunión de los santos que habitan en el Cielo: el bien común es su Reino. Pero también es verdad que el bien común lo conforman una serie de bienes creados: nuestra propia naturaleza, los frutos que produce la tierra, las acciones que realizamos.[301]

Decimos que el bien común es común, general, universal de dos modos: el primero por predicación, como sucede con el término animal respecto a todos los animales, y el segundo modo por causa, como el sol es causa general de todo aquello que es generado. De esta segunda forma es como el Bien Común Trascendente es *Común*, pues podemos decir que es una causa "extrínseca eficiente, final o ejemplar, que produce muchos y muy variados efectos",[302] por eso este Bien es Común de forma universal de todos los seres existentes, no en cuanto a su forma o accidentes, sino en cuanto a su ser.

Esta Causa recibe varios nombres, uno de ellos es el Ser que subsiste por sí mismo (*Esse ipsum subsistens*); además, el bien y el ser son convertibles (*ens et bonum convertuntur*), así podemos decir que también es el bien que subsiste por sí mismo, el bien por esencia, el bien común. Este Ser-Bien común es la causa final de todos los seres en cuanto existen: el sumo bien, que es llamado Dios, es el bien común, el bien con el que y desde el que todo el universo depende.[303] En efecto, es la causa primera, "la bondad divina es la causa de los bienes",[304] y el fin último de todas las cosas, y todos tienden hacia este fin,[305] pero en particular aquellos seres

301. Medina, "Una aproximación a las actitudes constructivas del bien común a partir del *De Nabuthe* de Ambrosio de Milán", 115-142.
302. Ramírez, *Doctrina política de santo Tomás*, 28.
303. *Cfr. Contra gentiles*, lib 3, cap. 17, n. 6.
304. *Super Sent.*, lib. 1, d. 19, q. 2, a. 1 ad 3; lib 1., d. 38, q. 1, a. 1, co; lib 2, d. 36, q. 1, a. 5, co; *Contra gentiles,* lib. 3, cap. 69, n. 16.
305. *Cfr. Super Sent.*, lib 2, d. 1, q. 2, a. 2 co; lib. 2, d. 38, q. 1, a. 1, co; lib. 2, d. 38, q. 1, a. 2, co y ad 1; *Suma teológica* I-II, q. 1, a. 5.

racionales que han sido creados y que pueden vivir en sociedad.[306] El fin de estos seres no puede estar en ellos mismos, sino en algo que está fuera de ellos y que es perfectísimo, es el bien común por esencia, es el fin de todos pues no es finalizado ni finalizable por otro fin.

Dentro de la analogía, para que pueda existir, debe existir un analogado principal y uno secundario. El analogado principal posee todas las características, esto sucede con Dios, quien tiene la supremacía de la razón de bien común, pues contiene en sí la plenitud y perfección.

> El fin último tiene, respecto de todos los demás fines próximos e intermedios y de todos los medios, la misma proporción que la causa primera respecto de todas las demás causas segundas e intermedias y de todos los efectos: causa *común* o *universal* de todo, puesto que es causa no sólo de los efectos puros, que no son causas puras, por ser causas a su vez causadas; e igualmente el fin último es fin *común y universal* de todo, porque es fin no sólo de los puros medios, que no son fines, sino también de los fines próximos e intermedios, que son fines a su vez finalizados.[307]

Cuando Tomás habla sobre la bienaventuranza, especialmente de la comunión de los santos dice que no sólo les pertenece el don increado, sino también "los dones que pertenecen a la gracia santificante";[308] aunque esto no es para que se consideren como bienes propios, sino para la utilidad de los demás, por esta razón son divididos entre los demás miembros, porque de este modo conviene a la utilidad de la Iglesia.[309]

El don que los santos poseen el don de la caridad, especialmente, que es dado con libertad generosa, y una generosa libertad es amor, por eso, la razón de don va acompañada de la razón de amor;[310] sin la caridad, la

306. *Cfr. Super Sent.*, lib. 2, d. 1, q. 2, a. 2 co.
307. Ramírez, *Doctrina política de santo Tomás*, 29.
308. *Super Sent.*, Lib. 1, d. 17, q. 2, a. 5 expos.
309. *Cfr. Ibid.*, Lib. 1, d. 17, q. 2, a. 5 expos.
310. *Cfr. Ibid.*, lib 1, d. 18, q. 1, a. 2, co y ad 4. En *Contra gentiles*, Tomás menciona que como la bienaventuranza es el fin último del ser humano, todos debe-

bienaventuranza y los dones no se da la unión de la voluntad del hombre con el fin último, que es Dios.[311] Por los méritos de los santos, al alcanzar la corona de la justicia, sus obras hechas en caridad le pueden servir de provecho tanto a él como a los demás, "en medida en que el espíritu de la caridad hace comunes los méritos de los santos".[312] Si el hombre peca, no le sirven de provecho a él, pero el fruto de sus obras hechas en caridad permanecen en los que perseveran en la gracia; de igual modo, el goce del fruto de esas obras hechas en caridad permanecen en los bienaventurados ("aunque es común no conviene de modo igual en todo, hay diversos grados de gozo, el gozo más alto es el de asistir"[313]), no así en el que ha pecado, pues lo ha perdido; si uno vence la tentación, todos reciben la ventaja de esa victoria, pues la caridad lo hace común para la Iglesia.[314]

En el caso de la jerarquía de los ángeles, para poder tratar la segunda jerarquía (Dominaciones, Virtudes y Potestades), Tomás de Aquino hace una analogía al bien común, dice: "atendiendo a que el régimen de cualquier comunidad está en que se distribuya el bien común de modo ordenado y pacífico".[315] También menciona que, así como en las cosas humanas, existe un bien común, "que es el bien de la ciudad o del pueblo, que parece corresponder al orden de los 'principados'".[316] Siguiendo al pseudo-Dionisio, Tomás considera que este nombre de principados tiene referencia a un dominio o carácter sagrado, es un ministerio que corresponde al "régimen de los reinos y el cambio del poder de un pueblo a otro", también a la "instrucción de los gobernantes entre los hombres acerca de cuanto pertenece a la administración de los reinos".[317]

mos estar unidos con un amor mutuo. *Cfr. Contra gentiles,* lib. 3, cap. 117, n. 2.

311. *Super Sent.*, lib 2, d. 38, q. 1, a. 2, s.c. 1.
312. *Ibid.*, lib. 1, d. 40, q. 3, a. 1, ad 1.
313. *Ibid.*, lib. 2, d. 10, q. 1, a. 1, ad 3.
314. *Cfr. Ibid.*, lib. 2, d. 6, q. 1, a. 5, co.
315. *Ibid.*, lib. 2, d. 9, q. 1, a. 3, co.
316. *Contra gentiles,* lib. 3 cap. 80 n. 14.
317. *Ibid.*, lib. 3 cap. 80 n. 14.

Por último, cuando Tomás está tratando la voluntad humana, esto es la voluntad recta, se pregunta si existe un solo fin, analiza el objeto, fin y circunstancias, así como los hábitos buenos y el deleite. Como ya se ha mencionado, si el objeto a alcanzar es noble, y se perfecciona la operación por el hábito y el deleite perfecciona también la operación, concluye: "la misma operación perfecta es la bienaventuranza, el objeto más alto es Dios, el hábito más perfecto es la caridad y el deleite más puro es el deleite espiritual".[318] Para que se pueda dar esta paz, menciona que las dominaciones consideran el fin, las virtudes la "disposición universal de las cosas que se han de hacer"[319] y las Potestades la aplicación, pero especialmente determinan que se debe a cada uno, pues buscan "proporcionar la tranquilidad y la utilidad a los buenos".[320]

Bien Común Inmanente

Después de haber reflexionado sobre el bien común trascendente, como corolario, podemos pasar a la indagación del bien común inmanente, este tipo de bien se da en la sociedad perfecta natural, en lo que anteriormente se denominaba *polis* o *civitas*. El ser humano busca su propio bien, su propia perfección, pero sucede que la primera sociedad en la que se reúne el ser humano es la familia, es la sociedad doméstica, y como sociedad también existe un *bien común doméstico*, pues busca el bien de todos los miembros de su casa.

Se debe partir de este tipo de sociedad porque es lo más común, lo más palpable y lo experiencial que tenemos: los padres deben buscar el bien entre ellos mismos, por el simple hecho de unión conyugal el esposo busca el bien de la esposa y viceversa, pero cuando el bien se materializa en un acto de amor con la novedad de un ser único e irrepetible

318. *Super Sent.*, lib. 2, d. 38, q. 1, a. 2, co.
319. *Suma teológica,* I q. 108, a. 6, co.
320. *Super Sent.*, lib. 2, d. 9, q. 1, a. 3, co.

con los hijos. Tomás menciona que la generación de la prole es el único acto natural que está ordenado al bien común, pues está encaminada a la conservación de la especie.[321] Y, ya que la ley está encaminada hacia el bien común, la ley debe velar por aquellas cosas que se refieren a la generación de los hijos, especialmente, el matrimonio: la unión entre un hombre y una mujer, las buenas costumbres, la fidelidad conyugal y el cuidado de los asuntos domésticos.[322]

En este tipo de sociedad encontramos dos principios fundamentales que son pilares para edificar el *bien común doméstico*: la solidaridad y la subsidiariedad. La subsidiariedad se da entre los padres a los hijos, una ayuda que se da de mayor a menor, la cual termina cuando los hijos son autosuficientes; una madre ayuda a su hijo de meses a comer, lleva la cuchara a su boca, ¿qué madre llevaría la cuchara con comida a la boca de su hijo de treinta años ya casado? —a menos de que el hijo sufra cuadriplejia, parálisis, un accidente o no tenga brazos—. El otro principio, la solidaridad, es la ayuda entre iguales, la que da el hijo mayor al menor, o el de en medio al menor, entre la esposa y el esposo.

Si vamos ampliando nuestro horizonte, veremos que este bien común doméstico va creciendo cuando esa familia se encuentra en una cuadra; cuando varias familias radicadas en una cuadra se encuentran en una colonia; cuando varias colonias se agrupan en delegaciones; cuando varias delegaciones se agrupan en una ciudad; cuando varias ciudades se agrupan para conformar una nación. Así, podemos conocer que el bien común es análogo, no va a ser lo mismo el bien común de la nación, que el de la colonia, que el de la familia; cuando más crece el bien común de la nación, mejora, aumenta y crece el bien común de la colonia y el de la familia.

> El hombre necesita de la sociedad para su perfección, para su bien; mas no para el bien de uno solo, con exclusión de los demás, sino para el bien

321. *Cfr. Contra gentiles*, lib. 3, cap. 123, n. 7.
322. *Cfr. Ibid.*, lib. 3, cap. 123, n. 7.

de todos y cada uno, [...] pues todos y cada uno necesitan de ella para adquirir su perfección. El bien común, por consiguiente, es el fin propio de la sociedad.[323]

En *De Regno,* Tomás comenta que el gobernante es quien ayuda a cuidar el bien de la comunidad, además, es la "fuerza común que ayuda a dirigir a la sociedad a buscar el bien común de todos sus miembros",[324] pues lo común une a muchos. De los regímenes vistos con anterioridad, podemos decir que los que son rectos y justos dirigen a todos los miembros de la comunidad hacia su bien común; si no se busca el bien común, sino el particular del gobernante, se dan regímenes injustos y perversos. Por esta razón, el bien común es el garante de los regímenes, si lo buscan son buenos, si no, son malos; y, mientras más se alejen del bien común, más injustos serán,[325] pues cuando se desprecia el bien común, los gobernantes oprimen a sus súbditos de muchas maneras.[326] Los bienes comunes que debe buscar el gobernante bueno son, en una familia, los "actos normales de nutrición y generación de la prole y similares";[327] del barrio es la profesión; de la ciudad es lo necesario para la vida; de la provincia la defensa y mutuo auxilio contra los enemigos de ésta; especialmente es la paz, "se distinguen por la justicia y se alegran por la abundancia".[328]

Como hemos mencionado antes, para que exista el bien común es necesaria la perfección del objeto, Tomás añade que lo que ayuda a unir a la comunidad política es una causa (formal) perfecta para que todos los miembros puedan ayudar a la consecución del bien común.[329] Además, si los miembros observan que el bien común depende de una

323. Ramírez, *Doctrina política de santo Tomás*, 26.
324. *De Regno,* lib 1, cap 1.
325. *Cfr. Ibid.,* lib. 1, cap. 3.
326. *Cfr. Ibid.*, lib. 1, cap. 3
327. *Ibid.*, lib. 1, cap. 1.
328. *Ibid.*, lib. 1, cap. 2.
329. *Cfr. Ibid.*, lib. 1, cap. 3.

sola persona, los demás ciudadanos no se esfuerzan en trabajar por él; al contrario, cuando no ven que dependa de uno solo y que sólo es para una persona, no lo ven como ajeno y cada uno tiende a él como algo propio.[330] De esta manera, cuando toda la comunidad política se empeña por el bien común, el pueblo crece y se conserva.[331] Por último, Tomás menciona que para poder alcanzar el bien común, debe tener sus raíces en la amistad, pues ésta se funda sobre cierta unión común[332] y, de esta manera, es más fácil conseguir el fin que persigue la multitud reunida en sociedad, que es vivir virtuosamente.[333]

En la *Carta a la duquesa de Brabante*, respecto a la pregunta que le hace la duquesa a Tomás sobre la licitud de los tributos (impuestos) a los súbditos que son cristianos, Tomás responde que es lícito siempre y cuando atiendan al bien común del pueblo y no a los bienes particulares de los gobernantes y, además, que los tributos no sean inmoderados. Especialmente, los tributos deben ser destinados para poder defender las naciones y, al relacionarlos con la justicia, menciona que ésta "obliga a que los súbditos demuestren cómo puede obtenerse lo necesario para utilidad pública".[334] Estos tributos no sólo son para los militares, sino para los que dedican su vida a cuidar de los miembros de la nación, así ellos pueden subsistir con los recursos de la comunidad. Por último, considera que el impuesto es necesario en casos de necesidad extrema y extraordinarios, como pueden ser las invasiones al país por parte de extranjeros o cuestiones similares.

De igual manera, en la *Suma contra gentiles*, Tomás afirma que "no parece impropio que quien deja todo para la utilidad de los demás, pueda sustentarse de lo que éstos le den; pues si no fuese así la sociedad humana no podría subsistir".[335] Y dicha sociedad no podría subsis-

330. *Cfr. Ibid.*, lib. 1, cap. 4.
331. *Cfr. Ibid.*, lib. 1, cap. 4.
332. *Cfr. Ibid.*, lib. 1, cap. 11.
333. *Cfr. Ibid.*, lib. 1, cap. 15.
334. *Carta a la duquesa de Brabante* VI.
335. *Contra gentiles*, lib. 3, cap. 135, n. 15.

tir porque todos estarían preocupados por lo suyo, por esa razón, los que han decidido dejarlo para servir a la comunidad tienen derecho de vivir del erario público, sobre todo los militares y los gobernantes, ya que ellos, en teoría, han sacrificado su bien propio por el bien común[336] o, en otras palabras, "el bien particular está ordenado al bien común, como a su fin; por tanto el bien de un pueblo es más divino que el de un hombre".[337]

Por último, existe una relación entre el bien común inmanente y el bien común trascendente, ¿cómo se da esta relación? Se da porque el bien común inmanente no es un bien colectivo —la suma de las aportaciones de todos los miembros o, en términos coloquiales, la suma de todos los bienes—, sino un bien universal, pero de igualdad proporcional o análoga, no con totalidad de virtud. El bien común trascendente tiene algunas notas características semejantes al inmanente, sólo que su igualdad sí es unívoca, es de igualdad absoluta, se da con la totalidad de virtud. Esto se debe a que el bien común trascendente es el mismo bien en esencia, es incorruptible, inmutable, sin ser participado, sin fin, indestructible, que no es creado. A su vez, el bien común inmanente sí es creado y producido por los seres humanos asociados en comunidad, se puede corromper si los miembros de la sociedad no se empeñan en trabajar en comunión, sino de forma individual, cambia con el tiempo, y la persona participa de ese bien de la sociedad. Pero estos bienes comunes inmanentes deben ordenarse al fin último, que es el bien común, pues todas las cosas tienen participación de "un primer principio de las cosas, que es común a todas";[338] además, si los bienes comunes inmanentes no son el fin último, éstos se deben ordenar al fin último de todas las cosas.[339]

336. *Ibid.*, lib. 3, cap. 146, n. 4.
337. *Ibid.*, lib. 3, cap. 17, n. 6.
338. *Super Sent.*, Lib. 2, d. 38, q. 1, a. 1, co; lib. 2, d. 38, q. 1, a. 2 s. c. 1 y co; *S. Th.*, I-II q. 1, a5.
339. *Super Sent.*, Lib. 2, d. 38, q. 1, a. 2, ad 1.

El bien común inmanente tiene una relación estrecha entre la ley y la justicia social. En efecto, la ley es una norma, es una regla, la cual mide y ordena los actos humanos en cuanto a su fin. Ya hemos mencionado que quien ostenta la autoridad es el único capaz de promulgar e imperar la ley, y esto se debe a las virtudes de la prudencia política y de la justicia legal. La prudencia política se encuentra de forma principal en la autoridad y tiene el imperio (mandato) en la comunidad política; al imperar, manda las leyes para que la sociedad alcance su fin último, y éstas ayudan a su vez a la conservación del bien común. En tanto, la justicia legal (justicia social) busca la conservación y aumento del bien común. Por eso, santo Tomás menciona que "las leyes versan sobre todas las cosas, en tanto pueda demostrarse que se refieren a algo útil para la comunidad. Tal como sucede en las comunidades políticas rectas en las cuales se tiende al bien común".[340]

La justicia social está encaminada a la felicidad de los seres humanos, y se dice que ésta es una justicia legal, porque produce felicidad y aquellas cosas que están ordenadas a la felicidad (virtudes, riquezas u otros bienes exteriores). Si la ley ayuda a los hombres a alcanzar su felicidad ordenando las virtudes, se le considera una ley recta, sino son leyes sin previsión o, como dice Aristóteles, *aposchediasmenos,* "de a (sin), poschedias (ciencia) y menos (averiguación o examen)";[341] esto es, exámenes sin revisión científica por los jurisconsultos o, mejor dicho, es una ley hecha *al vapor.*

La justicia social es la más hermosa de las virtudes y la más perfecta, tal perfección no es en sentido absoluto, sino en cuanto está relacionada con otro; y se dice que es perfecta porque no es perfecta sólo en sí misma, sino también en relación a otro y esto la hace más bella. Por eso, Aristóteles retomará la bella frase "*neque Hesperus, idest stella præclarissima vespertina, seque Lucifer, idees stella præclarissima matutina, ita fulgeat sicut iustitia*".[342]

340. *Sent. Ethic.,* lib. 5 l. 2 n. 3.
341. *Ibid.,* lib. 5 l. 2 n. 6.
342. *Ibid.,* lib. 5 l. 2 n. 7.

Así pues, la justicia social es la virtud perfecta en grado sumo, porque practica la virtud para otro y, además, es la virtud que toda ley prescribe. El que posee esta virtud, la puede usar para con otra persona y no para sí, pues hay algunas personas virtuosas que usan la virtud para ellos mismos y no para los demás. La virtud de la justicia es mucho mejor y perfecto si se usa en relación a otro; por eso, es más hermoso que el lucero matutino y vespertino, porque es sumamente difícil practicar esta virtud.

Santo Tomás retoma una frase de Bías, uno de los siete sabios griegos, para marcar la relación de la autoridad y el bien común inmanente: "la autoridad o el poder revela al varón, es decir, muestra si es perfecto o incapaz. Pues aquel que manda ya se halla en comunicación con otro, pues le pertenece disponer las cosas que se ordenan al bien común".[343] Si el gobernante no tiende y ordena todo al bien común, entonces demuestra que no tiene poder, que es imperfecto e incapaz de gobernar y dirigir a la sociedad hacia su fin último. Es por esto que debemos partir de los actos humanos, pues los actos humanos no se realizan de forma separada para sí mismos, sino hacia los demás: "el primer principio en el orden operativo, del que se ocupa la razón práctica, es el último fin",[344] y es por esta razón que la ley y la justicia social se ocupan principalmente de que el hombre llegue a su fin último, el cual es la felicidad o bienaventuranza. Y, como la parte se ordena al todo, "como lo imperfecto a lo perfecto, y el hombre individual es parte de la comunidad perfecta",[345] así la ley debe ocuparse también de la felicidad de la comunidad perfecta. La ley, pues, es la "ordenación de la razón al bien común, promulgada por quien tiene el cuidado de la comunidad".[346] Esta ordenación de la razón es una recta razón, y la ley debe estar dirigida en una recta razón o en un orden de la razón que se dirija al bien común porque ésta implica una

343. *Ibid.*, lib. 5 l. 2 n. 10.
344. *S. Th.*, I-IIæ, q. 90, a. 2, *co.*
345. *Ibid.*, I-IIæ q. 90, a. 2, *co.*
346. *Ibid.*, I-IIæ q. 90, a. 4, *co.*

multitud de personas: "su bien se alcanza por medio de muchos actos, y no se instituye para que dure solamente un poco de tiempo, sino para que se conserve siempre mediante la sucesión de los ciudadanos"[347] y la sucesión de los gobernantes o de los que ostentan la autoridad.

LA JUSTICIA[348]

La virtud cardinal de la justicia le compete propiamente al gobernante, así como el de la prudencia. Es una cuarta virtud que adorna y engalana la vida del gobernante, que se encuentra íntimamente relacionada con el bien común. En la *Suma teológica*, Tomás[349] al tratar el tema de la justicia, menciona que primero se debe hablar de lo que es el derecho y después de lo que es propiamente la virtud de la justicia.

El derecho es lo que llamamos justo, y es objeto de la virtud de la justicia porque lo que realiza esta virtud es "ordenar al hombre en las cosas

347. *Ibid.*, I-IIæ q. 96, a. 1, *co.*
348. Es de suma importancia volver a estudiar estos elementos que propone Tomás de Aquino, pues gracias a John Rawls el bien común es concebido como un elemento totalitario; Rawls propone que el fin de la sociedad sea la justicia. *Cfr.* Rawls, *Teoría de la justicia* (México: Fondo de Cultura Económica, 1979); Sandel, *Filosofía pública. Ensayos sobre moral política*; Finnis, *Human Rights and Common Good*; Keys, *Aquinas, Aristotle, and the promise of the Common Good*; Walzer, *Las esferas de la justicia: Una defensa del pluralismo y la igualdad* (México: Fondo de Cultura Económica, 2004); P. Riordan, *Global Ethics and Global Common Good*; Nebel, "Operacionalizar el bien común. Teoría, vocabulario y medición". Como veremos en este capítulo y en el dedicado al bien común, éste último se relaciona con la justicia, la cual busca el bien común. Además, lo que une a una sociedad como un nosotros es la apreciación del bien, mas no su imposición y coerción a través de la ley.
349. Para el desarrollo de la virtud de la justicia, santo Tomás tiene unos precedentes importantes: Platón con su libro de la *República*; Aristóteles con su *Retórica, Ética a Nicómaco* y la *Política*; Cicerón con su *De finibus*; san Ambrosio con *De officiis,* y san Agustín con la *Ciudad de Dios*.

que están en relación con el otro. Implica, en efecto, cierta igualdad".[350] Un elemento importante de la justicia es la relación con el otro, pues las demás virtudes son en relación con uno mismo; santo Tomás dice que el objeto de esta virtud se "distribuye por relación a otro sujeto".[351]

Josef Pieper aclara que, para poder comprender la definición de justicia,[352] Tomás debió hacer una introducción a la virtud de la justicia con el tema del derecho, porque antes de "dar a alguien algo" debemos pensar en que anteriormente al dar está la posesión de ese algo, que es un derecho de la otra persona, esto significa que la justicia presupone el derecho. Este débito o deber que le corresponde al otro, tiene una "esencia", ¿cómo saber qué es el deber? En la *Suma contra los gentiles,* Tomás dice que lo debido "es aquello que es requerido para la perfección de alguno",[353] lo cual significa que el derecho necesita ser exigido y necesitado por alguien —y no por algo, como últimamente se piensa— para su perfeccionamiento. A partir de esta definición del objeto de la virtud de la justicia, vendrá en la siguiente cuestión: la definición misma de la justicia.

Tomás pone a prueba la definición de justicia que proponen los jurisperitos, a saber, "la constante y perpetua voluntad de dar a cada uno su derecho".[354] Para que algo sea virtud debe ser un hábito bueno y, además, se exige que debe ser estable y firme, por esta razón en la definición se pone la voluntad. Aristóteles menciona que para que algo

350. *S. Th.,* II-IIæ q. 57, a. 1, *co.*
351. *Ibid.,* II-IIæ q. 57, a. 1, *co.*
352. *Cfr.* Pieper, *Las virtudes fundamentales.*
353. *Contra gentiles,* lib. 2, cap. 28, n. 8.
354. *S. Th.,* II-IIæ q. 58, a. 1, *arg.* 1. Hay que notar que santo Tomás de Aquino dio otras definiciones sobre la justicia, como las siguientes: "la justicia es aquello merced a lo cual se distingue lo propio de lo ajeno" (*Q. Disp. De Vir card.,* 1 ad 12), o "es peculiar de la justicia establecer el orden entre las cosas" (*In div. Nom.,* 8, 4, n. 778). Nosotros seguimos la definición propuesta en *Suma teológica,* porque es más completa que las anteriores, no las contradice, sino que se encuentran asumidas.

sea virtud necesita de tres elementos: "primero, que se obre sabiendo; segundo, eligiendo y por un fin debido; y tercero, que se obre indefectiblemente",[355] y esto es lo que conocemos como el acto voluntario. Tomás resume la definición de justicia como "hábito según el cual se dice que uno es operativo en la elección de lo justo".[356] Para que sea estable y firme, la virtud de la justicia necesita que la voluntad sea perpetua, no en el sentido de duración o tiempo, ya que esta forma sólo le compete a Dios, sino en el sentido de "querer hacer perpetuamente algo";[357] la virtud de la justicia no es que se quiera en un momento o en otro, esto sería aplicar la justicia cuando le conviene a cada uno según la circunstancia y su conveniencia, y esto es obrar injustamente.

Algo que no podemos dejar pasar en esta cuestión sobre la definición de justicia, es la contestación al sexto argumento. Aquí parece que esta definición no es la adecuada; santo Tomás retoma una frase de san Agustín, quien dice: "la justicia es el amor que tan solo sirve a Dios",[358] tal argumento está apelando a la virtud de la caridad, el cual es imprescindible, pues muchas veces a los seres humanos nos cuesta trabajo vivir de acuerdo con la justicia, pero para que el hombre se salve debe conocer qué debe realizar en esta vida y lo podemos encontrar en las leyes, que en ocasiones también lo traducimos como derecho.[359]

En seguimiento al objeto de la virtud de la justicia, Josef Pieper menciona que ésta tiene una característica particular —además de las que ya hemos mencionado como la exigencia, la necesidad y requerido para la perfección— que es la irrevocabilidad, la cual no se puede quitar por-

355. *S. Th.*, II-IIæ q. 58, a. 1, *co.*
356. *Ibid.*, II-IIæ q. 58, a. 1, *co.*
357. *Ibid.*, II-IIæ q. 58, a. 1, *ad.* 3.
358. *Ibid.*, II-IIæ q. 58, a. 1, *arg.* 6.
359. En la carta encíclica *Caritas in veritate*, el papa Benedicto XVI recuerda que justicia y caridad no están contrapuestas, sino que la justicia es el elemento mínimo para que exista caridad. *Cfr.* Benedicto XVI, *Caritas in veritate* (Vaticano: Editrice Vaticana, 2009), n. 6.

que es algo intrínseco, algo inherente; es más, según Pieper es inviolable.[360] Pieper toma estas ideas del discurso de Sócrates en el libro del *Gorgias,* de Platón; la idea es sumamente interesante, pues el débito es algo inviolable, ¿qué pasa si se viola este débito? Es verdad que se comete un acto de injusticia, que perturba al que lo ha sufrido y que, por lo tanto, se le debe aquello que es suyo, pero Sócrates dirá que le reporta un mayor perjuicio al que comete el acto de injusticia que quien lo recibió, pues se daña y se desfigura a sí mismo. Así, con este argumento, Pieper trata de demostrar la fuerza de la inviolabilidad del derecho. Ahora bien, ¿de dónde surge esta fuerza de inviolabilidad o de irrevocabilidad? Tomás lo esclarece al tratar los temas del derecho natural y el derecho positivo, que se encuentran en la II-II de la *Suma teológica* cuestión 57; en esta cuestión, Tomás trata un tema delicado con suma precisión para no caer en contradicciones y hablar sin equivocaciones de los tipos de fundamento del derecho. En ella dice que este débito se encuentra, en algunas ocasiones, en los pactos, contratos, leyes, reglas, promesas, y en otros que se encuentran dentro de la naturaleza de la misma cosa: el derecho es una cierta adecuación según un cierto modo de igualdad, y puede ser

> por la naturaleza misma de la cosa, [...] En un segundo sentido, algo es adecuado o de igual medida a otro por convención o común acuerdo, es decir, cuando uno se considera contento si recibe tanto. Esto ciertamente, puede hacerse de dos maneras: una primera, por cierto convenio privado, como el que se establece por un acto entre personas privadas; y la segunda, por convención pública.[361]

Lo que le importa al Aquinate es demostrar el fundamento del débito, no se puede sustentar en los convenios o pactos, ya que éstos pueden ser modificados y, de esta forma, seguir cometiendo injusticias contra las demás personas. Por esta razón, el fundamento principalísimo para demostrar la inviolabilidad o la irrevocabilidad se encuentra en el dere-

360. *Cfr.* Pieper, *Las virtudes fundamentales.*

361. *S. Th.,* q. 57, a. 2, *co.*

cho natural, es decir, en la misma naturaleza de la misma cosa: no puede haber un derecho en la naturaleza material o vegetal o animal porque no tienen esa exigencia, ni necesidad, ni requisito para la perfección, es decir, no hay irrevocabilidad en la naturaleza de estos seres; pero en el caso de los seres espirituales, donde entra el ser humano, ahí sí existen estos requisitos por su naturaleza humana, todavía más, la honda raíz del derecho se encuentra en la naturaleza del hombre por ser persona.[362] Pieper dice que cuando Jean Paul Sartre menciona que no hay naturaleza humana, entonces abre paso a la destrucción del derecho, y por ende a la "la legitimación de toda praxis totalitaria del poder".[363]

En cuanto al derecho natural y derecho positivo, Tomás los trata en sus homilías en Nápoles —conocidas además como *In duo præcepta Caritatis et in decem legis præcepta expositio*—, en las que reconoce cuatro leyes (o derechos): la natural, la concupiscencia, la de la escritura (la dada a Moisés) y la de Cristo.[364] Y como no todos pueden con la ciencia del conocimiento de la Ley, Cristo la abrevió para que nadie pudiera excusarse, y esta abreviación es "Amarás al Señor, tu Dios, con todo tu corazón, con toda tu alma y con todo tu espíritu. [...] Amarás a tu prójimo como a ti mismo".[365]

Esta regla abreviada es para todos los actos humanos. Como ya habíamos notado con la frase sobre la justicia de san Agustín, que se encuentra en la *Suma Teológica*, vemos que es importante el amor en el caso de la justicia, pues afirmará Tomás que "si alguien ofende a otro, y

362. *Cfr. Ibid.*, q. 57, a. 3, *co.*
363. Pieper, *Las virtudes fundamentales*, 108.
364. Sólo hay algunas diferencias entre las que comúnmente conocemos: la ley eterna, la ley moral natural, la ley cósmica y la ley positiva, y que también aparecen de manera distinta en la *Suma teológica. Cfr. S. Th.*, I-IIæ qq. 90-108. Y en la *Suma contra gentiles* encontramos sólo la ley divina y la ley natural. *Cfr. Contra gentiles,* Libro III, caps. CXIV-CXVIII, CXXI-CXXII, CXXVIII-CXXX.
365. Mt 22, 37-39.

luego lo ama íntimamente, en virtud de este amor a él perdona el ofendido la ofensa".[366] Con esta explicación, podemos entender la contestación al sexto argumento, el cual es muy corto. Tomás dice: "Así como en el amor de Dios se incluye el amor al prójimo, [...] así también, en el servicio del hombre a Dios, se incluye que dé a cada uno lo que debe".[367] Entonces, ¿qué es lo que cada uno le debe al otro? Lo que se debe al otro es lo más profundo y la raíz de toda la existencia del ser humano, se le debe el amor; en efecto, el amor es lo que necesita, lo que exige y requiere para su perfección el ser humano. No sólo el amor es lo que se le debe al ser humano, sino también la verdad. Pieper notará que además de que en la virtud de la justicia le precede el derecho, también dirá que la justicia supone el acto de la prudencia; es decir, en justicia al hombre le corresponde conocer la verdad por la misma virtud de la prudencia y un acto injusto supone una pérdida de relación con la verdad.

Ahora bien, falta explicar un elemento principal sobre la definición que se ha dado de justicia, y que Tomás retoma de los jurisperitos, y es resolver la pregunta ¿quién es el otro? En la *Suma teológica*, segundo artículo de la cuestión 58 de la II-IIæ, se pregunta si la justicia siempre se refiere al otro. Ya hemos visto que la forma abreviada de la ley sí lo incluye, pero para seguir demostrando desde la sola razón natural y a través de la Revelación que la virtud de la justicia sí incluye el débito al otro, Tomás tomará cuatro argumentos en contra: en el primero menciona que la justicia en Dios se da por la fe, pero la fe no está en relación con el prójimo; segundo, que la justicia se basa en el orden a los seres que están sometidos al hombre, pero el apetito sensitivo está sometido al hombre, por lo tanto la justicia queda en el mismo hombre; tercero, la justicia de Dios es eterna, y como no hay otro ser coeterno con Él, no puede darse la justicia al otro; y cuarto, las acciones del otro y de uno mismo tienen

366. De Aquino, *De los dos preceptos de la caridad y de los Diez Mandamientos de la Ley* (*Los Mandamientos*).

367. *S. Th.*, II-IIæ q. 58, a. 1, ad. 6.

necesidad de ser rectificadas, y esto se debe sólo por la justicia, por lo tanto no se trata sólo del otro, sino de uno mismo.

Para el argumento en contra, lo toma de Marco Tulio Cicerón, y es una expresión muy hermosa, y del cual tendremos que sacar provecho para la virtud en el gobernante: "la justicia es *aquella razón por la que se mantiene la sociedad de los hombres entre sí y también la comunidad de la vida*".[368] Empieza diciendo que es una razón, debemos recordar que se busca la *ratio boni*, aquello que va a hacer que el hombre sea bueno moralmente y también se perfeccione y esto se da a través de la recta razón, por lo tanto la razón ordena. Esta razón ordenadora también mantiene a la sociedad, y aunque Tomás no lo menciona (pues son conceptos desarrollados en el siglo pasado y éste), *el mantenimiento de la sociedad de los hombres entre sí* podríamos enmarcarlo en lo que conocemos actualmente como los derechos humanos, la justicia social y económica. *La comunidad de vida* podríamos enmarcarla en lo que actualmente llamamos *el principio del destino universal de los bienes*;[369] y así la comunidad empieza a tener vida y puede aprovecharse el usufructo en el tema de la economía, pues la causa material de ésta es la naturaleza o, mejor dicho, los recursos naturales; además de esta notación, debemos decir que Tomás retomará la frase "la comunidad de vida" en otro sentido, como veremos enseguida.

En la respuesta a esta segunda cuestión, dice que en la esencia misma de la justicia se encuentra la relación con el otro, pues la justicia "comporta la igualdad",[370] y ¿qué es igual a uno mismo, sino el otro? Como ya mencionó, la justicia busca rectificar los actos humanos, y esto se debe al

368. *Ibid.*, II-IIæ q. 58, a. 2, s. c.
369. Aquí debemos hacer una notación, pues no significa que "el otro" es lo que actualmente se denomina "Madre Naturaleza", sino que con el principio de justicia, "los otros" son los demás seres humanos, pues tienen el mismo derecho de asombrarse, admirar, conocer, aprovechar los recursos naturales, así como nosotros los admiramos, conocemos y aprovechamos.
370. *S. Th.*, q. 58, a. 2, *co.*

otro por la igualdad, pero los actos humanos se pueden entender de dos formas; éstos son, de las personas y de los que forman un todo; de esta segunda acepción, dice que la justicia requiere diversidad de supuestos, la igualdad entre un ser humano y otro, pero por analogía a esta diversidad de supuestos, podemos encontrar la justicia en un solo hombre por sus diversos principios de acción que son la razón, el apetito irascible y el apetito concupiscible. Así, Tomás rescata con la frase "la comunidad de la vida" las otras facultades a las cuales se les debe poner un orden en el hombre para poder conseguir su bien, y ¿a qué se deben igualar? Los apetitos irascible y concupiscible se deben igualar a la razón.

En la respuesta al cuarto argumento Tomás dice que las acciones del hombre serán rectificadas suficientemente cuando sus pasiones sean rectificadas por las otras virtudes morales; pero cuando las acciones recaen en el otro, por una "necesidad especial de rectificación, no sólo por comparación a quien la realiza, sino también en relación a quien se dirigen",[371] a esta virtud se le llama justicia. Por estas razones, la virtud de la justicia está por encima de las demás virtudes morales (templanza y fortaleza), pues la justicia busca la razón de bien y la realiza, pero las virtudes de la templanza y la fortaleza lo que hacen no es buscar y hacer el bien, sino hacen que el hombre perdure haciendo el bien.

En el *Comentario de la Ética a Nicómaco*, Tomás menciona que el hombre que posee el hábito de la justicia hace tres cosas: primero, inclina al hombre a realizar obras justas; segundo, la misma operación justa; y tercero, el hombre quiere obrar lo justo.[372] Ahora bien, al tratar el tema de la justicia en su sentido político surgen algunas cuestiones, que deberán ser resueltas en los siguientes apartados de la justicia; como son, ¿qué cosa le debe el gobernante a los súbditos? De lo expuesto anteriormente resulta interesante pensar que la virtud de la justicia en el gobernante lo obliga a ordenar las cosas en relación con el prójimo, y todavía más, con cierta

371. *Ibid.*, q. 58, a. 2, ad. 4.
372. *Cfr. Sententia Ethic*, lib. 5 l. 1 n. 4.

igualdad, y de aquí surge otra pregunta, ¿los gobernantes ponen todas las cosas en cierta igualdad con los súbditos?, si no, ¿cómo debería realizarse?

Hasta aquí se ha abordado la virtud de la justicia en su forma general. Tomás empezará las distinciones de las dimensiones de la justicia, y en primer término hablaremos de la *justicia legal*. Respecto a la justicia legal, Tomás trata esta justicia en la justicia en cuanto virtud general; en uno de los argumentos en contra dice que el fin que persigue la justicia legal es el bien común[373] y, en el *sed contra*, que hay una distinción entre la virtud del buen varón y la virtud del ciudadano.[374] La justicia legal sí es una virtud general por lo que hemos mencionado anteriormente, que la justicia ordena a las demás virtudes por la razón de rectificación, pero la justicia legal es una virtud especial porque se ordena el acto de todas las virtudes al bien común, y cuando ésta es el objeto propio de la justicia, se dice que se encuentra principalmente y de modo arquitectónico en el gobernante, y en los súbditos de forma secundaria y ejecutiva.[375]

En la respuesta del artículo 7 reconoce que debe existir una distinción entre la justicia legal y la justicia particular, la primera busca el bien de una totalidad, y la particular el bien a una persona singular; lo que sucede es que la justicia legal ordena las cosas que se relacionan con el otro de forma inmediata, si se trata del bien común, y de forma mediata cuando es de una persona singular;[376] en pocas palabras, podemos definir la justicia legal en comparación con el bien común. Ahora bien, hace falta la distinción que se hace del tema de la justicia en cuanto a la retribución: la justicia conmutativa y la justicia distributiva, a las cuales actualmente se les denomina solidaridad y subsidiariedad.[377]

373. *Cfr. S. Th.*, II-IIæ q. 58, a. 5, *co* y *ad.* 3; a. 6, arg. 3 y 4.
374. *Cfr. Ibid.*, II-IIæ q. 58, a. 6, *sed contra.*
375. *Cfr. Ibid.*, II-IIæ q. 58, a. 6, co; *Super Sent.*, Lib. 2, d. 35, q. 1, a. 2, ad 4.
376. *Cfr. S. Th.*, II-IIæ q. 58, a. 7.
377. Actualmente, hay dos nuevas tipologías que agregar en la división de la justicia, además de la justicia legal o general, justicia conmutativa y justicia distributiva; éstas son la justicia procedimental y la justicia global. *Cfr.* Walzer,

La justicia conmutativa

Pareciera que la solidaridad y la justicia conmutativa no son lo mismo, ya que el desarrollo del término solidaridad empieza a tener fuerza en el comunismo, pues ante ciertas injusticias la gente simpatizaba con estas ideas. Es con el Magisterio de la Iglesia católica —un poco anterior al de san Juan Pablo II—[378] que el concepto de solidaridad cobra mayor auge en el sector eclesial. El Compendio de la Doctrina Social de la Iglesia dice que la solidaridad se eleva "al rango de *virtud social* fundamental, ya que se coloca en la dimensión de la justicia, virtud orientada por excelencia al *bien común*".[379]

Un incipiente desarrollo de la idea de la solidaridad se encuentra en la *Suma teológica* en la II-IIæ q. 61 y siguientes; en esta cuestión, Tomás distingue lo que es la justicia conmutativa y la justicia distributiva, de hecho, al ser parte de la justicia, uno de sus elementos trata sobre la restitución, por eso Tomás ve la necesidad de distinguir ambas formas de justicia, porque a la conmutativa le corresponde la restitución.

Para tratar la justicia conmutativa, sólo menciona un argumento por el que no se distinguen los dos tipos de justicia; este argumento es el quinto, en el cual menciona que lo uno y lo múltiple no diversifican la especie de virtud, y que la justicia conmutativa consiste en dar algo a uno y la distributiva dar algo a muchos, por lo que no se diversifica la especie de justicia.[380] En el *sed contra* dice que Aristóteles establece dos tipos de justicia, una que dirige las distribuciones y otra las conmuta-

Las esferas de la justicia; J. Lucas, *On Justice* (Oxford: Clarendon Prees, 1980); P. Riordan, *Global Ethics and Global Common Good.*

378. Fue S. S. Pío XII quien llama a la solidaridad como virtud cristiana en su Radiomensaje de Navidad, el 24 de diciembre de 1942. *Cfr.* Pío XII, *Quadragesimo Anno.*

379. *Compendio de la Doctrina Social de la Iglesia*, n. 193.

380. *Cfr. S. Th.*, II-IIæ q. 61, a.1, arg. 5.

ciones.[381] Santo Tomás responde que la justicia particular se da en relación de la parte con el todo, y esta parte puede ser considerada de dos formas: la primera, y la que nos interesa en este discernimiento, es el de la parte a la parte, que es la justicia conmutativa, porque "consiste en los cambios que mutuamente tienen lugar entre dos personas".[382] Y, en respuesta al quinto argumento, menciona que la diversidad de especie de justicia no se debe sólo a lo uno y lo múltiple, sino a la diversidad de razón de débito, y en el caso de la conmutativa el débito es a lo que le es propio a una persona.[383]

Para determinar el *justo medio* en esta justicia, Tomás recurrirá al Filósofo, quien dice que en la justicia conmutativa se determina el medio según la aritmética, esto es, dar a la persona algo en razón de la cosa que se ha recibido de dicha persona, como es el caso de la compraventa; con este ejemplo, Tomás dice que es "preciso igualar cosa a cosa, de modo que cuanto éste tenga más de lo suyo, otro tanto restituirá a aquel a quien pertenece".[384] El comentario no termina ahí, pues antes ha mencionado la *proporcionalidad geométrica* en el caso de la justicia distributiva: que seis es a cuatro y que tres es a dos, lo cual se debe a su proporcionalidad sesquislátera, es decir, que el número mayor contiene al menor y a su mitad (seis contiene al cuatro y a la mitad de cuatro). Para el caso de la media aritmética, ésta se determina "según un excedente cuantitativo igual",[385] y presenta un ejemplo, el cinco es media de los números seis y cuatro, esta media excede al número cuatro en una unidad y es excedida al número seis en una unidad. El número seis recibe esa unidad excedida del número cuatro, pues antes estaban en igualdad porque ambas se hallaban en el número cinco. De igual forma sucede con la persona de la que hemos recibido, esa persona da una parte más que nosotros, por

381. *Cfr. Ibid.*, II-IIæ q. 61, a. 1, *sed contra.*
382. *Ibid.*, II-IIæ q. 61, a. 1, *co.*
383. *Ibid.*, II-IIæ q. 61, a. 1, *ad* 5.
384. *Ibid.*, II-IIæ q. 61, a. 2, *co.*
385. *Ibid.*, II-IIæ q. 61, a. 2, *co.*

eso nosotros estamos en débito con la persona que nos da lo que tiene y estamos obligados por justicia a regresar esa "unidad", en la cual nos hemos excedido. Entonces, lo que se debe a la persona que nos ha dado algo su condición de persona lo es "en cuanto que por ella se diversifica la realidad",[386] es decir, que su condición de persona influye en la cantidad de la cosa, y la cantidad de la cosa es la diversificación de la realidad, pues hay gobernantes, militares, médicos, etc., y todos éstos tienen la igualdad de dignidad como seres humanos, pero el gobernante tiene una dignidad mayor, considerando en sí mismo la potestad que recibe, y así las otras personas con diferentes oficios; es decir, la *justicia conmutativa* busca restablecer lo justo, lo que es debido, la razón de medida, según la igualdad en la dignidad como personas humanas.

Ya que en la justicia conmutativa existe un solo módulo, una sola razón, una sola medida, para determinar el término medio, el cual es la igualdad de compensación, Tomás hace una distinción de la compensación o conmutación de las cosas: que la conmutación puede ser involuntaria o voluntaria.[387] La conmutación involuntaria (tomar las cosas de una persona, o de su misma persona, o de su obra contra su voluntad) puede ser por fraude (ocultamente) o por violencia (públicamente); a partir de este momento menciona todos los vicios opuestos de la virtud de la justicia conmutativa, ya sea por violencia o fraude en cuanto a las cosas de una persona, a la misma persona y a sus obras o a las personas que son allegadas a ésta: 1) en cuanto a sus posesiones, de forma privada se llama hurto, en cuanto a su forma pública, rapiña o robo; 2) en cuanto a la misma persona (su dignidad) puede ser de dos formas, en su existencia o en su dignidad; en cuanto a su existencia, de forma privada u oculta, pueden darse muchos casos, como es el herir, matar con alevosía o envenenándola, en cuanto forma pública, matándolo públicamente, encarcelamiento, azotes y mutilación de

386. *Ibid.*, II-IIæ q. 61, a. 2, *ad.* 3.
387. *Ibid.*, II-IIæ q. 61, a. 3, *co.*

algún miembro; respecto a su dignidad, de forma oculta por detracciones o falsos testimonios, y de forma pública, por acusaciones en juicios o injuriándolo; 3) a las personas allegadas, de forma oculta y de forma pública pueden ser al cónyuge cometiendo adulterio, y el siervo por soborno para que se separe de su amo, también se les pueden realizar muchas injurias como a la misma persona, esto es, lo que hemos mencionado de los vicios a la virtud de la justicia conmutativa en cuanto a su propia persona.[388]

Ahora tratará la justicia conmutativa como tal, que son las conmutaciones voluntarias: "cuando una persona transfiere voluntariamente a otra lo que es suyo".[389] Lo primero que analiza santo Tomás es cuando una persona le da de lo suyo a otra sin débito, es decir, como una donación, entonces aquí no existe como tal la justicia conmutativa, sino una liberalidad (elemento estudiado en la magnanimidad). Cuando la transferencia incluye un débito, entonces sí existe esta especie de justicia, y aquí hay tres diferencias: 1) cuando uno transfiere una de sus cosas en compensación de una cosa dada por el otro, como en la compraventa; 2) cuando uno entrega una cosa para que se use con la obligación de devolverla "si se concede el uso de la cosa gratuitamente, se llama usufructo en las cosas que algo producen, o simplemente mutuo o comodato en las que no producen",[390] y si el uso no se concede de forma gratuita, se conoce como locación y arrendamiento; y 3) cuando alguien entrega algo para recuperar otra cosa para conservarla, como en el depósito, o cuando se entrega algo en prenda de otra. A todos éstos les compete la virtud de la justicia conmutativa.[391]

En la definición de justicia se ha mencionado que está el dar a cada uno lo que le corresponde, esto significa que existe reciprocidad, misma

388. *Cfr. Ibid.*, II-IIæ.
389. *Ibid.*, II-IIæ q. 61, a. 3, *co.*
390. *Ibid.*, II-IIæ q. 61, a. 3, *co.*
391. *Cfr. Ibid.*, II-IIæ q. 61, a. 3, *co.*

que se da sólo en una de las especies de justicia, en la conmutativa. La reciprocidad en la justicia conmutativa es en tres aspectos: 1) existe con máxima propiedad la retribución de la cosa que se debe cuando se trata de restablecer una acción injuriosa que ha herido al prójimo, 2) se cumple reciprocidad cuando se le sustrae al otro una de sus propiedades en contra de su voluntad, y 3) en los cambios voluntarios, "en los que hay por una o por otra parte acción y pasión; pero la voluntariedad disminuye aquí por razón de pasión".[392]

Para entender cómo resolver estas controversias en contra de la justicia, santo Tomás apela a que se debe restablecer según la justicia conmutativa, pero ¿cómo es esto? Según la proporción aritmética; en efecto, si en el primer caso se injuria al príncipe, es decir, a una persona de más alta categoría, debe existir mayor pena para restablecer lo que se ha padecido, no sólo igual daño, sino un mayor castigo;[393] en el segundo caso, la persona que sustrae de una cosa a su prójimo también se le debe castigar pidiéndole que retribuya con una mayor cantidad, pues no sólo ha ocasionado un mal a su prójimo, sino también al Estado, "violando la seguridad de su tutela",[394] es decir, el Estado otorga la seguridad al sujeto la tutela de sus posesiones; y, en el tercer caso, para solucionarlo en el tema de la compraventa, Tomás dice que se ha inventado la moneda, pues puede suceder que en una de las transacciones, un hombre esté dando de más con un producto y si otro da de lo suyo en una retribución igual, no sería lo justo, por eso para igualar los cambios se inventó la moneda.[395]

La situación empieza a ser compleja no de un ser humano a otro, sino en las distinciones de partes del todo, pues una parte del todo puede ser una escuela o una industria o un sindicato, y también debe existir la

392. *Ibid.*, II-IIæ q. 61, a. 4, *co.*
393. *Cfr. Ibid.*, II-IIæ q. 61, a. 4, *co.*
394. *Ibid.*, II-IIæ q. 61, a. 4, *co.*
395. *Cfr. Ibid.*, II-IIæ q. 61, a. 4, *co.*

solidaridad entre escuela a escuela, industria a industria, sindicato a sindicato, pues son iguales y existirá la conmutación. Y cuando hablamos de naciones, para que exista una sincera solidaridad entre las naciones, para que una nación no quiera aprovecharse de otra, para aventajarse, sobreexplotarla, manipularla, etc., debe existir una verdadera y sincera amistad entre naciones. Lo anterior es sumamente urgente en nuestros días y muchas veces nos quedamos con la idea de que la solidaridad es la ayuda entre un ser humano a otro, pero la solidaridad también se debe practicar entre naciones, por esta razón el gobernante debe estar adornado, poseer la virtud de la justicia, ser justo en el trato a sus iguales, y así podrá practicar la solidaridad como virtud social y contribuir al bien común internacional y global.

La justicia distributiva

Hasta aquí hemos hablado de lo que es la justicia en su forma general, de la justicia social y de la justicia conmutativa, ahora trataremos el tema de la justicia distributiva, pero antes de abordarlo, desde la *Suma teológica* como lo veníamos haciendo, vale la pena repensar en una pregunta, la cual se encuentra implícita en *De Regno*: ¿cuáles son los ambientes donde los seres humanos pueden adquirir familiaridad y confianza a los demás?[396]

La primera institución donde las personas adquieren esta confianza es en la familia, en efecto, ahí la persona desarrolla y potencia todas sus cualidades, virtudes, facultades, dones; pero si esta primera institución se lesiona, la persona no podrá adquirir confianza a las demás personas, pues la figura materna inculca en el hijo la compasión y ternura, virtudes necesarias para poder establecer nuevas relaciones y vínculos sólidos y fuertes entre los ciudadanos, estas virtudes hacen que la persona se preocupe por las demás con desinterés. Si se deteriora el ámbito familiar los hijos pue-

396. *Cfr. De Regno*, lib. 1 cap. 4.

den adquirir muchos vicios, por lo que la figura paterna debe infundir en el hijo la fuerza necesaria para adquirir dichas virtudes y luchar por que las adquiera, un padre virtuoso es ejemplo y guía de los hijos.

Otros medios donde también las personas pueden alcanzar esta familiaridad y confianza son las instituciones educativas y las empresariales, éstas infunden en los estudiantes y trabajadores las virtudes del estudio, la disciplina, ciencia, sabiduría, trabajo, y preparan de forma excepcional al género humano a la participación social, en efecto, si se presenta una disputa o discordia y no se puede resolver entre el estudiante y el maestro o entre el trabajador y el jefe, existen cuerpos intermedios que tratan de encontrar una solución a esta disputa, en el caso de las instituciones educativas se encuentran las mesas directivas o el consejo universitario, y por el lado de las empresas se encuentran los sindicatos. Estos dos cuerpos intermedios tienen un gran peso y una gran responsabilidad, porque deben fomentar la unión de aquellos que buscan solícitamente su ayuda, deben promover actividades y espacios que la institución familiar no puede aportar.[397] El ciudadano al formar parte de estas organizaciones, estará más atento de lo que sucede a su alrededor, específicamente en los lugares donde labora y estudia, así como de las problemáticas de su patria. Cuando el gobierno interviene y manosea las instituciones mencionadas, sin respetar sus orígenes y fines, abusando de sus miembros para alcanzar fines personales se da la corrupción y, además, las instituciones son absorbidas por el gobierno. Esa corrupción que introdujo el gobernante se difunde a los demás

397. El *Compendio de Doctrina Social* de la Iglesia recuerda que "es imposible promover la dignidad de la persona si no se cuidan la familia, los grupos, las asociaciones, las realidades territoriales locales, en definitiva, aquellas expresiones agregativas de tipo económico, social, cultural, deportivo, recreativo, profesional, político, a las que las personas dan vida espontáneamente y que hacen posible el crecimiento social". Pontificio Consejo "Justicia y Paz", *Compendio de la Doctrina Social de la Iglesia* (México: Ediciones Conferencia del Episcopado Mexicano, 2007), n. 185.

miembros de esas instituciones, porque el bien común de esas instituciones es ahora el bien particularísimo del gobernante y que deben alcanzar cada uno de sus miembros.

Santo Tomás nos recuerda que esto no debe ser así, sino que "el bien particular se ordena al bien del todo, pues la parte existe para el todo y no el todo para la parte".[398] El Estado, además de convertirse en totalitario, también recibe el nombre de Estado asistencial, pues el Estado centraliza y burocratiza la ayuda que debe brindar a los cuerpos intermedios; cuando sucede esto, el Estado niega a las familias, sociedades, instituciones y cuerpos intermedios la libertad y la iniciativa, pues éstos tienen algo de original que ofrecer a toda la comunidad.

A partir de estos elementos, podemos entrever la virtud de la subsidiariedad. Aunque santo Tomás no habla directamente de este término, ya que la subsidiariedad como la entendemos actualmente fue introducida por el papa Pío XII en su Carta Encíclica *Quadragesimo anno*,[399] se piensa que se puede rescatar de lo que dice en la *Suma teológica*: "el hombre no está ordenado a la sociedad política respecto a todo su ser y según todas las cosas que le pertenecen".[400]

398. *Contra gentiles,* lib. 1, cap. 86, n. 3.

399. S. S. Pío XII dice: "Conviene, por tanto, que la suprema autoridad del Estado permita resolver a las asociaciones inferiores aquellos asuntos y cuidados de menor importancia, en los cuales, por los demás perdería mucho tiempo, con lo cual logrará realizar más libre, más firme y más eficazmente todo aquello que es de su exclusiva competencia, en cuanto que sólo él puede realizar, dirigiendo, vigilando, urgiendo y castigando, según el caso requiera y la necesidad exija.
Por lo tanto, tengan muy presentes los gobernantes que, mientras más vigorosamente reine, salvado este principio de función 'subsidiaria', el orden jerárquico entre las diversas asociaciones, tanto más firme será no sólo la autoridad, sino también la eficiencia social, y tanto más feliz y próspero el estado de la nación." Pío XII, *Quadragesimo anno*, n. 80.

400. *S. Th.,* I-IIæ, q. 21, a. 4, *ad* 3.

La pregunta con la que inicia esta cuestión es si el acto humano, por ser bueno o malo, tiene razón de mérito o de demérito ante Dios;[401] en el caso de la comunidad, dice que al que gobierna le corresponde retribuir el bien o mal que se realiza en la comunidad en cuanto que ostenta la salvaguarda del bien común.[402] Es decir, que la ayuda subsidiaria debe existir en el gobernante y debe retribuir el bien o mal ocasionados en la comunidad siempre en vistas del bien común. Por ello, el buen gobernante debe siempre velar y retribuir a las personas y a las comunidades para que actúen bien, y esta actuación en muchas ocasiones se da en la relación con más personas, aquellas que el tirano trata de eliminar porque se da la familiaridad y la confianza entre los hombres reunidos en sociedad.

Este texto de santo Tomás cobra suma importancia en la interpretación actual de elemento político, ya que se está adelantando a las malas interpretaciones políticas del siglo pasado y el actual; a saber, los nacionalismos exacerbados y el comunismo, dos formas de totalitarismo. Tomás está apelando a un principio que se le ha denominado el de totalidad,[403] pero debemos recordar y hacer énfasis en que la doctrina tomista no es unívoca ni equívoca, sino analógica. Encontramos en toda la doctrina de santo Tomás la *analogia entis* y, para poder entender esta pequeña frase, remitiré un párrafo extenso que encontramos en la *Suma teológica:*

> [...] hay que tener presente que todo el universo está hecho con todas las criaturas como el todo con las partes. Si queremos indicar el fin de algún todo y de sus partes, nos encontramos: 1) En primer lugar, que cada parte lo es por sus actos, como el ojo para ver. 2) En segundo lugar, encontramos que lo menos noble se ordena a lo más noble; como el sentido al entendimiento y el pulmón al corazón. 3) En tercer lugar, encontramos que todas las partes tienden a la perfección del todo, como la materia a la forma, pues las partes

401. *Cfr. Ibid.*, I-IIæ q. 21, a. 4.
402. *Cfr. Ibid.*, I-IIæ q. 21, a. 4, *co.*
403. En muchas de las obras de santo Tomás encontramos la frase “el todo es mayor a las partes”.

son como la materia del todo. Al margen de todo esto, todo el hombre está ordenado a un fin extrínseco a él, como puede ser el disfrutar de Dios.

Así, pues, en el universo cada criatura está ordenada a su propio acto y a su perfección. Las criaturas menos nobles a las más nobles; como las inferiores al hombre. Cada criatura tiende a la perfección del universo. Y todo el universo, con cada una de sus partes, está ordenado a Dios como a su fin en cuanto que en el universo, y por cierta imitación, está reflejada la bondad divina para la gloria de Dios; si bien las criaturas racionales de un modo especial tienen por fin Dios, al que pueden alcanzar obrando, conociendo y amando.[404]

El todo comprendido en la sociedad política perfecta debe alcanzar su fin, su perfección, y para que esto pueda suceder se debe alcanzar la perfección de cada una de sus partes, y ¿cómo se puede alcanzar? Siguiendo los tres elementos: por sus actos, ordenando de lo menos noble a lo más noble y que las partes tienden a la perfección del todo. Cuando cada una de las partes alcanza su perfección, cada una de éstas tiende a la perfección del todo. Pero esta perfección es *una cierta imitación* que refleja la perfección del todo. Vemos que la analogía se puede aplicar perfectamente al Estado, el todo, y a los cuerpos intermedios, que son las partes del todo; si el gobierno es corrupto por cierta imitación, las partes podrían llegar a corromperse. Así como cada *criatura está ordenada a su propio acto y a su perfección*, cada Nación está ordenada a ser una *sociedad política perfecta* con todas sus instituciones legítimas para poder llegar a su perfección. Estas instituciones deben realizar la analogía de la totalidad para que la perfección se distribuya a los cuerpos intermedios, es decir, debe existir el subsidio, el apoyo para que éstos puedan perfeccionarse por sus propios actos y así sean reflejo de la perfección de que goza el gobierno.

La segunda parte de la cita de la cuestión 21 dice: "por lo cual no hay por qué sea meritorio o vituperable cada uno de sus actos con relación a la comunidad política".[405] El principio de totalidad que aplica Tomás no

404. *S. Th.*, Ia q. 65, a. 2, *co.*
405. *Ibid.*, I-IIæ, q. 21, a. 4, *ad* 3.

es en el sentido de que el todo absorbe a la parte, el Estado no absorbe a los cuerpos intermedios ni a los individuos; ahí radica la importancia de esta segunda parte del texto de la cuestión, porque rescata al individuo siempre, pues es responsable de cada uno de sus actos humanos, y si el Estado atropella la dignidad de cada ser humano, entonces no son meritorios o vituperables sus actos en la comunidad.[406]

Por último, Tomás menciona que la justicia distributiva es la que, como dice su nombre, distribuye los bienes comunes de manera proporcional; en efecto, tiene en mente lo que dice Marco Tulio Cicerón acerca de las personas que reciben bienes, que éstos se hacen peor y que siempre están esperando recibir lo mismo;[407] pero esto atenta contra el bien común, porque se debe observar la moderación en la distribución de los bienes comunes, si no se agotarían los recursos que les corresponden a todos. ¿Cómo es la distribución de forma proporcional? Tomás sigue a Aristóteles, en que el medio de distribución en la justicia distributiva es en forma geométrica, esto significa que recibirá en mayor medida algo en cuanto tenga mayor relieve en el todo, pues tiene mayor preponderancia en la sociedad, y ¿cómo se determina esta preponderancia? En el caso del gobierno aristocrático en cuanto a la virtud, en la oligarquía en las riquezas, en la democracia en cuanto a la liberalidad, y en las otras, de otra forma:

> De ahí que en la justicia distributiva no se determine el medio según la igualdad de cosa a cosa, sino según la proporción de las cosas a las personas, de tal suerte que en la medida que una persona exceda a otra, así también la cosa que se le dé a dicha persona exceda a la que se dé a la otra persona.[408]

406. Recordemos que en "*ars imitatur naturam*", con la palabra *naturam* se rescata la naturaleza del ser humano, que es persona, que tiene individualidad y dignidad. De igual forma podemos hacer una analogía de los cuerpos intermedios, que también tienen cierta dignidad.
407. *Cfr. S. Th.*, II-IIæ q. 61, a. 1, *co.*
408. *Ibid.*, II-IIæ q. 61, a. 2, *co.*

Con estas referencias de santo Tomás podemos comprender el término de subsidiariedad como justicia distributiva; en efecto, para el Magisterio de la Iglesia Católica, la subsidiariedad es un principio, por el cual:

> Una estructura social de orden superior no debe interferir en la vida interna de un grupo social de orden inferior, privándole de sus competencias, sino que más bien debe sostenerle en caso de necesidad y ayudarle a coordinar su acción con la de los demás componentes sociales, con miras al bien común.[409]

409. *Catecismo de la Iglesia Católica*, n. 1883.

Segunda parte

La política en Joseph Ratzinger/ Benedicto XVI

INTRODUCCIÓN

Ahora toca el turno del teólogo bávaro, Joseph Ratzinger. Tenemos que decir que para la elaboración de este apartado me refiero a Joseph Ratzinger como teólogo alemán, quien fue profesor en las universidades de Bonn, Münster, Tübingen y Regensburg. En estas universidades aporta escritos de enorme valía, como: *El Dios de la fe y el dios de los filósofos*; su escrito para obtener el grado de doctor, *Pueblo y casa de Dios en la doctrina de san Agustín sobre la Iglesia* y su trabajo de habilitación para la docencia en la Universidad de Freising, *La teología de la historia en san Buenaventura*.

También me refiero a Joseph Ratzinger como Benedicto XVI, Sumo Pontífice de la Iglesia católica. A pesar del cambio de nombre, Ratzinger sigue siendo la misma persona, aunque con un sello característico: ser el Vicario de Cristo en la tierra.[410] Por esa razón, cuando estuvo como cabeza de la Iglesia Católica como Papa Benedicto escribió muchas cartas, exhortaciones y algunas encíclicas, y también a título personal escribió la trilogía *Jesús de Nazaret*. En el prólogo del primer libro de la trilogía de

410. Según Juan Pablo Aranda, se puede decir que existe un primer Ratzinger, en cuanto a que su pensamiento es público como teólogo, y un segundo Ratzinger en cuando a que su pensamiento es privado, pues es Obispo de Roma. *Cfr.* J. Aranda, "Cristiandad y cristianismo: dos proyectos para la evangelización", *'Ilu. Revista de Ciencias de las Religiones*, 19 (2014): 27-46. Pero me parece que no se puede hacer esta diferencia, ya que muchos de sus pensamientos como teólogo se encuentran en muchos de sus escritos como Sumo Pontífice.

Jesús de Nazaret, menciona que es verdad que es el Sumo Pontífice, pero que estos libros los escribe como el teólogo Joseph Ratzinger, pues son cuestiones teológicas que pone a discusión con el mundo académico; es decir, tiene la humildad de poner sus pensamientos sobre Jesucristo en la silla de juicios y no lo eleva como dogma para la Cátedra de San Pedro, apelando a la *infalibilidad papal.*

También es interesante analizar los documentos que firmó como Prefecto para la Congregación para la Doctrina de la Fe, pues existen algunos documentos controversiales, como es el caso del documento *Dominus Iesus*, de éste confirmó hace algunos años que él no lo escribió para que no generara polémica, sino que fue otro miembro de este Dicasterio,[411] aunque está de acuerdo en algunos puntos; asimismo, como Prefecto, hay un documento importante al cual remitiré: *Nota sobre el compromiso y la conducta de los católicos en la vida pública.*

¿Por qué traer a colación o estudiar el pensamiento de Ratzinger en temas de política? Resulta importante su pensamiento sobre estos temas, pues la realidad en la cual Joseph Ratzinger hace teología es un contexto demasiado particular, pues vivió en el tiempo de la Segunda Guerra Mundial, la posguerra, la reconstrucción de Europa (Alemania, específicamente), la Guerra Fría, la caída del Muro de Berlín. Además de estos hechos históricos, vivió el cambio de un régimen totalitario (el cual santo Tomás de Aquino denomina como tiranía) a un Estado democrático; el cambio de una economía capitalista a una economía de mercado. Sin duda, estas experiencias, su gran labor como teólogo, como arzobispo de München y su experiencia internacional o como jefe de Estado y líder de la Iglesia católica en todo el mundo, así como su participación en el Concilio Vaticano II, tienen mucho qué decirnos.[412]

411. *Cfr.* P. Seewald, *Benedicto XVI, Últimas conversaciones con Peter Seewald* (Bilbao: Buena Prensa, 2016).

412. Gonçalves hace un recuento de cómo los Sumos Pontífices (desde Pío VI) condenaron algunos elementos de la democracia porque eliminaban la fe

El análisis que se hace en este texto partirá desde un elemento muy extenso que encontramos en el pensamiento de Joseph Ratzinger, sabemos que él en realidad es un teólogo —así como Tomás de Aquino—, y para tratar lo que entiende por política debemos hacer la estructura o concatenación de los elementos teológico-fe-culto-metafísico-ético-políticos. En efecto, en el pensamiento del Cardenal es un todo unido, pero que podemos ir separando por partes hasta llegar y entender qué es la política y cómo debe ser ésta. Y, aunque su base es la teología, podemos rescatar y obtener elementos filosóficos sobre la política, pues para él la filosofía es sierva de la teología: toma elementos metafísicos para tratar temas teológicos; esto se debe a que Ratzinger mismo afirma que Dios quiere comunicarse con todos los seres humanos en su lenguaje.

Por esta razón no dejaremos de lado su discurso teológico, ya que será una valiosa herramienta para poder comprender todo su pensamiento y toda la realidad. La fe se sirve de la razón humana para llevar afuera lo que tiene en su interior y, según Ratzinger, la filosofía tiene una misión específica,[413] pues la fe no se reduce al pequeño ámbito de algunos iluminados, sino que debe ser llevada a todos los hombres, con el lenguaje de los hombres.[414]

católica, también encontramos la condena de la libertad de conciencia y democracia en estas condenas. *Cfr.* A. Gonçalves, "The theological foundation of democracy according to Ratzinger", *Religions* 9, núm. 4 (2018): 115.

413. *Cfr.* A. Sada, "La lección inaugural de Bonn y la comprensión de la filosofía", *Coletânea* 20, núm. 39 (2021): 141-158.

414. *Cfr. Ibid.* Según Aranda, para Ratzinger la fe y la razón no van separadas, o que la fe es un conocimiento alternativo a la razón, sino que es "una forma primaria de situarse ante el ser, la existencia, lo propio y todo lo real". Raztinger, citado en Aranda, "Cristiandad y cristianismo…", 44. También, Sada afirma que "la confirmación de la fe como decisión existencial […] abre una nueva dimensión del 'conocer' radicalmente distinta a aquélla inaugurada por la razón". *Cfr. A.* Sada, "Naturaleza y misión de la filosofía en el pensamiento de Joseph Ratzinger" (tesis doctoral, España: Universidad de Navarra, 2020).

En su discurso de doctorado honoris causa en la Universidad de Wroclaw/Breslau, Ratzinger menciona la problemática que plantean Heidegger y Jaspers, en el sentido de que la fe impide el avance de la filosofía, lo cual considera erróneo, ya que el pensamiento filosófico y la fe permanecen *ex æquo*, esto significa que el pensamiento se encuentra en un desafío y en una inquietud fructífera,[415] lo que los lleva a un modo casi equilibrado.[416] Para Ratzinger, la teología no excluye a la filosofía, ni tampoco aquélla mina a ésta.

Tal vez otro de los elementos que se tendrán que analizar es la transición de la idea medieval (como lo vimos con Tomás de Aquino) de la monarquía a la democracia o, bien, plantearse la situación de los estados democráticos. Después, en el planteamiento de los problemas que aquejan a la humanidad (ecologismo, derechos humanos, globalización, pobreza, por mencionar algunos) propone algunas soluciones. También analizaremos la figura de la autoridad, cómo debe ser el dirigente, sobre todo en un mundo globalizado.

Estas realidades son transformadas y han cambiado en la historia actual por la introducción de un nuevo pensamiento filosófico y teológico. Por un lado, observamos el hartazgo de las personas sobre la razón, pero no sólo están hartos de los datos racionales, sino que existe un desprecio por todo lo racional, y se dejan llevar por sus sentimientos hasta el extremo. Por el otro, el sentimentalismo ha llegado a despreciar la verdad y el bien; esta postura afirma que no existen estos trascendentales del ser de manera objetiva, depende de cada ser humano determinar qué es la verdad, el bien y la belleza. Todos los temas metafísicos tratan de ser oscurecidos con el relativismo o existencialismo: llegar al desprecio de la razón, tener y sentir un asco de ser humanos y acabar irracionalmente con nuestra existencia.

415. *Cfr.* J. Ratzinger, *Convocados en el camino de la fe* (Madrid: Ediciones Cristiandad, 2004), 27.
416. *Cfr.* P. Blanco, "Fe, persona e Iglesia según Joseph Ratzinger", *Scripta Theologica* 37, núm. 3 (2005): 911-927.

Por último, aunque los gobiernos tengan autonomía y soberanía, están insertos en una nueva cultura que avanza a grandes pasos, como es la globalización, la cual ha hecho que muchas personas piensen que la cultura occidental está basada en el sentimentalismo y en el relativismo, mismos que conllevan a problemas sociales, políticos, económicos. A partir de estas realidades, Joseph Ratzinger hablará y reflexionará sobre lo que es la política actual, de qué adolece y qué es lo que debe realizar el político del siglo XXI.

LA *HYBRIS* DE LA POLÍTICA

Este apartado del pensamiento político de Ratzinger lo he denominado la *hybris* de la política. En algunos escritos de Ratzinger aparece esta idea. ¿Qué quiere decir *hybris*? Platón explica este concepto en el diálogo del *Fedro o de la Belleza*. En algunos pasajes Platón menciona que la *hybris* nos tira de forma atolondrada y desordenada hacia el placer,[417] y éste predomina en nosotros; en otra parte dice que, en algunos lugares, como en los banquetes, se nos excita con todos los deleites;[418] y en otro lugar menciona que se nos embriaga con y por el placer y se nos hace perder el sentido.[419] Esta última idea sobre la *hybris* la iremos desmenuzando, pues justo con todas las clases de placeres que se le pueden presentar al hombre, éste puede perder el *sentido*, es decir, la razón, puede perder la dirección, a la cosa a la cual fue llamado. Esta concepción de la *hybris* es retomada en muchas ocasiones en las *trage-*

417. *Cfr.* Platón, *Fedro*, 237 e.
418. *Cfr. Ibid.*, 238b.
419. *Cfr. Ibid.* 238 b. La *hybris* también es considerada como una enfermedad, pues su mente desvaría y no es capaz de dominarse; existen alabanzas a lo que se hace o dice a pesar de que se vaya contra algo bueno para no ganar enemistades o porque el deseo ofusca la mente; hay un impulso ciego a la belleza, que se fortalece por los apetitos que arrastran a contemplar el esplendor del cuerpo. *Cfr.* Platón, *Fedro*, 231 d, 233 b, 238 c.

dias: el hombre quiere embriagarse de poder, quiere hacerse y sentirse superior a los dioses, quiere sobrepasar aquel límite infranqueable entre el mundo humano, el mundo del destino y el mundo de los dioses. La *hybris* es una desmesura, es pasarse de los límites que tiene el hombre en su naturaleza, pero esta desmesura, en los mitos griegos, es un vicio por exceso, querer ser como los dioses. Siguiendo esta tradición griega, Ratzinger tiene un acercamiento a esta definición; para él, la *hybris* es "la arrogante autosuficiencia con la que el hombre se erige en divinidad: quiere ser él mismo su propio dios, para ser dueño absoluto de su vida y sacar provecho así de todo lo que ella le puede ofrecer".[420]

La política de hace unos siglos se ha embriagado en exceso, primero por el placer de la misma razón y después sufriendo el hartazgo de estos placeres, ha decidido irse por la embriaguez de los placeres, persiguiendo el poder y las riquezas. Esta embriaguez tiene un sello distintivo, se está envenenando a sí misma; los teóricos que han propuesto esta *hybris*, han dado de beber a la política teorías suficientemente atractivas, que desfiguran esta ciencia arquitectónica, y que, en última instancia, desfiguran la imagen del ser humano.

LAS FORMULACIONES SOBRE TEOLOGÍAS POLÍTICAS DERIVADAS DEL DIOS DE LOS FILÓSOFOS

En los inicios de Joseph Ratzinger como teólogo, encontramos que en el discurso *El Dios de la fe y el dios de los filósofos*, recurre a la Stoa para poder hablar de la teología. La Stoa consideraba que existía la teología mítica, civil y natural. ¿Qué quiere decir cada una de éstas? Ratzinger cita a Marco Terencio Varrón, y dice que existen tres diferencias: la primera es "la 'theologia mítica' es asunto de los poetas, la 'theologia civilis', asunto del pueblo, y la 'theologia naturalis', asunto de los filósofos o de

420. J. Ratzinger, *Jesús de Nazaret. Desde el Bautismo a la transfiguración* (México: Planeta. 2007), 128.

los 'physici'";[421] la segunda distinción "atañe al lugar respectivo en la realidad, al que está ordenada cada teología. Según esto, a la teología mítica corresponde el teatro, a la política la *polis*, a la 'natural' el cosmos".[422]

Según Ratzinger, con Varrón se nota una separación de cada una de las anteriores concepciones teológicas: la teología mítica como la civil corresponden a actividades humanas a través del culto, y la natural o filosófica a algo que sobrepasa al ser humano, lo cual se radicaliza con la tercera diferencia que pone de manifiesto Varrón: la mítica "tiene por contenido las diversas fábulas de dioses, los 'mitos' precisamente que juntos son 'el' mito; la teología política tiene por contenido el culto del estado; la teología natural, finalmente, responde a la pregunta guión o qué son los dioses".[423] Estas tres diferencias muestran que la política se deja embriagar y perder la razón ante los placeres del poder, y pretende ser Dios: toma su nombre y su naturaleza, para que todos los seres humanos se arrodillen, se postren ante él y lo adoren. Dadas las respectivas diferencias entre cómo se vivía y concebía la política en la antigüedad y cómo la vivimos y concebimos en la actualidad, podemos ver un resurgimiento de teologías políticas, la cuales se viven, en ocasiones, en el desarrollo del culto de personas ante las campañas electorales, las contiendas políticas, las votaciones democráticas y las encuestas de popularidad.

Esta desmesura la podemos constatar en muchas partes de la historia de la humanidad, como es el caso de los egipcios, griegos, romanos o en la actualidad. Pero, en el siglo pasado se trastocó la razón política hasta embotarse, perdió agudeza y se embriagó completamente con el poder hasta llegar a totalitarismos: pretendió que el Estado fuera Dios. Cuando el Estado se autoproclama y se autodenomina como un dios, el

421. J. Ratzinger, *El Dios de la fe y el dios de los filósofos* (Madrid: Ediciones Encuentro. 2007), 22.

422. *Idem.*

423. *Idem.*

mismo Estado pierde la belleza de sí mismo: la belleza de la reunión de todos los miembros civiles para la consecución del bien común.

¿Cuál es el origen de la convergencia de una supuesta *hipóstasis* entre lo divino y la institución estatal? Podríamos dilucidar dos supuestos: el primero es que también existe una *hybris* en el ser humano, en su naturaleza, y el segundo es una mala interpretación del concepto de Dios. Partiremos desde el segundo aspecto, porque en el pensamiento de Ratzinger no se puede comprender al ser humano sin Dios, aunque debemos hacer énfasis también en que es muy difícil comprender a Dios, a pesar de ser la realidad más simple en su existir; en efecto, Ratzinger retomará la frase de san Agustín: "si comprendes, entonces no es Dios".[424]

Nuestro intelecto humano es muy limitado como para poder abarcar y poseer la esencia de Dios, y como diría santo Tomás de Aquino, "ningún filósofo pudo jamás descubrir a la perfección la naturaleza de una mosca",[425] de algo tan insignificante como una mosca, ¿cómo podemos decir que conocemos la esencia de Dios que es inmenso? Por esta razón, Ratzinger se acercará a lo que es la esencia de Dios; primero, dice qué sucedía en la antigüedad y, después, hace un recuento de lo que otros filósofos han dicho, para poder acercarse a la solución.

Los dioses vecinos del pueblo de Israel eran potencias motoras del mundo, eran los dioses de los poderes políticos y cósmicos. Nos encontramos en la era mitológica donde la razón humana no podía dar explicaciones, no encontraba certezas para poder explicar lo que sucedía a su alrededor, por eso, los seres humanos daban explicaciones mitológicas, lo asociaban a ciertos dioses, y éstos se comportaban como seres humanos; eran dioses antropomorfos, eran dioses que se movían con los

424. "si enim comprehendis, non est Deus". Sermón 117, 3, 5. Acceso el 13 de abril de 2022, http://www.augustinus.it/latino/discorsi/index2.htm

425. *Cfr.* "nullus philosophus potuit unquam perfecte investigare naturam unius muscæ". Tomás de Aquino, *Exposición del símbolo de los Apóstoles o del "credo in Deum"*, proemio.

mismos motores que los seres humanos: el hambre, el amor y el poder. Y así es como, en muchas civilizaciones antiguas, se empieza a desarrollar el politeísmo, basado en estos tres motores. Las "tres formas fundamentales del politeísmo son la adoración del pan, del eros y la divinización del poder".[426] La razón humana no conseguía dar explicaciones a muchas de sus realidades y necesidades, por eso, generaba antropomorfismos de estos tres motores.

Augusto Comte propone su teoría de los tres estadios: el estadio mítico-religioso, el filosófico y el positivista. El primero es el que estamos tratando con el tema de los tres motores de la humanidad, dar sentido al mundo con mitos y con muchos dioses, porque no comprendían la realidad; tendrían que desembarazarse de estas ideas para poder pasar a una etapa racional, a una ilustración de la razón para eliminar los pseudo-dioses y los pseudo-motores.[427]

Ludwig Feuerbach tratará de introducir el humanismo ateo en el pensamiento teológico y filosófico, dirá qué él es ateo y qué él no lo es, y efectivamente no existe una contradicción en lo que quiere decir. Lo que menciona es que, en realidad, no existe un Ser Supremo que sea subsistente por sí mismo, alguien que sea el totalmente otro. Para Feuerbach, esto es ser ateo, pero no es ateo, porque menciona que sí existen todos los atributos divinos, pero no en el Ser Supremo que acaba de negar, sino en todo ser humano, esto se debe a que todo ser humano tiene deseos, aspiraciones, de ser eterno, ser inmutable, ser todopoderoso, ser

426. J. Ratzinger, *Introducción al cristianismo* (Salamanca: Ediciones Sígueme, 2001), 95. En *El Dios de la fe y el Dios de los filósofos*, Ratzinger menciona que Varrón pone al descubierto la problemática del politeísmo, a saber, que a pesar de que tienen una pluralidad de dioses, reconocen y conocen la unidad del absoluto, pero no existe una representación de ese Absoluto, el cual es inapelable. *Cfr.* Ratzinger, *El Dios de la fe...*, 23-24.

427. *Cfr.* F. Copleston, *Historia de la filosofía. De la filosofía Kantiana al idealismo*, vol. 3 (España: Ariel, 2011), t. VII, 326-238; Copleston, *Historia de la filosofía. Del utilitarismo al existencialismo*, vol. 4, t. VIII, 25-98.

omnisciente, entre los demás atributos divinos. Es decir, para Feuerbach es totalmente válido decir que en el ser humano hay un deseo de ser como Dios, y por eso, en su conciencia e inteligencia crea los conceptos que lo trascienden completamente a sí mismo, los atributos divinos viven en el ser humano, existen en él, pero como se da cuenta de que es limitado, mortal, temporal, tiene que proyectar esos atributos, que no existen realmente a otro ser. Es en este sentido que Feuerbach no se considera ateo, es una persona totalmente religiosa, siendo éste uno de los errores del pensamiento humano.[428]

¿Qué quiero decir con las ideas de estos dos pensadores? Que en la antigüedad muchos dirigentes políticos se dejaban llevar por las pasiones, y por eso no podían alcanzar a conocer algunas realidades de la divinidad, por lo que otorgaban a ciertas realidades elementos de la divinidad; es verdad que el hombre tiene sed de eternidad, pero esta sed la trasladaba a los tres motores que lo mueven: el hambre, el eros y el poder. Ratzinger dice que "estas tres formas se equivocan porque absolutizan lo que no es absoluto y porque al mismo tiempo subyugan al hombre. Son errores que de algún modo dejan presentir el poder que sostiene el universo".[429] Estas tres formas también son *hybris* de la realidad natural del ser humano; corrompen al ser humano, pero, en muchas ocasiones, el poder puede someter a las otras dos formas de subyugar al hombre, con el hambre y con el sexo. Los antiguos absolutizaron estos tres elementos, y le dieron más fuerza al poder. Para constatar esto, veamos la reflexión que hace Ratzinger sobre tres culturas antiguas.[430]

428. *Cfr.* Copleston, *Historia de la filosofía. De la filosofía Kantiana al idealismo*, 222-231.
429. Ratzinger, *Introducción al cristianismo*, 95.
430. También se pueden observar estos comportamientos en los totalitarismos del siglo pasado. Ratzinger menciona que cuando era pequeño observaba cómo se buscaba desprestigiar y suplantar la fe cristiana por la fe y en la ideología del Führer. *Cfr.* Seewald, *Benedicto XVI. Últimas conversaciones con Peter Seewald.*

Teología política egipcia

En primer lugar, pensemos en el caso de los egipcios, ellos decían que los faraones o, mejor dicho, los faraones mismos decían que tenían una ascendencia divina, la cual explicaban mencionando que la divinidad había tocado a la madre del faraón, y que así fueron concebidos. Con esta argumentación trataban de respaldar "teológicamente el culto al soberano, de una teología política que quiere enaltecer al rey a la esfera de lo divino y legitimar de este modo su pretensión divina".[431] Esta justificación divina también la encontramos en los mitos de los griegos (piénsese en el nacimiento de Hércules, Perseo o Teseo) y en la concepción de los romanos.

Una última idea en relación con los faraones egipcios: recordemos la relación entre la cultura egipcia y la cultura hebrea, la relación específicamente entre el faraón Ramsés II y Moisés. Cuando Moisés conoce al Dios de Israel y le pide a Moisés que saque a su pueblo para adorarlo en el desierto, Moisés va con el faraón para pedirle permiso de sacar al pueblo hebreo de Egipto para adorar al Dios de los hebreos, ¿no deberíamos entender el endurecimiento del corazón del faraón como ciertos celos al Dios hebreo, pues a él también se le debería adorar, ya que él mismo se consideraba un dios?

Teología política romana

En segundo lugar, en el caso del Imperio romano, los Césares se consideraban también a sí mismos dioses y se les debía tributar adoración, la cual consistía en echar incienso al fuego que se encontraba enfrente del busto del dios-emperador. Es interesante analizar la situación del emperador Augusto, quien vivió y reinó en los momentos del nacimiento de Cristo. Sucedía en el Imperio romano, bajo el mando del empe-

431. J. Ratzinger, *La infancia de Jesús* (México: Planeta, 2012), 58.

rador Augusto, donde en todas las comunidades del imperio se ponían todos los bienes de los ciudadanos bajo la comunión social, es decir, al servicio de toda la comunidad, además de que eran demasiados los bienes que se compartían. Asimismo, existía una sola lengua en todo el imperio, una lengua universal que cualquiera podía entender; diferentes culturas podían ponerse en contacto y entenderse mutuamente (como es el caso de los judíos y romanos). Para los romanos ésta era "la plenitud de los tiempos", y esta "plenitud" la podemos conocer y entender desde el nacimiento del emperador, pues en una inscripción en Priene que data del año 9 a.C. dice:

> [que el mundo] se habría derrumbado si no hubiera surgido en el que ahora nace una felicidad común [...] La providencia que divinamente dispone nuestra vida ha colmado a este hombre [=el emperador Augusto], para la salvación de los hombres, de tales dotes, que nos lo envió como salvador (*sōter*), a nosotros y a las generaciones futuras [...] El día natalicio del dios fue para el mundo el principio de los "evangelios" que con él se relacionan. Con su nacimiento debe comenzar un nuevo cómputo del tiempo.[432]

El emperador Augusto, además de salvador y ser principio de los evangelios, ha traído la paz al mundo, y lo quiso proclamar al mundo con el Altar de la Paz.[433] En los restos de este Altar encontramos cómo él asegu-

432. A. Stöger, *Das Evangelium nach Lukas*, citado en Ratzinger, *La infancia de Jesús*, 66.

433. Mientras el emperador Augusto vivía en Tarraco por la conquista de las provincias de Hispania y Lusitania, llegaron varias embajadas, cabe resaltar la de la ciudad de Mitilene, en la isla de Lesbos; esta embajada estaba dirigida por Crinágoras y comunicó que la ciudad había consagrado un nuevo templo en favor de Augusto y le concedían "la dotación de un sacerdocio, celebración de juegos, festividad mensual en el día de su natalicio, sacrificio de vacas blancas e inserción de su nombre en juramentos". J. Ruiz de Arbullo, "El altar y el templo de Augusto en la *Colonia de Tarraco*. Estado de la cuestión", en *Fora Hispaniae. Paisaje urbano, arquitectura, programas decorativos y culto imperial*. Ed. por J.M. Noguera Celdrán, 164. En el año 25 regresa de las campañas en las provincias de Hispania y Lusitania, cerrando las puertas

raba que las personas sentían alivio y esperanza con esta paz. Él mismo se consideraba gobernante de todo el orbe, el cual se representaba con la esfera, él tenía conciencia de que su imperio era universal y que, en su imperio universal, existía la paz universal, pues él nació para la paz.

Los primeros cristianos resignifican y usan los conceptos de este emperador romano, que tiene elementos del cristianismo para dar un sentido nuevo, especialmente para decir que ese hombre no es Dios ni Hijo de Dios, y que no son títulos que le corresponden.

En esta inscripción en Priene se usa el término *evangelio*, que era la buena noticia —sin importar su contenido— que daba el emperador al pueblo romano "lo que procede del emperador es mensaje salvador, no simplemente una noticia, sino transformación del mundo hacia el bien",[434] que se usa la palabra salvador, quien los iba a sacar de la miseria y de la pobreza, que es el que trae la paz al mundo entero. También se le asignaba el título de *kyrios*, señor. Asimismo, a la visita que realizaba el emperador a las comunidades del imperio se le llamaba *parusía*, era la venida del salvador, llegaba la salvación a aquel pueblo.

La justificación de que los gobernantes eran dioses y que, por lo tanto, se les debía adoración, era algo tan común en el pensamiento anti-

de Jano, simbolizando el fin de las guerras, pero se levantaron de nuevo los salasos, cántabros y astures, lo cual motivó otra campaña militar para pacificar esas provincias. Terminando estas campañas militares, el emperador Augusto impuso un periodo de paz sobre todos los territorios conquistados (no existía la paz en las provincias no pacificadas de Hispania, Galia, las tierras del alto y bajo Rhin, Siria, Fenicia, Cilicia, Chipre, Egipto, entre otros en el año 44 a.C.). Por esta razón, el senado mandó construir el altar en el año 13 a.C. para celebrar este periodo de paz al regreso de Augusto de Hispania y Galia; en este altar, se ofrecía anualmente un sacrificio para honrar al Pontífice Máximo. *Cfr.* E. Pérez, "Patrimonio desmontable. El caso del Ara Pacis y la reconstrucción de la memoria", ARQ (Santiago) 90 (2015), y Ruiz de Arbullo, "El altar y el templo de Augusto...", 151-186.

434. Ratzinger, *Jesús de Nazaret...*, 74.

guo que no se dudaba de que así fuera, ya que los gobernantes daban lo necesario a sus súbditos, como es el caso de muchos emperadores romanos: pan y circo. Ésta es la única realidad, se nos presenta como una realidad moral, es lo urgente en nuestra vida para mejorar el mundo, pasa como "el verdadero realismo. Lo real es lo que se constate: poder y pan".[435] Y eran considerados dioses, porque en algunos casos han podido salvar al pueblo, han podido darle lo que necesitaban. Los emperadores son los salvadores porque erradican del reino la hambruna y la pobreza, por lo que deberían alcanzar un nivel cultural que llegara a todas las personas del reino y, además, darle lo necesario para poder estar en contacto con lo trascendente. Los emperadores "salvaban materialmente y espiritualmente", garantizaban el bienestar y el bienvivir. ¿A qué ciudadano no le gustaría vivir bien y con una economía saludable, y que pueda acceder y participar en eventos públicos, como era el circo romano? Asimismo, aseguraban la paz en el reino, ¿a qué persona no le gustaría que se acabara el flagelo de la guerra, que siempre trae consigo la hambruna? Y la paz es instaurada con la justicia.

Aquí radican varios problemas de interpretación sobre la política del imperio ¿qué es realmente la justicia?, ¿la paz es verdaderamente la ausencia de la guerra?, es más, ¿la paz puede conseguir acabar con la hambruna? El emperador es el verdadero intérprete para cada una de estas preguntas, pero ¿siempre tiene razón? Para muchos en la antigüedad podría responderse con un sí, porque es la divinidad, pero para el senado o los patricios no parecía la realidad tal cual, no parecía evidente esta respuesta.

Teología política hebrea

El último análisis de una cultura antigua, que será importante para las siguientes reflexiones, es el pueblo hebreo, al cual nos hemos referido haciendo alusión al endurecimiento del corazón del faraón. Este

435. *Ibid.*, 53.

pueblo ha sido peregrino por muchos siglos, con Abraham, Isaac, Jacob, Moisés. Nunca han tenido una estabilidad geopolítica duradera. En el éxodo, Moisés saca de Egipto al pueblo de Dios hacia una tierra prometida. Los hebreos de ese tiempo sabían que el faraón no podía ser Dios,

> La expresión "Hijo de Dios" se deriva de la teología política del antiguo Oriente. Tanto en Egipto como en Babilonia, el rey recibía el título de "hijo de Dios"; el ritual de entronización era considerado como «ser engendrado» como hijo de Dios, que en Egipto se entendía tal vez en sentido real, como un origen divino misterioso, mientras que en Babilonia, de un modo más modesto, parece ser, como una especie de acto jurídico, una adopción divina.[436]

Los hebreos sabían que el faraón no es Dios, porque ellos adoraban al verdadero Dios, el Dios de sus padres Abraham, Isaac y Jacob. Cuando Dios interpela a Moisés y le pide sacar a su pueblo de Egipto, Moisés le pide su nombre, y Dios le da un nombre enigmático (Yo soy el que soy), y añade después que Él es "el Dios de Abraham, Isaac y Jacob". Abraham, Isaac y Jacob eran personas totalmente conocidas para los hebreos, personas que fueron sus antepasados, sus ancestros, personas reales y concretas; además, con el nombre que Dios le revela a Moisés, sucede algo novedoso: el ser humano ya no tiene que darle un nombre a Dios, Dios da su nombre para que el hombre pueda entrar en contacto con Dios, para que pueda establecer una relación interpersonal, algo que no sucedía con los dioses del paganismo.

Los hebreos también sabían que este Dios es el Gobernante del universo, pues Él lo había creado todo, es el *El-Shaddai* (omnipotente; pantocrátor, en griego, el gobernante de todo) y, además, les da las legislaciones adecuadas para poder estar en su presencia: a Moisés le dio las Tablas de la Ley, y Moisés les da a los hebreos 613 leyes para poder gobernar a las doce tribus de Israel.

436. *Ibid.*, 389.

> Estos conceptos [hijo de Dios] se adoptaron en Israel en un doble sentido, al mismo tiempo que fueron transformados por la fe de Israel. Dios mismo encarga a Moisés decirle al faraón: "Así dice el Señor: Israel es mi primogénito, y te ordeno que dejes salir a mi hijo, y yo te ordeno que dejes salir a mi hijo para que me sirva»" Los pueblos son la gran familia de Dios, Israel es el "hijo primogénito" y, como tal, pertenece de modo especial a Dios con todo lo que la "primogenitura" significaba en el antiguo Oriente.[437]

Pero en algún momento, al pueblo judío le empezó a molestar el gobierno de Dios y se reveló contra Él, así es que le exigieron a Dios un rey humano que los pudiera gobernar,[438] y Dios les concedió que los gobernaran los reyes judíos, empezando por Saúl, luego David, Salomón, entre otros. Pero algunos reyes judíos empezaron a cometer idolatría, prostituían su fe y su existencia con los dioses de los pueblos circunvecinos, algunos hasta llegaban a practicar la nigromancia (cosa prohibida en las Tablas de la Ley). Así, el pueblo judío fue oprimido por los demás reinos por muchos siglos.

> Aquí hay tres cosas claras. El privilegio de Israel de ser el primogénito de Dios se concreta en el rey; él personifica la dignidad de Israel. Esto significa, en segundo lugar, que la antigua ideología monárquica, el engendramiento mítico por obra de Dios, se deja de lado y se sustituye por la teología de la elección. El "ser engendrado" consiste en la elección; en el hoy del acto de entronización toma cuerpo la acción electiva de Dios, que convierte a Israel y al rey que lo representa en su "hijo". En tercer lugar, también se ve claramente que la promesa del dominio sobre los pueblos —tomada de los grandes reyes de Oriente— resulta muy desproporcionada comparada con la concreta realidad del rey del monte Sión. Éste es sólo un pequeño soberano con un poder frágil, que al final termina en el exilio y cuyo reino sólo se pudo restaurar por un breve periodo de tiempo y siempre en dependencia de las grandes potencias. Así, el oráculo sobre el rey de Sión fue desde el principio una palabra de esperanza en el rey que habría de venir, una expresión que apunta más allá del instante presente, del "hoy" del entronizado.[439]

437. *Ibid.*, 389.
438. 1 Sam 8, 4-22.
439. Ratzinger, *Jesús de Nazaret...*, 390.

Algunos judíos veían las invasiones y opresiones de reyes a la tierra prometida como castigo de Dios al pueblo hebreo, por haberse entregado al pecado, haber dejado de recordar el nombre de Dios, entregarse a los cultos idolátricos. Algunos tratan de recuperar la soberanía de Dios y restablecer la soberanía de Israel. Grupos judíos observantes de la Ley, como es el caso de los Macabeos, decidieron irse a las montañas para defender a Israel, mientras que otros judíos se entregaban a la transgresión de la Ley. Del grupo de los Macabeos surge una nueva idea, aquel nuevo Moisés que Dios les había prometido a los hebreos debía liberar de nuevo al pueblo judío de todas las opresiones de todos los pueblos, debía ser un excelente jefe militar, político, económico; debía ser ese rey prometido por Dios como su Hijo. De esta forma, se empieza a desarrollar la idea del grupo llamado los *Zelotes*, el cual toma este nombre por uno de los versos de los salmos que dice "el celo de tu casa me devora".[440] Este movimiento empieza a tener más adeptos cuando el Imperio romano invade Jerusalén, y uno de los líderes zelotes más importantes de esos tiempos era un hombre llamado Barrabás, quien tiene gran preponderancia para cumplir esta promesa que estaban esperando, pues el significado de su nombre es hijo del Padre (*Bar*-hijo, *Abba*-padre).

En estas culturas antiguas observamos una *hybris* en la política, se absolutizó el poder político y en su soberbia se autoproclamaban dios todos aquellos que ostentaban la autoridad. Aunque no es la misma situación con los judíos, sí hay un ensoberbecimiento al exigirle a Dios un rey y creer que la salvación de Dios sería una salvación política-económica-militar, una salvación meramente humana. Vendrán siglos en que se purificará esta *hybris* con el cristianismo, del que Ratzinger da algunos argumentos sobre la purificación de la política, pero es importante mencionar que hubo un momento en la historia en el que la política se desembarazó de esta idea con la introducción del cristianismo en el mundo; aunque, de alguna manera, también se llegaron a dar ciertas *hy-*

440. Sal 69, 9.

bris en los reinos cristianos, es decir, la cristiandad tampoco se encuentra exenta de esta corrupción. La situación es que después de algunos siglos de cierta estabilidad en la política, por el esfuerzo de teólogos y filósofos, por parte de la Iglesia y del Estado, llegó un momento en el que otra vez la política volvió a ensoberbecerse y aspirar a cosas que no se encuentran en la naturaleza de la política.

EL DESPRECIO DE LA METAFÍSICA Y SUS CONSECUENCIAS CON LA VERDAD

Recordemos que hemos partido de una idea del positivismo de Augusto Comte. De manera sintética de la historia de la filosofía y con posibilidad de caer en un reduccionismo interteórico, podemos encontrar los estadios propuestos por Comte de la siguiente manera: el primer estadio, el religioso-mítico, lo hemos expuesto con las culturas antiguas; el segundo estadio es el metafísico-filosófico, que empieza a desarrollarse con Platón y Aristóteles, alcanza su cumbre con la escolástica de santo Tomás de Aquino y san Buenaventura, entre otros, empieza su decadencia con la baja escolástica y, así, empezamos a entrar en el tercer estadio, que es el positivista o científico, en el cual nos vamos limpiando de los rastros metafísicos que no sirven para explicar la realidad, porque están totalmente alejados de nosotros y no se encuentran en el aquí y ahora.

Ratzinger menciona que el inicio de este proceso es con René Descartes, pero hay un personaje intermedio entre Descartes y Kant, Giambattista Vico.[441] Vico cambiará toda la realidad con su historicismo, con la definición de lo que es la verdad. Para los medievales, el ser y la verdad son convertibles (*ens et verum convertuntur*), pero ahora, para Vico, la verdad es lo que está hecho (*verum quia factum*), pero específicamente lo que nosotros hemos hecho.[442] Esto también tiene una implicación

441. *Cfr.* Ratzinger, *Introducción al cristianismo*, 55.
442. *Idem.*

para la política, pues ésta debe estar regulada en un marco legal. Ahora las leyes no las podemos alcanzar a comprender a través de la reflexión metafísica, o lo que bien podríamos llamar la ley natural; lo que realmente interesa es el marco normativo que hemos hecho, lo que llamamos ley positiva: el derecho ha dejado de basarse en la naturaleza del ser humano y ahora se basará en lo que los legisladores crean conveniente a través del voto de la mayoría. Esta ley es verdadera porque nosotros la hemos hecho.

La fórmula de Vico es el paso decisivo entre la edad media y la edad moderna, pues para los medievales la verdad es el mismo ser, además de que podemos conocer las cosas porque el mismo Dios las ha creado, las ha pensado y las ha creado, pues para Dios pensar y crear es el mismo acto. El pensar divino es el verdadero pensamiento, mientras que el pensar humano es un pospensar. ¿Cómo es que la humanidad se ha visto inmersa en esta complejidad? Se debe a que Descartes "creyó que la única verdadera certeza era la formal, la de la razón, purificada de las inseguridades de lo positivo".[443] Esto quiere decir que la certeza metafísica debe ser transformada o, mejor dicho, cambiada por la certeza matemática, pues en realidad no tenemos certezas de lo metafísico, sino de lo matemático a través de lo formal, lo lógico.

Vico contradice lo que Descartes ha afirmado y vuelve a tomar a Aristóteles para justificar su postura: que para conocer muy bien los efectos, debemos conocer sus causas, lo que lo ha fundado. Lo único que verdaderamente conoceremos es lo que nosotros hemos efectuado, lo que nosotros mismos hemos hecho, debido a que conocemos sus causas que somos nosotros mismos. Ahora, lo que realmente importa al conocimiento del hombre no es el conocimiento del ser, sino el conocimiento de lo que nosotros hemos hecho, de lo que nosotros hemos realizado. Admirar, contemplar y teorizar sobre el ser es algo absurdo y obsoleto y, además, no podemos y no somos capaces de alcanzar esa

443. *Ibid.*, 57.

verdad porque nosotros no la hemos hecho. Así, resulta, por ejemplo, que el ser humano no puede comprender el cosmos, el universo, porque nosotros tampoco lo hemos realizado, no podemos adentrarnos en su intimidad, en su profundidad, porque no nos podemos echar la responsabilidad de su creación.

Ya que la metafísica es una cosa de antaño, una antigüedad, un edificio antiguo, el hombre ha redescubierto su finalidad: se debía derrumbar el antiguo edificio metafísico para poder construir uno nuevo con nuestras propias manos, porque así sabemos quién lo hizo —su causa— y lo que nosotros hemos hecho, para eliminar la duda que albergaba el hombre. Así "el conocer pleno y demostrable sólo está a su alcance en las ficciones matemáticas y en lo concerniente a la historia, que es el ámbito de la actividad humana, y por lo tanto, de lo comprensible".[444]

Con base en estos presupuestos filosóficos, el hombre se daba a sí mismo por supuesto, es decir, ¿verdaderamente el hombre puede hacerse a sí mismo?, ¿no necesita del fundamento del ser para poder explicar su propia existencia?, si no lo necesita, ¿de qué forma puede explicarse a sí mismo? Dentro del desarrollo filosófico, o retomando la idea de Comte, en el inicio del tercer estadio, el ser humano deja de entenderse a sí mismo y tratará de dar explicaciones de qué es el hombre, pero someterá al hombre al yugo de los mismos procesos humanos: los medievales entendían el universo en el ser como centro de todo, en la modernidad pusieron el centro de todo el cosmos en el hombre. Este cambio es importante, pues hemos mencionado que existía una falsa concepción de que la política es Dios. Con los medievales Dios es Dios, pero con la modernidad —especialmente la Ilustración— el ser humano o la razón toma el papel Dios; es decir, toda la problemática y corrupción (*hybris*) de la política actual se debe a una crisis-corrupción (*hybris*) en el hombre.

Kant será el que justifica y el que configura esta nueva forma de vida espiritual, la noción de la metafísica en Kant será demolida por comple-

444. *Idem.*

to. En efecto, en su libro *Crítica de la razón pura*, Kant justifica los nuevos avances científicos de Isaac Newton: podemos empezar a conocer el universo gracias a la ley de la gravitación universal, lo que conocemos como las leyes de Newton, y el cálculo de fluxiones. En este libro, Kant se propone saber qué es la ciencia y cuáles son las ciencias: quiere saber si la física, la matemática y la metafísica son ciencias. Para las dos primeras, dice que sí son ciencias, pues lo que las justifica son las *formas puras a priori*, que son el espacio y el tiempo, respectivamente; mientras que la metafísica no es una ciencia, ya que se basa en ideas trascendentales —Dios, hombre y mundo. De esta forma, Kant priva al ser humano del conocimiento de Dios, del hombre y del mundo porque son especulaciones metafísicas, son ensueños metafísicos, y no podemos conocerlos por medio de la razón pura, sino por la razón práctica. Con este pensamiento se dice que, gracias a Kant, hemos alcanzado "la mayoría de edad", ahora podemos pensar por nosotros mismos, no necesitamos de la tutela de otros (heteronomía). Kant clausuró el acceso de la razón metafísica al Dios bíblico;[445] no es posible el progreso si seguimos escuchando a otros que no debemos razonar, sino obedecer. El hombre debe ilustrarse, debe dejar estas ideas y debe obedecer a su razón, debe atreverse a pensar y así surgirá el progreso.

Esto cobra mayor relevancia para el desarrollo de nuestra tesis, porque con Kant el tema del *ser* debe desaparecer, pues ya ha mencionado que la metafísica no es una ciencia. Aun así, Kant tratará de rescatar la idea de Dios a través de *Crítica de la razón práctica*. El primer elemento a analizar es que en realidad las diferentes éticas han errado y no han podido ser universales porque buscan el bien y/o la felicidad, y en cada sistema es diferente la consecución de ésta, pues hay diferentes medios y diferentes bienes que hacen felices a los hombres, y estos sistemas fallan porque su ley es heterónoma. Lo que hará que la moralidad de la persona sea válida y universal, es tener una buena voluntad. Kant entiende la

445. Sada, *La lección inaugural de Bonn y la comprensión de la filosofía*, 144.

buena voluntad como hacer la cosa por deber y no persiguiendo una intención, por interés, como es el caso de conseguir o alcanzar el bien y/o la felicidad. Ésta es una forma de reverenciar la ley moral, la cual es dada por la voluntad misma, es decir, autónoma. El deber es la *forma pura a priori* de la razón práctica: *bonum quia factum*; y así el ser se contrapone al deber ser. Este elemento es decisivo para toda la filosofía posterior, es el resabio que nos ha quedado de él en el mundo actual y en la ética contemporánea. Kant eliminó el elemento metafísico de la razón pura (razón especulativa) y trató de salvarlo desde la razón práctica y, con ella, nos dice que es posible alcanzar el Reino de Dios. Éste, en realidad, no es algo trascendente, sino que debemos hacerlo realidad aquí y ahora, al dar paso de una fe eclesiástica a una fe racional; dando este paso, el Reino de Dios es una nueva espera inmediata, pues la fe racional supera y reemplaza la fe eclesiástica.[446]

La frase de Kant *sapere aude!* es la justificación de la Ilustración, el Estado libre permite pensar a todos sus ciudadanos y les dice "*¡razonad todo lo que queráis y sobre lo que queráis pero obedeced!*"[447] El concepto religioso "Reino de Dios" vuelve a ser tomado para fines políticos; es hibridizado, pues ese Dios lejano no lo podemos alcanzar, además es una idea del ensueño metafísico y, por lo tanto, sucede lo mismo con el Reino de Dios. De esta forma, el hombre sufre una *hybris*, se ensoberbece y, piensa que, "razonando lo que quiera, pero obedeciendo a la ley autónoma, puedo hacer cercano el Reino de los Cielos a través del progreso". El objetivo del Estado será traer ese Reino de los Cielos a la tierra a través de una pseudo libertad y con las deficiencias de la razón humana, el hombre es autosuficiente y ha alcanzado la mayoría de edad por pensar por sí mismo.

446. *Cfr.* Benedicto XVI, *Spe salvi* (Ciudad del Vaticano: Librería Editrice Vaticana, 2007), n. 19.

447. I. Kant, *Qué es la Ilustración*. Trad. de Eugenio Imaz (México: Fondo de Cultura Económica, 1994), 5.

El último elemento para comprender la *hybris de la política actual* es con Karl Marx. Él será la base de la *moral política*. Hemos mencionado que para los medievales la verdad y el ser son convertibles, con Vico que la verdad es lo que el ser humano ha hecho, pero Karl Marx volverá a cambiar esta frase con una expresión que se hizo clásica en sus tesis contra Feuerbach, esta es: "Hasta ahora los filósofos se han limitado a interpretar diversamente el mundo, pero de lo que se trata es de transformarlo".[448] En la historia del pensamiento filosófico vemos que la verdad es cognoscible de ella porque las cosas son verdaderas porque tienen el acto de ser; después la verdad es cognoscible y el hombre es portador de ella porque el hombre ha hecho las cosas. Con Marx, la frase filosófica será *verum quia faciendum*,[449] la verdad es verdad en cuanto que el hombre lo está haciendo, en cuanto se encuentra en el ámbito de lo factible, de lo realizable, de lo transformable; la primacía de la historia ha quedado relegada al segundo plano, y lo que prima es la técnica, o bien, la tecnología: podemos afirmar que la verdad con la que el hombre tiene que ver no es ni la verdad del ser ni, a fin de cuentas, la verdad de sus acciones, sino la verdad de la transformación y configuración del mundo; una verdad, pues, que remite al futuro y a la acción.[450]

El mundo natural no es la verdad, el mundo que el hombre realizará ese sí que es verdadero. Lo más importante no es lo que el hombre hizo, sino lo que el hombre puede repetir. La pretensión del *verum quia factum* sufre muchas ambigüedades, pues cada uno puede interpretar de forma diferente lo que el hombre mismo ha hecho; lo que no tiene múltiples interpretaciones es lo que se puede verificar a través de la experimentación. Con esta interpretación marxista del mundo y de la verdad, podríamos decir que estamos llegando al cenit de lo que Comte

448. Ratzinger, *Introducción al cristianismo*, 59. *Cfr.* K. Marx, *Tesis sobre Feuerbach*, acceso el 27 de junio de 2021, https://www.marxists.org/espanol/m-e/1840s/45-feuer.htm

449. *Cfr.* Ratzinger, *Introducción al cristianismo*, 59.

450. *Ibid.*, p. 59.

quería: el estado positivista, que ha comenzado con Descartes, pues "lo único que da verdadera seguridad es el método científico nacido, a guisa de experimento repetible, de la unión de las matemáticas y del interés por la factibilidad"[451]

Mientras los teólogos medievales tenían puestas sus esperanzas y su existencia en lo eterno, los pensadores renacentistas trataban de retomar lo mejor de la época antigua; ahora se tiene puesta la esperanza y la existencia en el futuro. Marx tomará como base lo que Kant ha dicho sobre el Reino de Dios, pero no desde lo *hecho*, sino que ahora lo encauzará desde lo *transformable*: La historia de la salvación de la humanidad será hacer y repetir la verdad no de las cosas eternas, porque éstas son metafísicas, inmateriales, sino que deberá ser desde lo histórico-material. De esta manera se desaparece la verdad del más allá y se establece la verdad del más acá "la crítica del cielo se transforma en la crítica de la tierra, la crítica de la teología en la crítica de la política".[452] La novedad marxista no será la introducción de la ciencia al mundo de la técnica, eso ya lo había previsto y empezado a realizar Descartes, lo verdaderamente decisivo con Marx será que el "progreso hacia lo mejor, hacia el mundo definitivamente bueno, ya no viene simplemente de la ciencia, sino de la política; de una política pensada científicamente, que sabe reconocer la estructura de la historia y de la sociedad, y así indica el camino hacia la revolución, hacia el cambio de todas las cosas".[453]

El mundo no es un espacio de convivencia entre los seres humanos, sino que es una cosa a transformar, y así se encuentra también la política en este ámbito, no es algo dado en la naturaleza humana —no es un animal político—, y mucho menos en la cuestión histórica o legal, sino que la vamos transformando según el progreso que vamos teniendo en el mundo: *bonum quia faciendum*, ésta es la verdadera revolución mar-

451. *Ibid.*, p. 60.
452. Benedicto XVI, *Spe salvi*, n. 20.
453. Benedicto XVI, *Spe salvi*, n. 20.

xista. Ahora todo lo que transforme el ser humano es tanto verdadero como bueno: ¿acaso en el siglo pasado no era bueno el avance tecnológico con el desarrollo de la bomba atómica?, ¿acaso no podemos saber verdaderamente, con mayor precisión, qué es el ser humano si nosotros mismos lo hacemos desde la probeta?, y ¿acaso no es sumamente bueno acabar con las enfermedades genéticas que tenga el ser humano o que pueda tener si lo transformamos desde la probeta? Ahora la política no debe legislar los avances tecnológicos, es la misma tecnología la que regula la política, pues mientras más avances tecnológicos, más progreso tendremos. Así transformando el mundo, transformamos la política: la tecnología legisla la política para que ésta sea progresista. Este es uno de los fundamentos que actualmente estamos viviendo y de lo que se vivió en el siglo pasado.[454]

CONSECUENCIAS DEL RECHAZO A LA VERDAD EN LA DEMOCRACIA

Ahora bien, lo que vivimos en la actualidad ha superado en mucho a los filósofos que hemos mencionado, pues los procesos históricos que vivimos ocurren cada vez más deprisa y, además, en un contexto de orden mundial y globalizado, y sucede que "los distintos poderes políticos, económicos y culturales son cada vez más interdependientes y se tocan y se compenetran en sus diversos ámbitos".[455] La implicación de esta afirmación es el encuentro de las diferentes culturas, pues hasta este mo-

454. *Cfr.* Ratzinger, J. *Instrucción Libertatis conscientia. Sobre libertad cristiana y liberación* (1986); J. J. Sanguineti, "El triunfo de la nueva ciencia", en *Ciencia y sociedad*, 1-29 (Buenos Aires: Universidad Austral, 2021); Sanguineti, "La crítica humanista de la ciencia y la tecnología moderna", *Ciencia y sociedad*, 1-30 (Buenos Aires: Universidad Austral, 2021); M. Heidegger, "La pregunta por la técnica", *Conferencias y artículos* (Barcelona: Ediciones del Serbal, 1994), 9-37.

455. J. Habermas y J. Ratzinger, *Entre razón y religión. Dialéctica de la secularización* (México: Fondo de Cultura Económica, 2008), 35-36.

mento hemos estudiado el desarrollo de la cultura occidental, y hemos dejado de lado la cultura árabe o islámica, el hinduismo, la gran cultura china, entre otros. Al vivir en esta época, empezamos a sentir algunos acercamientos con estas culturas y se ha ido desarrollando la cultura de lo políticamente correcto —por parte de la cultura occidental— para no lastimar susceptibilidades de estas culturas no occidentales; pero al vivir cada vez más interconectados y el fluir de la información de forma más expedita, también estas culturas se han ido occidentalizando, ante lo cual se ha buscado encontrar puntos de encuentro para tratar temas legales y éticos. La cuestión de máxima urgencia es "cómo las culturas, al encontrarse, pueden hallar bases éticas capaces de fundar adecuadamente la convivencia entre ellas y construir una estructura jurídica común responsable del control y del ordenamiento del poder".[456] Esto ha llevado a un replanteamiento de la ética para poder hacer una ética global, pero se ha perdido el sentido y se ha concedido dejar de lado algunas convicciones éticas que conocemos. También, gracias a los argumentos de Marx, que aquí hemos desarrollado, se ha tratado de hacer una ética desde la ciencia experimental y la tecnología, pero como el objeto de éstos no pueden tratar temas metacientíficos, no se pueden sacar conclusiones de tipo ético dentro de estos mismos.

Desde el encuentro de las diferentes culturas a través de la globalización nos hemos vuelto a plantear la pregunta fundamental respecto de dónde surge la fuerza del derecho, cuál es su criterio para establecer justicia, que el derecho mismo sea un vehículo de la justicia para todos los seres humanos y no esté sólo al servicio de los que tienen el poder. Gracias a la Ilustración, a la independencia de las Trece Colonias y a la Revolución francesa nos parece obvio que la fuerza de donde surge el derecho y su criterio es la voluntad del pueblo a través del proceso democrático, hemos pasado de la autoridad y poder del monarca a la autoridad y poder del representante del pueblo, a quien se le participa y

456. *Ibid.*, 36.

delega de la autoridad y poder del pueblo. También, gracias a la caída de los sistemas totalitarios, creemos que la democracia es el sistema de gobierno adecuado, pues "la democracia posibilita la división y el control del poder, y ofrece por ello la mejor defensa contra la arbitrariedad y la opresión, al tiempo que garantiza la libertad del individuo y el respeto a los derechos del hombre".[457] Lo que busca la democracia después de los regímenes totalitarios es garantizar a través de la legislación y de las instituciones la libertad de la persona y defender y salvaguardar los derechos de los seres humanos.

Actualmente, pensamos que esto se puede obtener a través del proceso democrático, pues en él nace el derecho, todo el pueblo participa en este alumbramiento de los derechos, y por esta razón, el derecho puede ser observado y obligado: "la garantía de la participación en la formación del derecho y en la justa administración del poder es la razón esencial a favor de la democracia como la más adecuada de las formas de ordenamiento político".[458] Es bueno el proceso de involucramiento político de todas las personas en el desarrollo de su nación. Los problemas con la democracia son tres: 1) poner en consenso a todas las voluntades hacia un fin; 2) que los instrumentos de la democracia sólo hacen la delegación del poder y no más allá de esto, y 3) la decisión de la mayoría. Esta última cuestión es de suma importancia, porque en muchas ocasiones la mayoría puede estar ciega, puede no tener la razón, y como prueba de ello está la historia. Entonces "¿se puede seguir hablando de justicia y de derecho cuando, por ejemplo, una mayoría, incluso si es grande, aplasta con leyes opresivas a una minoría religiosa o racial?"[459] El juego de mayorías y minorías, sean de cualquier régimen, pueden determinar algo justo como injusto y viceversa.

457. J. Ratzinger, *Communio. Un programa teológico y eclesial* (Madrid: Ediciones Encuentro, 2013), 140.

458. Habermas y Ratzinger, *Entre razón y religión*, 39.

459. *Idem.*

Como se ha mencionado, este tercer elemento es una causa que pone en peligro la vida democrática, o cualquier otro régimen, y que crece progresivamente en la colectividad: las mayorías y minorías. Para Ratzinger este principio de mayorías y minorías puede hacer que la democracia sea el baluarte del relativismo, el cual se llega a institucionalizar gracias al Estado, y las mayorías pueden determinar qué es la verdad y qué es bueno para la sociedad en ese momento. ¿Qué se quiere decir con esto? Los bienes que se buscan con la participación democrática son la libertad y la igualdad de todos los ciudadanos. La idea de libertad está muy relacionada con el derecho y el bien, éstos son el contenido de la libertad, también son contenido de discusiones en el ámbito democrático a través de los parlamentos. El derecho y el bien nos llevan a la forma correcta de la democracia y de la política.[460] La idea de que todos somos libres parece ser que es el mejor bien del que podemos disfrutar. Con este bien nos empezamos a cuestionar y a exigir que el Estado no nos imponga cierta idea de bien, que no absolutice lo que los gobernantes entienden en ese momento por bien, pues cada uno decide qué es bueno.

Para poder comprender y determinar qué es el bien, resulta necesario vincularlo con aquello que es verdadero; pero, cuando se intenta clarificar el concepto de bien con el concepto de verdad escandaliza sobremanera a muchos individuos. Por otro lado, cuando el Estado trata de imponer "a todos lo que una parte de los ciudadanos considera como verdad, aparece por tanto como una violación de la conciencia: el concepto verdad ha quedado confinado en el ámbito de la intolerancia y de lo antidemocrático".[461] Cuando el Estado o, mejor dicho, el gobernante se arroga las condiciones divinas para determinar qué es lo verdadero y qué es el bien, estamos llegando a la dictadura del relativismo por medio de su unión indisoluble de la democracia. No se puede pronunciar lo que realmente es la verdad, porque eso se considera una imposición

460. *Cfr.* Ratzinger, *Communio*, 142.
461. *Idem.*

y un elemento antidemocrático. La verdad es vista como un atentado hacia el bien, que es nuestra libertad de expresión, de pensar, de conciencia y religiosa; por tanto, la verdad no se considera como el garante de la democracia. Lo que sí es su garante es el relativismo con toda su fuerza, determinación y expresión.

La dictadura del relativismo —aunque políticamente nace de la democracia— no es democrática; goza de una especie de *fuerzas armadas* adoctrinadas y ejercitadas en las universidades, que tienen el poder de *facto* y de *iure*; también goza de un cuerpo institucional a través de los comicios electorales. Al tratar de explicar qué es la dictadura del relativismo, Ratzinger menciona los diferentes vientos de doctrina, las corrientes ideológicas y las modas del pensamiento[462] que hemos conocido durante los últimos decenios. "La pequeña barca del pensamiento de muchos cristianos ha sido zarandeada a menudo por estas olas, llevada de un extremo al otro: del marxismo al liberalismo, hasta el libertinaje; del colectivismo al individualismo radical; del ateísmo a un vago misticismo religioso; del agnosticismo al sincretismo, etcétera."[463]

Todos aquellos que tienen una posición y viven conforme a la verdad y al bien, aquellos ciudadanos que se proclaman cristianos y que tienen una fe clara, se les denomina fundamentalistas. Por su parte, las fuerzas armadas de esta dictadura actúan como espías profesionales, para que cuando uno de estos fundamentalistas alce la voz de la verdad, sea callado de forma inmediata con la represión institucional. Son tan astutos para poder llevar al error a muchas personas, abanderando y protegiéndose en sus instituciones, que han creado democráticamente, con base en los derechos humanos, y de este modo neutralizan la fuerza y la supuesta coacción fundamentalista. El relativismo político se deja zarandear, se deja arrastrar y ser llevado a la deriva por cualquier doctrina. Ésta es la única forma válida de vida, es la actitud necesaria para estos tiempos y para el

462. *Cfr.* J. Ratzinger, *Homilía de la Misa "Pro eligendo Pontifice"* (2005).
463. *Ibid.*

progreso democrático: "Se va constituyendo una dictadura del relativismo que no reconoce nada como definitivo y que deja como última medida sólo el propio yo y sus antojos".[464] Y, ¿acaso no hemos dicho que la *hybris* es el predominio del placer de forma atolondrada, desmesurada y desordenada, que ofusca a la razón? La *hybris* política que vivimos actualmente es el predominio del placer, una dictadura de los antojos atolondrados, desmesurados, desordenados; la dictadura del placer que tiene incidencia en las leyes, instituciones, derechos, libertad. Hemos renunciado a usar los términos de verdad, bien y, sobre todo, el término de la virtud reemplazándola por el de valor, para no entrar en conflicto con la idea de "tolerancia y relativismo democrático".[465]

Estos argumentos han servido para cuestionar el desarrollo de las relaciones entre poder y derecho que han sucedido en el transcurso de su vida; un ejemplo de ello es lo ocurrido a partir de 1939 con el inicio del nazismo y todo lo que ha sucedido después. La *hybris* que se implantó por esos tiempos fue pensar que el gobernante podía manipular o estar por encima del derecho por tener éxito social, político y económico: "el éxito puede ser también una seducción y, de esta forma, abre la puerta a la desvirtuación del derecho, a la destrucción de la justicia".[466]

Después de la Segunda Guerra Mundial empezó la Guerra Fría, una carrera armamentista en la cual cada una de las potencias mundiales presumía los desarrollos tecnológicos que tenían para su uso en el armamento militar, quién tenía las armas más poderosas del mundo. De hecho, lo que nos ayudó a que no se desatara otra guerra en la que se usaran armas nucleares y, como consecuencia, el fin de la vida en la tierra, fue su propia rivalidad, fue el miedo que existía entre los dos blo-

464. *Ibid.*
465. Ratzinger, *Communio*, 142.
466. Benedicto XVI, *La caridad política* (Ciudad del Vaticano: Librería Editrice Vaticana, 2012), 25; Benedicto XVI, *Visita al parlamento federal. Discurso del Santo Padre Benedicto XVI.*

ques para ver quién acababa con quién: "la limitación recíproca de los poderes y el miedo a sucumbir resultaron ser fuerzas de salvación".[467]

Con esto, Ratzinger quiere decirle al mundo que los alemanes saben de lo que están hablando, pues ellos vivieron un proceso democrático en el cual eligieron a Hitler. Ratzinger reflexiona en una frase de san Agustín, en la cual explica cómo diferenciar entre el Estado y una banda de criminales si se elimina el derecho: "Hemos experimentado cómo el poder se separó del derecho, de manera que el Estado se convirtió en el instrumento para la destrucción del derecho; se transformó en una cuadrilla de bandidos muy bien organizada, que podía amenazar el mundo entero y llevarlo hasta el borde del abismo".[468]

Con el nazismo, el mundo sintió el poder inminente de la tecnología que podía acabar con todo rastro de vida, pero no sólo eso, la humanidad entera también sintió terror al saber las cosas que se les hacía a los presos en los campos de concentración, todos los experimentos que hacían con ellos, violando su dignidad y sus derechos. Todo esto sucedió porque se justificaban las acciones en el voto de la mayoría democrática alemana, a pesar de que muchos de los votantes no tenían conocimiento de lo que realmente sucedía, pues se les mentía a través de discursos, panfletos, propaganda, documentales en cine, entre otras cosas.[469] Hemos llegado al momento del nacimiento en el cual el ser humano se cree Dios, se ha arrogado las cosas que le corresponden a Dios —como es el caso de decidir quién y cuándo nace, quién y cuándo debe morir—: "El hombre tiene la capacidad de destruir el mundo. Se puede manipular a sí mismo. Puede,

467. Habermas y Ratzinger, *Entre razón y religión,* 41.
468. Benedicto XVI. *La caridad política,* 25; Benedicto XVI, *Visita al parlamento federal. Discurso del Santo Padre Benedicto XVI.*
469. En su tiempo, Hitler se posicionó como líder por el nacionalismo que sentían y querían vivir muchos burgueses; aun así, Hitler sentía odio y aberración a esta clase social, pues consideraba que era un obstáculo para su voluntad. *Cfr.* J. Ratzinger, *Iglesia, ecumenismo y política* (Madrid: Biblioteca de Autores Cristianos, 2005), 185.

por decirlo así, hacer seres humanos y privar de su humanidad a otros seres humanos".[470] Así, vemos que apelar a las mayorías (democráticas) no es suficiente para poder establecer el derecho, para poder fundamentar cuál es su criterio y, además, tampoco nos permite conocer y establecer lo que es justo e injusto. Tampoco queda claro cuál es el criterio para el uso legítimo de la defensa, la legitimización de los armamentos militares,[471] y cuál es su relación entre el poder y el derecho.

Otro elemento que es necesario considerar, y que crece día a día, es el terrorismo, que atormenta a muchos países europeos y empieza a ser común en nuestro vecino del norte, Estados Unidos de América, por ejemplo los atentados del 11 de septiembre de 2001. Ya no es el miedo al gran conflicto, sino el miedo a un conflicto que se encuentra en todas partes, que es capaz de atacar y atemorizar en cualquier momento y en cualquier parte:

> Los poderes anónimos de terror, que pueden estar presente por doquier, son tan fueres que persiguen a cada uno hasta dentro de su cotidianidad; y nos hallamos ante la amenaza de que unos criminales puedan tener acceso a los grandes potenciales de destrucción y hagan que el mundo se precipite en el caos, fuera de los ordenamientos políticos.[472]

La *hybris* política que vivimos actualmente es el desarrollo del derecho por parte de las células de terror que ostentan cierto poder. Ac-

470. *Ibid.*, 25; Benedicto XVI, *Visita al parlamento federal. Discurso del Santo Padre Benedicto XVI.*
471. Desde Juan XXIII se han hecho llamamientos sobre el uso de las armas nucleares, el desarme completo; pero es con Juan Pablo II quien empieza a hablar de la prohibición del uso de este tipo de armas y con Francisco de la prohibición de la producción de éstas. *Cfr.* Juan XXIII, *Pacem in Terris*; Pablo VI, *Discurso ante las Naciones Unidas* (1965); Juan Pablo II, *Visita a Hiroshima*, 1981; Benedicto XVI, *Mensaje para el día mundial de la Paz* (2006); Francisco, *Audiencia General* (Biblioteca del Palacio Apostólico, 20 de enero de 2021).
472. Habermas y Ratzinger, *Entre razón y religión*, 41-42.

tualmente, éstas son quienes han originado una nueva forma de derecho, y lo siguen desarrollando. En los casos europeo, africano, del Medio Oriente y de Estados Unidos de América, las células del terror omnipresente se deben a una *hybris* en la religión islámica (a pesar de que el inicio de esta religión haya sido pasar por la espada): la instauración del Califato a través del grupo terrorista islámico ISIS (Islamic State of Iraq and Syria, por sus siglas en inglés).

En el caso de Latinoamérica, el terrorismo se ha manifestado mediante otra forma de corrupción que son los cárteles de narcotráfico, que se disputan las plazas e infunden terror en las ciudades importantes para el paso de la mercancía y de su producción. El terrorismo tiene nuevas formas que se van imponiendo en los Estados democráticos, aunque las mayorías voten, según su conciencia o no, los sistemas del mismo Estado no son lo suficientemente capaces para poder contrarrestar las imposiciones del terrorismo: vemos cómo los militantes de estas células tienen mejores armas militares para poder combatir a sus enemigos y al mismo brazo de poder del Estado, las fuerzas armadas. También vemos cómo estos miembros escalan en los comicios electorales, donde el Estado democrático ve nacer su derecho y el pueblo delega su poder y su autoridad, y llegan a puestos públicos de gobierno. La siembra del terror no es sólo un problema de una nación, ni un problema internacional, sino que se ha convertido en un problema a nivel mundial; por eso, en estos momentos, urgente y decisivo replantearse todo el tema moral del *ethos*, y también el de la política, porque si no se acaba el mundo con una guerra nuclear inminente o, bien, con una guerra con armas letales autónomas, estas mismas armas serán usadas por los terroristas para acabar con las personas que no piensan como ellos. Tenemos que pensar "¿en qué fuentes se alimenta el terror? ¿Cómo podemos llegar a eliminar desde dentro esta nueva enfermedad de la humanidad?"[473]

473. *Ibid.*, 42.

Un último elemento a considerar es la situación económica. Ésta también sufrió una fuerte incidencia en el tema de la globalización, mientras más grande sea el mercado más factores se deben considerar, las crisis económicas son multicausales. La economía es una ciencia que depende de la política, y gracias a esta dependencia, la economía ha sufrido de la *hybris* de la política. Algunas propuestas económicas se han puesto como fines en sí mismos y ponen al ser humano como medio para alcanzar sus fines; esto se puede resumir en la frase "el hombre fue creado para el mercado". En efecto, se considera al ser humano como una parte del inventario de la empresa de la cual puede disponer en cualquier momento, pero no sólo eso, las naciones que tienen un gran poder adquisitivo, una gran producción económica y que gozan de una vida económica saludable, con su poder económico azotan y explotan a los ciudadanos de otras naciones por el "egoísmo nacionalista y el proteccionismo".[474] Entonces, el sistema económico se consolida como el nuevo Dios que manipula a su forma a los seres humanos, los oprime bajo el yugo del flujo del mercado, de las finanzas, del comercio, en los cuales el hombre ha depositado su fe. Algunos de esos elementos han azotado a los ciudadanos de naciones en vías de desarrollo.

Poncio Pilato: el primer demócrata relativista

Ante toda esta perspectiva, sigue latente con mayor intensidad y urgencia la respuesta a la pregunta fundamental: ¿cómo se forma o cuál es el sustento del derecho, la justicia, y cuál es su criterio para no caer en el relativismo? Mencionaré una última cosa respecto al derecho y la justicia. Ratzinger encuentra en un pensador austriaco del siglo pasado la síntesis de todo este pensamiento que hemos ido articulando: Hans Kelsen, representante de la posición relativista radical. Para este pensa-

474. Benedicto XVI, *Carta de su Santidad Benedicto XVI al Primer Ministro del Reino Unido, Gordon Brown* (Ciudad del Vaticano: Librería Editrice Vaticana, 2009).

dor, hay un abismo infranqueable entre el ser y el deber ser. A partir del ser no se pueden sacar conclusiones de los deberes que tiene el ser humano, pues el ser y el deber son dos ámbitos completamente distintos. Kelsen dice que del ser, de la naturaleza, no se pueden sacar conclusiones del deber, porque consideramos al ser como "un conjunto de datos objetivos, unidos los unos a los otros como causas y efectos".[475]

De esta forma, podemos decir que un efecto de la naturaleza no son las conclusiones de carácter ético; lo único que se puede sacar como conclusiones son las leyes que las ciencias experimentales toman de la naturaleza, pero no se puede establecer un puente entre la naturaleza con la ética y el derecho. Ya que lo único comprobable y verificable (Marx, *verum quia faciendum*), lo único positivo (Comte), lo único razonable y objetivo, es la visión científica (Vico, Descartes y Kant, *verum quia factum*). Por su parte, la ética y la religión entran en el ámbito de la subjetividad y se desentienden completamente de lo razonable y racional, de lo estrictamente objetivo. Lo que está en juego con esta visión subjetiva de la ética es la ley natural, la cual no es verificable, no se puede experimentar con ella.

Para Ratzinger, la ley natural es el argumento con el cual "se apela a la razón común en el diálogo con la sociedad laica y con las demás comunidades religiosas y se buscan las bases para un entendimiento sobre los principios éticos del derecho en una sociedad laica y pluralista".[476] Según Kelsen, lo que sucede realmente no es la apelación a una razón común, es un dato que se elimina en el mismo momento que entra en la discusión porque no es verificable, porque no se puede comprobar. Si esto es así, entonces hemos perdido la posibilidad de entablar un diálogo con las sociedades laicas y pluralistas y el modo de establecer un criterio básico para la relación entre el derecho y la justicia.

475. Benedicto XVI, *La caridad política*, 29; Benedicto XVI, *Visita al parlamento federal. Discurso del Santo Padre Benedicto XVI.*

476. Habermas y Ratzinger, *Entre razón y religión*, 46.

La visión positivista también se convierte en una de esas olas que agitan el pensamiento humano y que conducen a la deriva de la razón, haciéndola naufragar en las olas intempestivas del relativismo. Se ha autoproclamado como la única verdad, pero no es suficiente, porque no llega a explicar toda la realidad a profundidad; asimismo, el positivismo se denomina la cultura, relegando las demás realidades a subculturas, lo cual amenaza a la humanidad entera, porque se erige como "cultura común o como fundamento común para la formación del derecho, reduciendo todas las demás convicciones y valores de nuestra cultura al nivel de subcultura. Con esto, Europa [y la civilización occidental] se sitúa ante otras culturas del mundo en una condición de falta de cultura, y se suscitan al mismo tiempo corrientes extremistas o radicales".[477]

La cultura positivista se cree autosuficiente, piensa que crea desde la nada todos los recursos naturales de los que depende y se desarrolla. Este mundo autoconstruido y, sobre todo, el derecho y su relación con la justicia, son el producto de la voluntad del hombre. De esta forma, el derecho entra en el ámbito del relativismo radical: como cada voluntad es diferente y tiene el derecho a conseguir lo que quiera por su propia libertad, cada uno autoconstruye el mundo a su conveniencia y visión. Para Kelsen, el máximo representante de esta posición política es Poncio Pilato en el momento cuando interroga a Jesucristo sobre qué es la verdad; esta pregunta es la máxima representación del escepticismo político.[478] Por eso, la pregunta es ya, de alguna manera, una respuesta: la verdad es algo inalcanzable. Kelsen lo corrobora cuando menciona que Pilato no le da gran importancia a la respuesta de Jesucristo, sino a la respuesta que da el pueblo amotinado en el pretorio; así, donde existía una gran duda, donde no sabía cómo ejercer su poder, Pilato lo pone a consideración del voto del pueblo, y se convierte en un caso de éxito rotundo. Kelsen considera que

477. Benedicto XVI, *La caridad política*, 30; Benedicto XVI, *Visita al parlamento federal. Discurso del Santo Padre Benedicto XVI.*

478. *Cfr.* Ratzinger, *Communio*, 143.

así actúa un perfecto demócrata.[479] "De este modo Pilatos se convierte [...] en la figura emblemática de la democracia relativista y escéptica, que no se funda ni en valores ni en la verdad sino en procedimientos".[480] Se debe imponer esta verdad con todo el poder de la ley, pues ha sido demandada por la mayoría del pueblo, es la verdad de la mayoría del pueblo, y no tiene ningún sentido dudar o preguntarse sobre ella. Con el poder democrático, con la dictadura del relativismo, hemos condenado y asesinado a un justo e inocente; ¿no sucede lo mismo en muchas ocasiones con los procedimientos legales democráticos donde se encarcela a personas inocentes, donde el justo recibe un mal que no merecía y los verdaderos culpables disfrutan alegremente de sus días fuera de prisión?[481]

Un pensador contemporáneo de Hans Kelsen es Heinrich Schlier, quien también aporta una interpretación sobre este mismo hecho, que se acerca a la realidad, de forma distinta y más convincente, según Ratzinger.[482] Él menciona que Jesucristo reconoce plenamente en Pilato el poder judicial del Estado, pero Jesucristo interpela a Pilato diciéndole que éste no tendría autoridad sobre él si esta autoridad no se le hubiera dado de lo alto. Con esto, Jesucristo le está diciendo a Pilato que está falsificando su "poder y con ello también el poder del Estado en el momento en que ya no percibe su poder como administración delegada de un orden superior que depende de la verdad, sino que lo utiliza en provecho propio".[483]

479. *Cfr. Ibid.*, 144.
480. *Idem.*
481. Hannah Arendt puede ilustrarnos en este sentido con su concepto de la banalidad del mal en *Eichmann en Jerusalén. Un informe sobre la banalidad del mal.* Eichmann era un buen esposo, padre, vecino, se desvivía por su familia, pero siguió los procesos legales contra los judíos de forma ejemplar, que llevó a muchos de ellos a la muerte. *Cfr.* H. Arendt, *Eichmann en Jerusalén. Un informe sobre la banalidad del mal.* Trad. de Carlos Ribalta (Barcelona: Lumen, 1999).
482. *Cfr.* Ratzinger, *Communio*, 145.
483. *Idem.*

Hemos vuelto a la piedra de toque de este discurso. Hans Kelsen reconoce que el perfecto demócrata debe ejercer su poder, someterlo al voto del pueblo, asegurar su provecho propio; de esta forma se convierte en el delegado de la dictadura del relativismo. El perfecto demócrata conduce el derecho y la justicia con la medida del "propio yo y sus antojos", falsificando así su poder y el poder del Estado, acuña una moneda falsa de lo que es el poder. Esta falsificación ha hecho que el perfecto demócrata se embriague del placer atolondrado y desordenado del poder, perdiendo la razón por la cual guía a la sociedad. La democracia, al ser el máximo exponente y baluarte del relativismo, se ha convertido en la *hybris política* del siglo XXI: el relativismo político ha arrebatado a Dios, se ha arrogado derechos y atributos divinos; ha suplantado a Dios y se ha erigido a sí mismo el Dios del pueblo. La forma en que los ciudadanos (pueblo) adoran al Estado es a través de los comicios electorales. Ésta es la liturgia política; los templos a donde se va a adorar a este dios es en las Cámaras de Diputados y Senadores, o bien, en los Parlamentos; los "Obispos que cuidan de su grey y sus intereses" son los políticos; y, el Sumo Pontífice, el Vicario de este dios en la tierra, es el jefe de Estado.

La *hybris* política ha desfigurado la belleza de la política y, así, muchas personas han quedado hastiadas de ella, no quieren inmiscuirse porque creen que entrando en la política se van a ensuciar. También creen que la política sólo son los partidos políticos. Se ha perdido la razón, por ello es un deber ineludible de todo ciudadano entrar en esta actividad y luchar por ella.[484]

484. *Cfr.* Ratzinger, *Nota doctrinal sobre algunas cuestiones relativas al compromiso y la conducta de los católicos en la vida política* (2002). Así como lo muestran muchos de los documentos de la Doctrina Social de la Iglesia, Ratzinger también dirá que cuando era pequeño y al ver el nazismo en Alemania, se percató de que la sola garantía institucional no sirve para nada si no existen personas que la sostengan con sus propias convicciones personales. *Cfr.* P. Seewald, *Benedicto XVI. Últimas conversaciones con Peter Seewald.*

Con lo expuesto hasta el momento, podemos observar que existe un retroceso en el pensamiento humano. Esto se manifiesta en que, en la antigüedad, muchas personas creían y adoraban a muchos dioses, o bien se consideraban ateos; cuando llega la Ilustración antigua, se cambia esta percepción y se cree en la existencia de un Ser Supremo. La Ilustración moderna será el declive de esta creencia, pasando a la afirmación de la no existencia de este Ser. Pero como el ser humano tiene deseos de eternidad, al no encontrar este Ser Supremo, ha creado nuevos dioses, y hemos vuelto al politeísmo; en el panteón de la política encontramos al dios del relativismo, el dios del poder, el dios del mercado, el dios del terror, el dios del sexo, el dios de la opinión, el dios de la ciencia, el dios del progreso.

No todo está perdido, de todos los males que hemos expuesto, podemos sacar un bien de ellos, y Ratzinger nos dará razón y nos explicará cada uno de estos elementos.

LA PURIFICACIÓN DE LA POLÍTICA: *ΣΩΦΡΟΣΥΝΗ ΚΑΙ ΕΓΚΡΑΤΕΙΑ* (PRUDENCIA Y GOBIERNO DE SÍ)

Hemos mencionado que la política al sufrir este desenfreno, ha utilizado a su conveniencia el tema de Dios, haciendo se esta forma una religión política y, en muchos casos, politizando la religión. También ha absolutizado el poder, haciéndolo un elemento divino para quien lo ostenta, de esta manera, el gobernante se "diviniza"; además del poder, el amor y el hambre son otros motores de la sociedad desde sus inicios. Cuando el poder se "diviniza", el amor y el hambre sufren las consecuencias de ser instrumentalizados por el poder. Por último, con las nuevas corrientes que están de moda en los escaparates de la sociedad, el bien y la verdad han sufrido una desvalorización, y al perder el sentido de la verdad y del bien, el derecho y la justicia quedan relegados al ámbito de los placeres y antojos.

En el diálogo que Ratzinger mantuvo en la Academia Católica de Baviera con Jürgen Habermas, inicia todo el proyecto para la purificación de la política, de hecho, esta conferencia es la base de todo el desarrollo de la purificación de la política. He querido titular este apartado del estudio del pensamiento político de Joseph Ratzinger como *σωφροσύνη και ἐγκράτεια* (prudencia y gobierno de sí), porque son lo contrario a la *ὕβρις* (*hybris*). ¿Qué se quiere insinuar con estas palabras? Al inicio del primer apartado se menciona que la *hybris* es una desmesura atolondrada del placer y, parafraseando a Ratzinger, es un comportamiento tan arrogante del hombre en el cual se arroga la naturaleza divina, pero falta un aspecto por mencionar del significado de la *hybris*. El sentido original de esta palabra quería referirse a las acciones contrarias al derecho, es decir, algo que perjudicaba al otro: la *hybris* atenta siempre contra la autoridad del derecho (*Θέμις*-themis) y contra la justicia (*Δίκη*-dikē). ¿Cómo los griegos contrarrestaban la *hybris*? Con la mesura, el justo equilibrio (*σωφροσύνη*-sōfrosînē) y el freno de las pasiones (*ἐγκράτεια*-enkrateia).[485] Una última consideración para entrar de lleno al pensamiento del teó-

485. Resulta de gran interés mencionar que *hybris*, *themis*, *diké* y *sofrosine* eran consideradas diosas en el panteón griego. Los padres de las diosas Hybris (desmesura) y Sofrosine (mesura, también significa **sabiduría**) eran Érebo (para algunos, también es padre de Eros, y personificaba la densa niebla de oscuridad que llenaba el mundo) y la Noche (o Coro, personificación del desdén). La diosa Themis es hija de los titanes Gea (Tierra) y Urano (Cielo), Themis también significa "ley de la naturaleza", podemos decir que Themis gobierna cielo y tierra, toda la naturaleza; ésta contrae nupcias con Zeus y concibe a Horas (diosas del orden de la naturaleza y de las estaciones), Eunomia (la diosa de las leyes y la legislación), Diké (la diosa de la justicia en el mundo humano) e Irene (es la representación de la paz y la riqueza).
Por otro lado, *enkatreia* es un compuesto de dos términos griegos: en y kratos, que literalmente significa el dominio, control, poder sobre algo; con Platón cambiará el sentido, será una virtud, y significará el control o poder sobre uno mismo, controlar las propias pasiones e instintos, y Aristóteles encontrará el vicio opuesto con *akrateia* que significa *incontinencia*. *Cfr*. W. Jaeger, *Cristianismo primitivo y paideia griega* (México: Fondo de Cultura Económica, 1952); W. Jaeger, *Paideia: los ideales de la cultura griega* (México: Fondo de Cultura Económica, 1957).

logo bávaro es que la *sofrosine* también tiene otra definición y ésta es la **sabiduría**. La lucha de Sofrosine contra su hermana Hybris[486] volverá a traer el derecho a través de la Themis y la Diké: la sabiduría purificará a la política de la arrogancia del poder y se restablecerá la autoridad del derecho, la ley de la naturaleza y la justicia. Veamos cómo encontramos esta tesis en el pensamiento de Joseph Ratzinger, y cómo lo teje finamente con sus argumentos.

Ante el progreso exacerbado, somos espectadores de que el hombre se ha convertido en el dueño de la vida decidiendo quién nace y quién muere, quién tiene derecho a poseer la vida y quién es desechado como basura: esto es el "progreso" que nos ha traído la razón calculadora y científica. El primer derecho fundamental de todo ser humano es el derecho a la vida, pero el ser humano ha enajenado la capacidad de establecer la ley natural, con lo cual surge en Ratzinger la pregunta sobre la fiabilidad de la razón. Además de hacer y deshacer seres humanos como producto de la razón, otro producto de la razón es la bomba atómica. Con estos dos ejemplos Ratzinger se pregunta: "¿no habría que poner a la razón bajo observación? Pero ¿por medio de quién o de qué?"[487]

El primer elemento necesario para purificar a la política es mediante la purificación de la razón. El problema fundamental sobre la política que encuentra Ratzinger es un problema en sí metafísico, ¿por qué? Al dilucidar sobre el tema de la verdad, y cómo ha cambiado su interpretación, hemos visto cómo, al dejar de lado al ser, se deja de lado lo más fundamental de la vida del ser humano. Así, la verdad del derecho y de la justicia no dependen del ser, sino del deber, de las cosas construidas por el ser humano o sus placeres. Se desechó el problema metafísico en la política porque implicaba pura teoría, pura contemplación de la verdad inmutable, una ensoñación, actividades que no se pueden poner en experimentos; la verdad no se puede vivir porque es algo tan alejado,

486. *Cfr.* Platón, *Fedro*, t. I. Trad. de Emilio Lledó (Madrid: Gredos, 2010).

487. Habermas y Ratzinger, *Entre razón y religión*, 44.

tan inalcanzable —lo hemos encontrado con Kelsen—, que no es necesario esforzarse por alcanzar verdades, porque no se engloba en la idea del saber-hacer. Librando a la razón del aletargamiento, ha dado paso a los placeres exacerbados, llevando al hombre a la animalización; iremos desembrollando todos los demás problemas que hemos denominado en el panteón de la política; es decir, con el supuesto progreso que hemos alcanzado con nuestra razón al separarnos del elemento religioso, hemos constituido nuevos dioses (el pan, la sexualidad, el poder) ante los que se rinde el hombre y cree que puede solucionar sus problemas más fundamentales.

Siguiendo el hilo conductor del diálogo que mantuvo con Habermas, Ratzinger menciona que existe cierta patología en la religión, y es que el fanatismo es la *hybris* de la religión, y que la forma para poder curarla es a través de la razón; pero con los elementos antes expuestos —desarrollo de la bomba atómica y hacer hombres desde la probeta, entre otros muchos—, también la razón sufre de varias patologías: "una *hybris* de la razón que no es menos peligrosa; más aún, si se considera su efectividad potencial es todavía más amenazadora".[488] La *hybris* de la razón se debe a su secularización, al querer ser mayor de edad y creerse autosuficiente; se ha propuesto que la razón debe ser laica, una razón que no necesita de la luz divina que le diga qué hacer y qué dejar de hacer.

Esta "razón adulta" debe reconocer que no lo sabe todo y que tiene límites, y que dentro de estos límites se encuentra la posibilidad de errar. ¿Cómo podemos hacer que la razón pueda sanar las diversas patologías que tiene y así se purifique de la *hybris*? La propuesta que Ratzinger ofrece es que la razón laica debe aprender a escuchar a las grandes religiones, pero que el componente de la religión también debe aprender a escuchar a la razón para ir eliminando las patologías que pueda tener. Si la razón decide no escuchar y no tomar en cuenta lo que las grandes tradiciones religiosas deban decirle, entonces la razón se volverá des-

488. *Ibid.*, 52.

tructiva.[489] Y así, uno de los principios rectores para purificar la *hybris* de la política es eliminar las patologías de la religión y de la razón: debe existir una relación armónica entre la fe y la razón. La fe, al estar atenta al escuchar la luz divina de la razón (hemos dicho que Dios quiere comunicarse con los hombres con el lenguaje de los hombres y esto es la metafísica), y la razón, al escuchar a la Razón Divina.

En la conferencia magistral en la Universidad de Ratisbona, encontramos el pensamiento de Benedicto XVI sobre la relación entre la fe y la razón. El discurso se encuentra en el marco de lo que es la Universidad, el lugar de encuentro de las diversas ciencias que existen, que estudian y que trabajan en torno a la única verdad con sus diferentes dimensiones. En su discurso, el entonces Papa, trae a colación una publicación en la que se expone el diálogo del docto emperador bizantino, Manuel II Paleólogo, y un culto persa versado en el islam y el Cristianismo. El emperador interroga a su interlocutor sobre la Yihad, pues éste conoce las suras que tratan sobre la eliminación de los infieles a espada; le interpela preguntándole qué cosas nuevas ha traído Mahoma y el islam, sino cosas malas e inhumanas, al imponer la religión por medio de la espada. Después de esto, el emperador emparentará esta postura de la Yihad con el uso de la violencia que, de por sí, es algo insensato: "La violencia está en contraste con la naturaleza de Dios y la naturaleza del alma. 'Dios no se complace con la sangre[...]; no actuar según la razón (σύν λόγω) es contrario a la naturaleza de Dios[...]'."[490]

489. *Cfr. Ibid.*
490. Benedicto XVI, *Discurso del Santo Padre en la Universidad de Ratisbona* (Ciudad del Vaticano: Librería Editrice Vaticana, 2006). Este mismo argumento lo encontramos en Clemente de Alejandría en *El Pedagogo*, quien actúa contra Dios actúa contra el Logos, quien comete pecado actúa contra el Logos. *Cfr.* M. Gutiérrez, "La acción pedagógica del Logos-Pedagogo para la formación y edificación del bien común temporal en Clemente de Alejandría", *Metafísica y Persona* 13, núm. 25, julio-diciembre (2021).

La fe no se puede imponer infundiendo el terror en las personas, porque el acto de terror es un acto que no conlleva una recta razón. El terror sólo lastima las cuestiones materiales, entre ellas, al cuerpo humano; no puede ir más allá, no puede franquear la barrera hacia lo espiritual. Por eso, la fe no se puede imponer por el poder ni por la fuerza, porque es algo que nace en el espíritu humano y no en su cuerpo. Quien quiera "llevar a otra persona a la fe necesita la capacidad de hablar bien y de razonar correctamente, y no recurrir a la violencia ni a las amenazas".[491] La consecuencia que podemos deducir de esto, es que la imposición de la fe mediante la violencia (patología de la religión) es un razonamiento incorrecto, lo cual violenta la naturaleza humana (naturaleza racional) que es reflejo de la naturaleza divina (Razón Divina), así, quien no actúa según la razón, actúa en contra de la naturaleza de Dios.

Hay un dilema intelectual entre el emperador y el docto persa: el emperador está formado conforme a la filosofía griega (metafísica) y el persa en la doctrina musulmana;[492] para uno, la naturaleza de Dios es la Razón Divina, para el otro, Dios es el absolutamente trascendente que no podemos alcanzar ni podemos conocer por medio de la razón, no hay ninguna vinculación con este Ser mediante nuestros conceptos limitados, así, Dios no está vinculado con ningún ser humano y no tendría razón en revelarnos la verdad.[493] Este dilema teológico tiene im-

491. *Ibid.*
492. Chesterton nota algo interesante en cuanto al cristianismo y los musulmanes, "el Islam es esencialmente un credo simple para hombres simples, y nadie podrá realmente convertir el panteísmo en un credo simple, pues a la vez es demasiado abstracto y demasiado complicado. [...] El católico podía admitir por lo menos que Aristóteles tuviera razón en cuanto a los elementos impersonales de un Dios personal. De ahí que podamos decir, en general, de los filósofos musulmanes que los que fueron buenos filósofos fueron malos musulmanes." G. K. Chesterton, *Santo Tomás de Aquino* (España: Ediciones RIALP, 2022), 128-129.
493. *Cfr.* Benedicto XVI, *Discurso del Santo Padre en la Universidad de Ratisbona*, 2006.

plicaciones metafísicas, éticas y políticas. En primer lugar, podemos pensar en el problema metafísico de las dos verdades, que también fue defendido por el filósofo musulmán: Averroes.[494] Esta teoría de la doble verdad dice que existe una verdad religiosa y una verdad filosófica, y como el método de la fe y de la filosofía no son el mismo, siempre habrá problemas entre ellas y, por lo tanto, se debe concluir que existe una verdad en materia religiosa y otra en materia filosófica, aunque se contrapongan. ¿Qué tiene que ver este conflicto medieval con la actualidad política? La supuesta verdad de la religión musulmana dice que Dios es totalmente ajeno al mundo terreno, no se implica en su desarrollo, asimismo, no lo podemos categorizar como razón; por otra parte, la supuesta verdad de la razón musulmana dice que es válida la Yihad para acercar a los hombres infieles a la religión verdadera, no importa el método, no importa si es a través del discurso elocuente, de los argumentos racionales o del uso de la violencia. No hay ninguna contradicción entre estas dos verdades porque se recurren a métodos diferentes y se consiguen verdades diferentes. En pocas palabras, el Dios Totalmente Otro, ajeno a nosotros, no le incumben los temas de moralidad, no le importa la verdad si es bueno o malo cualquier método, lo que importa es que se conviertan. De aquí podemos sacar el supuesto "argumento que valida el terrorismo": un método para validar la violencia sistemática es el uso del derecho, dicen tener el derecho del Califato y el derecho divino (dos verdades distintas) para el uso de la extrema violencia.

La piedra angular para poder comprender el establecimiento de los Estados modernos se remonta al problema de cómo comprendemos a Dios. Éste es el desafío directo que nos interpela para purificar la razón, purificar la moral y, por ende, la política. El argumento que Benedicto

494. También este problema de la doble verdad se discutió en la Universidad de París con Siger de Brabante y santo Tomás de Aquino. *Cfr.* E. Gilson, *La filosofía en la edad media* (Madrid: Gredos, 2014); J. Pieper, *Introducción a Tomás de Aquino* (Madrid: Ediciones RIALP, 2021); Chesterton, *Santo Tomás de Aquino*.

traza no ha terminado. Para irse acercando a la respuesta de la comprensión de Dios, hace la siguiente pregunta: "La convicción de que actuar contra la razón está en contradicción con la naturaleza de Dios, ¿es solamente un pensamiento griego o vale siempre y por sí mismo?"[495] Esta pregunta es decisiva, porque pensamos que todas las culturas tienen el mismo nivel de razón, que los argumentos de la fe cristiana y de la razón laica son válidos y comprensibles para todas las culturas; esto es una limitante para ambos en el intento de hacer inteligible y comprensible:

> su evidencia está ligada a determinados ámbitos culturales, y debe reconocer que, tal como es, no es reproducible en el conjunto de la humanidad y, en consecuencia, tampoco puede ser plenamente operativa a escala global. En otras palabras, no existe la fórmula universal racional o ética o religiosa en la que todos puedan estar de acuerdo y en la que todo pueda apoyarse.[496]

Al dar espacio a la escucha por parte de los dos pilares de la cultura occidental —el cristianismo y la razón laica— con las otras culturas, haremos que suene la polifonía de todas las culturas existentes en el mundo y así resplandezcan las normas que todo hombre conoce, intuye o empieza a intuir. Lo que seguimos leyendo de la propuesta de Ratzinger, es el énfasis de la relación entre la fe y la razón, y llegados a este punto, se debe explicar qué entiende por cristianismo o cuál es la verdad que el cristianismo proclama; después, cómo se purificará la razón gracias al cristianismo, pues no se queda en una supuesta tolerancia a las demás culturas y religiones.

Ratzinger ha expuesto un elemento decisivo del cristianismo: quien actúa contra la razón, actúa contra la naturaleza de Dios. Dios es Razón, pero no como la razón humana, sino la Razón. Esto lo podemos entender con la respuesta que da a la pregunta que nos hemos hecho anteriormente, de que si al actuar contra la razón estamos contra la naturaleza divina es algo válido sólo para los griegos antiguos, o es algo

495. Benedicto XVI, *Discurso del Santo Padre en la Universidad de Ratisbona.*
496. Habermas y Ratzinger, *Entre razón y religión*, 51-52.

evidente y con valor por sí mismo. El Dios de la fe y el dios de los filósofos, el Dios que se reveló al pueblo de Israel y tiene su culmen en Jesucristo es el mismo al que llegaron a concebir varios filósofos, sólo hay una distinción parcial entre ellos, como es el caso de que es persona.[497] Aquí hay que detenernos un momento y mencionar que el Dios de la metafísica que converge con el Dios de la fe, no es el dios *ex machina* del pensamiento filosófico cartesiano-racionalista, no es el dios como idea trascendental de Immanuel Kant, no es el Espíritu Absoluto de Hegel; al Dios de los filósofos que nos referimos es al que Aristóteles llamó causa incausada. Ratzinger da un argumento sumamente interesante para comprender la relación entre las religiones, la filosofía y la fe cristiana:

> La "religio naturalis" —y esto es: cada religión fuera del cristianismo— no tiene ningún contenido superior, ni puede tenerlo, al que le ofrece la doctrina filosófica de Dios. Todo lo que contenga por encima o en contradicción con ésta es caída y embrollo. Fuera de la fe cristiana, la filosofía es, según Tomás, la más alta posibilidad del espíritu humano en general. Max Scheler habla aquí, y no sin derecho, de un sistema parcial de identidad del Aquinate, que identifica las religiones extracristianas, según su contenido de verdad, con la filosofía, y mantiene sólo la fe cristiana fuera de esa total identidad. Esta procura una imagen de Dios nueva, más elevada que la que pudiera nunca forjarse y pensar la razón filosófica. Pero la fe tampoco contradice la doctrina filosófica de Dios; para iluminar su relación con ella se dejaría aplicar más bien, y con sentido, la fórmula "gratia non destruit, sed elevat et perficiat naturam".[498]

Ésta es la distinción parcial del Dios de la fe y el dios de los filósofos. Las religiones que no son cristianas deben estar en continuo diálogo con la filosofía para que encuentren elementos verdaderos que contengan cada una de éstas; las religiones no cristianas tienen una percepción y conocimiento de Dios, esforzándose en responder a la inquietud que

497. Este argumento es una exposición del pensamiento de santo Tomás de Aquino en su discurso inaugural en Bonn. Ratzinger, *El Dios de la fe y el dios de los filósofos*, 12-13.

498. *Idem.*

se encuentra en su corazón.[499] Las religiones no cristianas no son totalmente erróneas, tienen algo de verdadero.[500] Por otro lado, la filosofía llega a cotas muy altas del conocimiento de la naturaleza de Dios, pero no lo conoce completamente, le hace falta algo al conocimiento del Dios de la metafísica, y ese algo lo tiene el cristianismo: el cristianismo sí supera a la filosofía. El Dios del cristianismo es algo más elevado que el Dios que alcanza a conocer la filosofía, es algo novedoso; pero el conocimiento de Dios desde el cristianismo no contradice el conocimiento que tiene la metafísica sobre Dios, sino que la ilumina con su luz y así la consuma; es un camino único en grados diferentes. No existen dos verdades, no es la verdad de la fe cristiana y la verdad de la filosofía: es la misma verdad, pero una la conoce en su amplitud por revelación y la otra la conoce al esfuerzo de la inteligencia humana, además de que, humildemente, se deja elevar y perfeccionar gracias a la otra dimensión de la verdad que propone la fe.[501]

Hay que hacer un alto y preguntarnos ¿por qué al tratar el tema de la política tenemos que introducir el tema de Dios?, ¿no será acaso que al recurrir a este ser nos ayude a tapar el agujero en el cual nos hemos metido? La problemática que reflexiona Ratzinger es que las situaciones actuales, lo que se ha vivido en estos tiempos, lo que ha sucedido en la política, tiene su origen en que el hombre se ha apartado de Dios. Un humanismo separado de Dios (una falsa concepción de Dios) pro-

499. *Cfr.* Concilio Vaticano II, *Nostra ætate*, n. 2. Sada explica que cuando Ratzinger se refiere a "religio" se refiere a las religiones que se encuentran fuera del cristianismo, además "Cada una de ellas participa en mayor o menor grado de la verdad, cuyo límite es lo que ofrece la filosofía, es decir, la verdad sobre Dios que la razón humana es capaz de descubrir". A. Sada, *La lección inaugural de Bonn y la comprensión de la filosofía*, 144.

500. "La verdad de las religiones, entonces, en cuanto que es una participación de la verdad filosófica, es como un subconjunto de ésta —siempre y cuando no yerre." Sada, *La lección inaugural de Bonn y la comprensión de la filosofía*, 144.

501. *Cfr.* Ratzinger, *El Dios de la fe y el dios de los filósofos*, 12-13.

dujo las catástrofes de las guerras mundiales, experimentó con los seres humanos encarcelados en los campos de concentración, adquirió gran poder con la tecnología. Estos hombres que han tenido el poder, han actuado como si Dios no existiera, cada quien tiene la posibilidad de actuar conforme a lo que le parezca bien, porque no existe un criterio heterónomo sobre el bien, el hombre es el criterio objetivo de la moralidad y el Totalmente Otro es un criterio sentimentalista subjetivo.[502]

La propuesta de Ratzinger es actuar como si Dios existiera —y que realmente existe—, pero no una falsa concepción de Dios, sino el Dios que podemos alcanzar por nuestra razón y el Dios que sale a nuestro encuentro. El dios de los filósofos y el Dios de los cristianos es *Λόγος* (Logos), es palabra, razón. El Logos es importantísimo para la filosofía griega e intuían que al Dios que conocían por medio de su razón humana era Logos. El cristianismo primitivo supo que Dios era Logos, y así lo podemos encontrar en el Evangelio de san Juan, quien al interpretar los primeros versos del libro del Génesis desde Cristo, dice: "En el principio ya existía el Logos, y el Logos estaba junto a Dios, y el Logos era Dios".[503] Encontramos aquí un elemento decisivo para todo: la naturaleza de Dios es Razón y esta Razón es Creadora. Dios con su Poder creó todas las cosas —espirituales y materiales—, con su Logos-Razón, las hizo razonables y, además, a algunos los hizo racionales. Todas las cosas existentes se pueden conocer porque Dios dejó en la existencia de cada cosa un sello propio: las hizo inteligibles. Este fundamento es imprescindible para comprender la política, porque el mundo y, en especial, los seres humanos, no son producto del azar.[504] El hombre tiene un proyecto de vida razonable y no uno evolutivo sin razón; este proyecto se encuentra

502. *Cfr.* H. de Lubac, *El drama del humanismo ateo* (Madrid: Encuentro, 2012).
503. Jn 1, 1.
504. *Crf.* Ratzinger, J. *En el principio creó Dios. Consecuencias de la Fe en la Creación.* Trad. de Salvador Castellote (Valencia: EDICEP, 2008); Benedicto XVI, *Santa Misa en el solemne inicio del ministerio petrino del obispo de Roma* (2005).

inscrito en su corazón; así, Dios sale al paso de cada hombre, le habla a su corazón, se hace cercano a cada uno de nosotros.

Con esto no se quiere decir que todas las cosas creadas son Dios (panteísmo), ni que Dios es un ser ocioso que se desentiende de las cosas que Él ha creado —que es algo totalmente ajeno e inaccesible—, sino que quiere comunicarse con nosotros, pero sabiendo que entre Dios y nosotros, "entre su eterno Espíritu creador y nuestra razón creada, existe una verdadera analogía, en la que ciertamente [...] las diferencias son infinitamente más grandes que las semejanzas, pero sin llegar por ello a abolir la analogía y su lenguaje".[505] Este Logos se desborda, se difunde, se manifiesta lleno de amor por sus creaturas. La creación tiene una impresión de este Logos, y análogamente contiene en sí razón y amor. Ratzinger dice que el Logos no sólo se tradujo en la época medieval como *verbum*, sino también como *ars*: "'verbum' y 'ars' son intercambiables. [...] El 'Logos' no es solo una razón matemática: el 'Logos' tiene corazón, el 'Logos' es también amor. La verdad es bella, verdad y belleza van juntas: la belleza es el sello de la verdad'.[506]

Ratzinger, al rehabilitar la "idea" de Dios, que es accesible a nuestro entendimiento humano, ha vuelto a rehabilitar la verdad y el amor, aunque todavía no queda totalmente explícito este argumento. Falta indagar un poco más cómo recupera estos conceptos, pues en realidad no parece evidente este argumento, ¿cómo va a ser bella la creación si hemos visto cómo los desastres naturales destruyen comunidades enteras?, ¿cómo el hombre va a ser lo más bello de la creación si ha mostrado lo más feo de su ser y lo más profundo de su naturaleza al cometer genocidios y acabar con el medio ambiente? Ratzinger rompe con esta tradición ilustrada en el que la Razón creadora sólo es una razón matemática

505. Benedicto XVI, *Discurso del Santo Padre en la Universidad de Ratisbona.*
506. Benedicto XVI, *Palabras del Santo Padre Benedicto XVI al término de los ejercicios espirituales en el Vaticano* (Ciudad del Vaticano: Librería Editrice Vaticana, 2013).

enajenada en sí misma, que es un dios ocioso. Rompe con el avance de algunos científicos que han tratado de desligar la Razón creadora con la creación, sometiéndola al azar, a la evolución irracional, a la carencia de inicio y fin. Dios quiere liberarnos de las ataduras del mundo materialista al mostrarnos el esplendor de la belleza de la verdad inherente en las cosas creadas; no quiere que permanezcamos esclavizados a las cosas, pues éstas no salvan: la materia no salva. El hombre, al dejarse llevar por la cultura del tener, se ha alejado más de su inicio y de su fin; el hombre cree que mientras más tiene es más pleno, más feliz, más libre: cree que su salvación se da y se encuentra en lo material. Volvemos a encontrar la tesis de Marx: la liberación del hombre se dará en lo histórico-material, a través de la revolución. El hombre ha dejado de computar su vida hacia la eternidad y la ha computado para una vida plenamente material en la tierra; ha dejado de ocuparse de las cosas espirituales para ocuparse de las materiales; ha dejado de creer que tiene un alma espiritual que trasciende con la materia y cree que es pura materia.

Ratzinger observa que el hebreo contemplaba el cielo, las estrellas, para computar sus días con Dios,[507] y de ahí se desprendían todas sus fiestas; porque para el hebreo el ciclo lunar es un ciclo de amor que manifiesta a Dios, a través de su salvación y del tiempo de la siembra y la cosecha. Ahora, el hombre contempla el cielo para computar datos matemáticos. Así, Ratzinger recuerda que san Buenaventura "echaba en cara a sus colegas de la facultad de París que habían aprendido a medir el mundo, pero que habían olvidado cómo medirse a sí mismos".[508] Muchos creen que el mundo espiritual es separado del mundo material, y volvemos al problema introducido por Kant, quien propone un progreso de manera dicotómica. Por un lado, tenemos que, como seres humanos, podemos conocer

507. Por eso podemos encontrar en el Salmo 8 una verdad tan antigua: "Cuando contemplo el cielo, obra de tus manos, la luna y las estrellas que has creado: ¿qué es el hombre para que te acuerdes de él, el ser humano, para darle poder?" Sal 8, 4-5.

508. Ratzinger, *Introducción al cristianismo*, 65.

las leyes naturales, que se dan en un orden racional fuera de mí; por el otro, podemos conocer la ley moral, que se da en un orden racional dentro de mí. Parecen ser dos cosas separadas que no tienen unión. Y así, el hombre ha olvidado qué es ser verdaderamente hombre, pues se encuentra escindido entre los temas del progreso científico y tecnológico con el tema moral. Y Marx deforma completamente esta visión del hombre:

> Ha olvidado al hombre y ha olvidado su libertad. Ha olvidado que la libertad es siempre libertad, incluso para el mal. Creyó que, una vez solucionada la economía, todo quedaría solucionado. Su verdadero error es el materialismo: en efecto, el hombre no es sólo producto de condiciones económicas [ni políticas] y no es posible curarlo sólo desde fuera, creando condiciones económicas [y políticas] favorables.[509]

Marx impuso la libertad a través del materialismo y de la revolución, pero olvidó que eso no es el hombre, que la libertad es una actividad del espíritu: la razón y la libertad van de la mano. Para Marx, la razón funciona sólo cuando empieza a sentir la abstinencia de la droga llamada religión, cuando se aparta de Dios, cuando la razón se ciega ante Dios; y entonces, la razón de poder y de hacer es la razón completa. Y como el objeto al que tiende la razón es la verdad, entonces mezclamos la verdad con el poder y con el hacer. La verdad se encuentra amarrada con las cadenas de la ignorancia en el pretorio, sufriendo los latigazos de las varas del poder y del hacer con la fuerza de la libertad humana. "Cuando hablamos hoy del saber como liberación de la esclavitud que es ignorancia, no solemos pensar en Dios, sino en el 'saber dominar', en el arte de manejar las cosas y tratar a los seres humanos".[510]

El hombre piensa que cada día es más libre por saber cómo funciona la naturaleza y cómo debe utilizar a los demás seres humanos.[511] El

509. Benedicto XVI, *Spe salvi*, n. 21.
510. Ratzinger, J. *Un canto nuevo para el Señor* (Salamanca: Sígueme, 1999), 31.
511. *Cfr.* J. Ratzinger, *Instrucción Libertatis conscientia. Sobre libertad cristiana y liberación*; Heidegger, *La pregunta por la técnica. Conferencias y artículos* (Barcelona: Ediciones Serbal, 1994), 9-37.

hombre contemporáneo piensa que esto es vida porque sabe qué cosas puede explotar de la naturaleza y cómo puede manipular a seres iguales a él: le ofrece —con su razón positivista, materialista, liberadora— un ansia frenética de vivir y, en vez de hacer una cultura de la vida, ha creado una cultura de la muerte, una anticultura de la vida "que se va convirtiendo en una fisionomía de nuestro tiempo: el desenfreno sexual, la droga y el tráfico de armas se han convertido en una trinidad profana".[512]

El hombre tiene y ha puesto todas sus esperanzas —pues cree que esto lo liberará— en la verdad-poder sobre su sexualidad; tiene la verdad-poder sobre la realidad que ofrece la droga y que "supera por mucho" la realidad, tal y como la conocemos; tiene la verdad-poder de las armas-violencia que pueden destruir a una persona, a muchas o a ciudades enteras. La razón humana se ha perdido en el placer del poder que ofrece el sexo, la droga y las armas, y el poder mismo ha oscurecido el resplandor y la luz de la verdad: la verdad ha perdido "crédito en la historia por haberse presentado en forma de dominio, y se ha convertido en pretexto para la violencia y la opresión".[513] ¿Quién quiere vivir en este tipo de verdad que domina como un tirano oprimiendo a todos? Ratzinger observa que la raíz de este problema es que las personas creen poseer la verdad y que esto lleva al dominio. Por otro lado, muchas personas tratan de escapar de las realidades que viven en sus países y quieren ir a un país que prometa esperanza y libertad; hacen un éxodo, emigran, de su país a otro donde existe el bienestar político y económico, van de camino a encontrar la tierra prometida que asegure la paz, la justicia social y la libertad; es decir, tratan de ser encontrados por una verdad que libera y una verdadera libertad. ¿Quién ha introducido estos problemas?, ¿acaso no vemos cómo los poderosos del mundo introducen y soliviantan estas verdades a la sociedad porque creen poseerlas?, ¿quiénes son estos poderosos?, ¿acaso no son, en muchas ocasiones, los que

512. Ratzinger, *Un canto nuevo para el Señor*, 36.
513. *Ibid.*, 35.

ostentan la autoridad gubernamental o económica? La autoridad, para que sea legítima, debe ser conforme al derecho y debe tener el poder (*potestas*); pero creen que por tener el poder pueden someter la verdad a su beneplácito. ¿Cómo obtuvieron el poder? Ya hemos visto antes, que el demócrata perfecto lo obtiene en comicios electorales y, en algunos países, lo tienen además con los referéndums. El poderoso usa la libertad para dirigir varias voluntades, no hacia un fin en común, sino hacia uno personalísimo, egoísta. La *razón de poder* y la *razón de hacer* del poderoso hacen que exista un "desequilibrio entre la capacidad material, por un lado, y la falta de juicio del corazón, por otro, [y] se convierte en una amenaza para sí mismo[, para los demás] y para la creación".[514]

Hagamos un recuento de lo mencionado hasta ahora: la política sufre de una *hybris* que se debe purificar y esto se hará gracias a la sabiduría. Para poder comprender de dónde procede la sabiduría, Ratzinger ha rehabilitado la "idea" de Dios, el cual se puede conocer por la razón humana, y que justo la idea de Dios es la cota más alta a la que aspira y puede llegar la razón humana; aquí es donde entra la filosofía y, específicamente, la metafísica. También hemos llegado a conocer que Dios es Razón y que, además, es una Razón creadora; que esta Razón ha creado seres racionales y que existe una analogía del ser entre ellas y que el predominio de la diferencia no abole la analogía. Que el objeto de la razón humana es la verdad, pero ésta ha quedado desacreditada por su relación con el poder, pues la razón ha tendido hacia el poder y el hacer. Ahora, analizaremos el tema del poder para reivindicar y purificar la verdad y entender qué es, y además para que se vuelva a mostrar su esplendor y su belleza.

La purificación del poder

Antes de desarrollar plenamente lo que es el poder, Ratzinger cita dos partes del Nuevo Testamento donde se manifiesta la idea del po-

514. Benedicto XVI, *Spe salvi*, n. 23.

der; el primer pasaje es la tercera tentación de Satanás a Jesús y el segundo es en la ascensión de Jesucristo a los cielos. En la tercera tentación, Satanás lleva a Jesús a lo alto de un monte y se presenta como el dominador de todas las potencias del mundo, como el verdadero soberano del mundo, y es él quien tiene el poder y lo reparte. La tercera tentación es el ofrecimiento del poder y sus "pompas". Cuando somos bautizados y reafirmamos nuestro bautismo, decimos que renunciamos a Satanás, sus pompas y sus obras; pero ¿qué significan las pompas? Primero, podemos decir que son la fastuosidad, la vanagloria, pero debemos recordar que estamos hablando del poder. "Las pompas del poder significan la capacidad de hacer lo que se quiere, gozar de lo que se quiere, disponer de todo, ocupar siempre los primeros puestos".[515] Es verdad que la *hybris política* es a través de la medida del yo y sus antojos y aquí encontramos la raíz de los antojos. El demócrata perfecto busca el consenso de la democracia relativista para legitimar el primer puesto de todos y, así, hacer, gozar lo que quiera y disponer de todo. Las pompas del poder hacen que el hombre con poder, el hombre de los primeros puestos, vaya todavía más allá, ya que a los poderosos "ningún goce les es negado, cualquier aventura te es posible, todos se arrodillan ante ti".[516]

De estas promesas se vale el diablo para llevar a la locura al hombre, enloquece al hombre diciéndole de nuevo "seréis como dioses" y así caricaturiza la verdad, el bien, la libertad, el amor. El hombre se convierte en una tragedia divina, pues se ha dejado corromper por las seducciones que ofrece el poder, ha enloquecido y se ha embriagado de la supuesta esperanza que le han prometido (seréis como dioses) y ha comprometido su libertad siendo un títere del "poder". El diablo le dice al hombre que ésa es la única forma de obtener el poder y de ejercerlo. "Satanás ofrece poder, naturalmente, pagando un precio: un poder que se apoya

515. Ratzinger, *Un canto nuevo para el Señor*, 51.

516. *Ibid.*, 51.

en el terror, el miedo, la codicia, la violencia contra el otro y el endiosamiento del yo".[517]

Podemos interpretar también que la primera tentación a todo el género humano fue el ofrecimiento del poder: haz lo que quieras, tienes permitido tomar lo que no te corresponde, puedes transgredir las leyes establecidas, dispón de todas las cosas naturales y también de todos los seres humanos, úsalos a tu conveniencia, y así todos serán como dioses. El poder que ofrece Dios no es libre, en cambio, el poder que ofrezco yo es totalmente libre; el poder que ofrezco libera tus ataduras de un Ser que te oprime, en cambio yo te libero y te elevo a la naturaleza divina. El ofrecimiento que encontramos entre el diálogo de la serpiente y del género humano usa un conocimiento que supuestamente libera, pero que en realidad busca el poder. Las preguntas son: ¿verdaderamente este poder (conocimiento) nos ha liberado? ¿Acaso no vemos que gracias a esta primera tentación todo el mundo está sometido al poder como esclavos? ¿Este poder redime la naturaleza caída del hombre y redime al mundo? La tentación del poder ha perdurado por todos los siglos, en todo el género humano. Este poder que ha tentado al género humano, también tienta a la institución divina de la Iglesia: le ofrece este poder.

> El poder del dominio político o del imperio técnico no debe ni puede ser la forma del poder de la Iglesia. Con esto no se condena el poder estatal ni la espada que está bajo la norma de la justicia [...], pero sí la identificación del poder eclesial con el poder estatal, del poder de Dios con el poder del Estado, y la absolutización consiguiente del poder humano, como si esta clase de poder pudiera traer la redención.[518]

Ni la razón del poder ni la razón del hacer son las formas correctas del poder ni de la verdad. Lo que menciona Ratzinger es que existe otra forma de poder y que ésta es la correcta para el Estado, el poder que está al amparo de la norma de la justicia. Además, Ratzinger sí está en contra

517. *Ibid.*, 52.
518. *Ibid.*, 52.

de que el poder humano cree un mesianismo que dice que puede por él mismo traer la redención, que puede dar la verdadera libertad a través de la violencia, del terror, la codicia, la corrupción y que endiosa al que lo obtiene. Resulta imprescindible mencionar que con tan sólo una pequeña frase, Ratzinger también reivindica el tema del uso de las fuerzas armadas, las cuales (la espada del poder estatal) deben estar bajo el amparo de la norma de la justicia; asimismo, el uso de las fuerzas de forma violenta para infundir terror no está bajo el amparo de la norma de la justicia. Así, Ratzinger, ante el Parlamento Federal Alemán, recuerda la experiencia de "cómo el poder se separó del derecho, se enfrentó contra él; cómo se pisoteó el derecho; se transformó en una cuadrilla de bandidos muy bien organizada, que podía amenazar al mundo entero y llevarlo hasta el borde del abismo".[519] Las pompas del poder se enfrentan contra el derecho y la justicia y amenazan al mundo, estas no se redimen con la violencia y el terror: las pompas del poder deforman la verdad .[520]

En el segundo texto del Nuevo Testamento, donde vuelve a aparecer el tema del poder, y que expone Ratzinger, es cuando Jesús está sobre una montaña alta. Jesucristo ha citado a los once apóstoles para decirles que se le ha dado todo poder en el cielo y en la tierra. Desde ese monte, Cristo se encuentra a la altura del poder, pero no el poder que Satanás le había ofrecido, no a la altura que ofrecen las pompas del poder. Cristo muestra un nuevo poder, que a la vez es antiguo, un poder que es todo poder porque lo tiene tanto en el cielo como en la tierra. Este poder proviene de otra fuente, totalmente diferente a la de Satanás, al poder que se obtiene del terror, el miedo, la codicia y la violencia contra el otro.

Cristo subió de nuevo a un monte, al monte de la angustia y desesperación, al monte donde fue tentado de nuevo: el monte Calvario. Ahí fue

519. Benedicto XVI, *La caridad política*, 25; Benedicto XVI, *Visita al parlamento federal. Discurso del Santo Padre Benedicto XVI.*

520. *Cfr.* Ratzinger, *Instrucción sobre algunos aspectos de la "teología de la liberación".*

elevado ante todas las potestades estatales y espirituales, fue tentado por los poderosos: si verdaderamente eres Hijo de Dios, si verdaderamente eres el Todopoderoso, bájate de la cruz. Cristo venció y mostró el verdadero poder al morir en la cruz, al renunciar "a toda posesión y permisión para quedarse con la pura nada de la desnudez total que no tiene siquiera un lugar en el suelo".[521] Estuvo del lado de los mortales y de los muertos, y franqueó el abismo que introdujo la tentación del poder: la violencia y el terror de la muerte. Jesucristo ha mostrado la verdadera elevación del poder, contrarrestando la altura del poder que ofrece el diablo; "las alturas de éste son alturas del poder egoísta, de mando arbitrario del que todo lo posee y todo le está permitido, pero que se convierte en contrasentido y mentira vital, porque el «todo» del tener y del gozar es siempre un algo insignificante, una nada más que un algo, y el hombre creado realmente para el todo conoce muy bien la nadería de *este* 'todo'".[522]

La nueva altura del poder sí ofrece una salvación. Este poder no es egoísta, no abandona a los seres humanos en su angustia de la muerte, se solidariza con los seres humanos hasta en las últimas consecuencias del poder desmedido que atentan contra la justicia; va hasta la inmundicia, hasta donde se revuelca en el barro y la suciedad, para salvarlo, hasta el abismo mismo.[523] El poder que ofrece Cristo a sus apóstoles en su ascensión es un poder que se encuentra a la altura y en la cima del *Ser*: "en la unidad con el Dios real, que no es déspota ni vividor, sino verdad eterna y amor eterno".[524] Es un poder que encuentra su fuerza en el monte Calvario, y con la violencia de la cruz ha dejado clavados toda la pretensión del tener. Jesucristo, en su desnudez y pobreza en la Cruz, no produce ambición en el hombre; el hombre debe imitar esa pobreza y humildad de Cristo, para que alcance la gloria, no la gloria que

521. Ratzinger, *Un canto nuevo para el Señor*, 53.
522. *Idem.*
523. *Cfr.* Benedicto XVI, *Spe salvi.*
524. Ratzinger, *Un canto nuevo para el Señor*, 53.

prometen las pompas del poder, la del poseer "todo", ante quien todos se arrodillarán por ser una mentira vital de la codicia. Cristo se vale del mal para sobreabundar de bien; dejó que el mal de las pompas del poder, de la codicia, la soberbia, la violencia, fueran usadas para contrarrestarlas con la altura de su ser: la verdad eterna y el amor eterno. "La verdad misma, la verdad real, se hizo soportable al hombre, se hizo camino presentándose en la pobreza del impotente. [...] La pobreza pasó a ser el verdadero distintivo, el 'poder' interno de la verdad. Lo que le abrió el camino a los corazones de los humanos no fue sino su ser verdadero en la pobreza".[525]

Ratzinger ha desenmascarado la verdadera naturaleza que ofrece el poder mal encaminado. Este poder que se ofreció a todo el género humano y por el cual fue arrastrado al abismo de la muerte, tiene como capitanes a la soberbia, la codicia, el placer, la violencia y el terror, quienes despreciaban y maltrataban a la verdad; por eso la verdad era despreciada por los hombres, por estar subyugada al poder, pero Cristo la ha rehabilitado al margen de todo poder con su humildad, pobreza, sacrificio, martirio y amor. La naturaleza del poder es la verdad.

El verdadero poder político: la verdad

Antes de entrar al tema de la verdad, hagamos una última consideración respecto al poder: ¿cuál es su naturaleza?, ¿qué se debe esperar de este poder? Ratzinger menciona que la palabra que utilizaron los evangelistas para hablar de este poder divino, es el término griego *εξουσία* (exousía),[526]término interesante, pues recordemos que Aristóteles usó

525. *Ibid.*, 36.
526. *Cfr. Ibid.*, 54. Encontramos esta palabra en el Evangelio de San Mateo después de que Jesús ha enseñado al pueblo judío las Bienaventuranzas, a orar a Dios el Padre Nuestro, entre otras cosas; la gente que lo escuchaba quedó asombrada de sus enseñanzas porque enseñaba como quien tiene autori-

la palabra ousía para referirse al *ser*. El poder es algo que sale fuera del (ex) ser (ousía); el poder es algo que indica el lugar o el punto de partida

dad (*γαρ διδασκων αυτους ως εξουσιαν*) Mt. 7, 29 también encontramos esta expresión en Lc. 4, 32. En el Evangelio de San Marcos encontramos a Jesús enseñando a los apóstoles cómo debe ser el carácter del poder, autoridad, "Ustedes saben que aquellos a quienes se considera gobernantes, dominan a las naciones como si fueran sus dueños, y los poderosos les hacen sentir su autoridad" (*οιδατε οτι οι δοκουντες αρχειν των εθνων κατακυριευουσιν αυτων και οι μεγαλοι αυτων* ***κατεξουσιαζουσιν*** *αυτων*) Mc. 10, 42 y Lc. 22, 25; en el mismo Evangelio encontramos a los escribas que le preguntan a Jesús con qué autoridad decía y hacía curaciones y hablaba y quién se lo había dado (*εν ποια* ***εξουσια*** *ταυτα ποιεις και τις σοι την* ***εξουσιαν*** *ταυτην εδωκεν ινα ταυτα ποιης*) Mc. 11, 28, o como el hombre que se va y les da autoridad a sus siervos y les encomienda una tarea (*ως ανθρωπος αποδημος αφεις την οικιαν αυτου και δους τοις δουλοις αυτου την* ***εξουσιαν*** *και εκαστω το εργον αυτου και τω θυρωρω εωετειλατο ιωα γρηγορη*) Mc. 13, 34; cuando el diablo tienta a Jesús y le pide que le adore para darle todo poder de todos los reinos (*και ειπεν αυτω ο διαβολος σοι δωσω την* ***εξουσιαν*** *ταυην απασαν και την δοξαν αυτων οτι εμοι παραδεδοται και ω εαν θελω διδωμι αυτην*), cuando cura al paralítico que llevan los cuatro amigos y los escribas empiezan a murmurar que Jesús dijo que le perdonaba al paralítico los pecados (*ινα δε ειδτε οτι* ***εξουσιαν*** *εχει ο υιος του ανθρωπου επι της γης αφιεναι αμαρτιας*) Lc. 5, 4. Cuando San Juan dice "Pero a todos los que la recibieron (la Palabra), a los que creen en su Nombre, les dio poder de llegar a ser hijos de Dios" (*οσοι δε ελαβον αυτον εδωκεν αυτοις* ***εξουσιαν*** *τεκνα Θεου γενεσθαι τοις πιστευουσιν εις το ονομα αυτου*) Jn. 1, 12; cuando Jesús habla de que tiene poder para dar su vida por las ovejas y para recobrarla (***εξουσιαν*** *εχω θειναι αυτην και* ***εξουσιαν*** *εχω παλιν λαβειν αυτην*) Jn. 10, 18; cuando Jesús está ante Poncio Pilato (λεγει ουν αυτω ο πιλατος εμοι ου λαλεις ουκ οιδας οτι **εξουσιαν** εχω σταυρωσαι σε και **εξουσιαν** εχω απολυσαι σε. απεκριθη ιησους ουκ ειχες **εξουσιαν** ουδεμιαν κατ εμου ει μη ην σοι δεδομενον ανωθεν δια τουτο ο παραδιδους με σοι μειζονα αμαρτιαν εχει) Jn. 19, 10-11. Cuando Simón, el mago, ofrece dinero a los apóstoles para recibir el poder del Espíritu Santo (δοτε καμοι την **εξουσιαν** ταυτην ινα ω εαν επιθω τας χειρας λαμβανη πνευμα αγιον) Hch. 8, 19, cuando San Pablo pide que todos estén sujetos a las autoridades pues están constituidas por Dios, pues proviene de Él la autoridad (*Cfr.* Rm. 13, 1-7) (ex). Pero no sólo significa que es algo que nace en el seno del ser y que sale fuera de sí mismo, sino que dicha palabra griega tiene otras implicaciones. También significa el derecho para hacer algo, y está sumamente relacionado con la estructura jurídica, significa "la posibilidad operativa que posee una persona en virtud de la estructura jurídica, y esa posibilidad se traduce en potestad, derecho, licencia o libertad".[527]

El poder guarda íntima relación con el derecho y la libertad. Asimismo, no es un poder que viene de uno mismo, sino un poder que se da; y en el caso de la autoridad que ostenta el poder, es algo que le da la estructura jurídica del derecho y no la sociedad democrática relativista. El gobernante puede decidir, no por las múltiples verdades que le ofrece la democracia, sino porque el poder que tiene es subyacente de un poder que está por encima de él. Entonces, es un poder que "viene de una obediencia, un poder responsable y anclado en un orden intrínseco".[528] Así, podemos ir entendiendo poco a poco cuál es la naturaleza del poder: está anclado en el ser; esta relación con el ser le da la posibilidad de operar a través del derecho, del deber. Lo que Kant y Kelsen habían abolido (del ser no se pueden sacar conclusiones del deber), Ratzinger lo vuelve a restablecer en la naturaleza del ser: no puede haber derecho, no puede existir deber si no están anclados fijamente en el ser, en la *exousía*. Pero la naturaleza de este poder debe ser obediente, responsable y en consonancia con un orden intrínseco. Este poder, al nacer de la obediencia, tiene suma relación con la responsabilidad, la cual es una respuesta al ser, y el ser es verdad (*ens et verum convertuntur*) y bien (*ens et bonum convertuntur*): el poder, al ser obediente, es una respuesta a la verdad y al bien.

Obediencia y responsabilidad están intrínsecamente relacionadas. Responsabilidad es dar una respuesta, en este caso, al ser, a la verdad y al bien. La palabra *obediencia* viene del latín *ob-audire*: por causa (ob) del

527. *Ibid.* p. 54

528. *Ibid.*, 54.

oír (audire), en conexión con (ob) la audición (audire). La obediencia viene de la audición, y ¿qué oímos? Oímos al Ser, debemos estar atentos a lo que nos diga el Ser para hacerlo.[529] Es verdad que lo primero que se concibe en el entendimiento es el ser, pero primero debió pasar por los sentidos, debimos escucharlo, debimos escuchar la palabra, y ¿no hemos dicho que Dios (Ser) es Logos (Palabra)?

En el principio era el Logos, en el principio Dios creó el cielo y la tierra. Este *principio* lo podemos tomar desde dos puntos: el primero, hay una temporalidad inscrita en el mundo, como lo muestra la ley de la entropía, la teoría de la relatividad; este conocimiento de la temporalidad del ser nos lleva "al que tuvo poder de crear el ser";[530] el segundo punto nos lleva a considerar que el mundo tiene un proyecto, nuestra razón ha encontrado en el mundo una razón de ser y cuando el hombre se percata de la razonabilidad del mundo, que éste tiene una razón, "Dios nos mira a través de la razón de la creación".[531] Al desembarazar la verdad del poder, podemos darnos cuenta de que los estudios científicos le han permitido al hombre reconocer el rostro del creador en el mundo. El mundo no viene de un caos, no viene del azar, sino de una razón libre y amorosa.

529. *Cfr*. Dt 6, 4-6. En *Introducción al cristianismo*, Ratzinger menciona que creer en Dios (logos –Wort, en alemán), se llega a entender el *ethos* como una responsabilidad (Verantwortung, vuelve a aparecer la relación con la palabra Wort), y ésta es una respuesta (Antwort, relacionada con Wort, de nuevo) a la palabra (Wort, en alemán) y esto otorga su racionalidad y su orientación esencial. *Cfr.* Ratzinger, *Introducción al cristianismo.*
530. Ratzinger, *En el principio creó Dios. Consecuencias de la Fe en la Creación*, 38.
531. *Ibid.*, 40. Esta segunda interpretación no se aleja de lo que los primeros cristianos han entendido con Principio, entendiendo que Cristo es el Principio por quien se han creado todas las cosas. *Cfr.* W. Carroll, *Creation and Science: Has science eliminated God?* (EUA: Catholic Truth Society, 2011); B. Carr, "Cosmology and Religion", *The Oxford Handbook of Religion and Science* (2009).

El relato bíblico de la creación del universo no está estructurado matemáticamente, pero contiene algunos números a los que hay que prestar atención; en específico, hay que prestar suma atención a los números diez y siete, según el Cardenal Ratzinger, no porque el mundo haya sido creado matemáticamente, sino porque nos muestra la estructura interna de lo que está hecho el universo. En el relato se repite diez veces: "Dijo Dios", esto es una anticipación al decálogo entregado a Moisés, que es un reflejo de la creación, pues "son la lógica del mundo traducida, la lógica traducida de Dios, que ha creado el mundo".[532] En el caso de la preponderancia del número siete, muestra, manifiesta y significa la plenitud y la totalidad. También refiere el ciclo lunar, el cual significa que el hombre no se encierra en su propia individualidad, sino que debe mirar el ritmo y movimiento del cielo para que pueda comprender su vida en un ritmo, en la consonancia de la palabra que resuena en la eternidad.[533] Esto nos lleva a la razón del universo; Ratzinger dice que "el ritmo de las estrellas es una profunda expresión del ritmo del corazón, del ritmo del amor de Dios, que en él se manifiesta".[534]

Con el poder de su palabra, Dios creó todo el universo y en él se encuentra la posibilidad de escuchar al ser, de obedecerlo, pues Dios dijo diez veces, ese *fiat*, su palabra (decálogo) para que el hombre lo escu-

532. *Ibid.*, 42. Esta idea es importante, pues anticipa a la idea de la gramática moral. La gramática que se encuentra en la creación es la misma que la gramática moral. Por lo menos, en dos ocasiones Benedicto XVI ha hecho referencias a la "gramática" impresa por Dios en los corazones de los seres humanos: Benedicto XVI, *Celebración de la Jornada Mundial por la Paz*. 2007; Benedicto XVI, *Discurso pronunciado en el Palacio de Baabda, Líbano* (2012). Asla, tratando el tema de la Gramática Moral Universal (GMU) propuesta por Mikhail, el cual dice que la GMU se inserta en la tradición de la ley natural, pone como dato curioso estas dos intervenciones de Benedicto XVI. *Cfr.* M. Asla, *La gramática moral universal. Una aproximación cognitivista a la ley natural* (España: EUNSA, 2016), 265, nota al pie de página 5.

533. *Cfr. Ibid.*, 42.

534. *Ibid.*, 42.

chara a través de su creación. Es por ello que podemos entender por qué esta *exousía* es un "poder que puede dictar sentencia en un todo estructurado jurídicamente y que, como tal, es 'el' poder. Pero este todo estructurado jurídicamente que está detrás del poder y del que éste emana, no es una suma de principios, sino la voluntad de Dios, que es el orden del bien y de la verdad misma, el amor en persona".[535]

Retomando el caso de la primera tentación al género humano, que era arrebatar algo a Dios, romper con la alianza establecida de no comer del árbol del conocimiento del bien y del mal, el diálogo de la serpiente con la mujer es el ofrecimiento del conocimiento como poder, pero también es el conocer para "no entender mejor el lenguaje del ser, para oír mejor o escuchar más sinceramente".[536] Al no escuchar al Ser, al no estar atento a lo que dicta, el hombre se endiosa con el poder (*hybris*): el primer pecado fue la desobediencia, no escuchar a Dios. La *hybris política* es el desdén de no escuchar al ser del cual procede el derecho; el gobernante, al hacer oídos sordos al Ser, de quien procede el poder, desobedece el derecho, toma y arrebata lo que no le corresponde: con su "poder" crea desde la medida de su propio yo y sus antojos el derecho. Hemos dicho antes que Dios revela su nombre, aunque enigmático, a su pueblo Israel (Yo soy el que soy), y que la política en su *hybris* toma el nombre (*exousía*) de Dios para hacerse pasar por Él.

LA FUNDAMENTACIÓN DEL DERECHO: LA NATURALEZA Y LA CONCIENCIA

La autoridad política por tener participación del poder de Dios para gobernar a su pueblo, se convierte en ministro de Dios. De esta forma, san Ambrosio se lo recuerda al emperador: "la institución del poder deriva tan bien (*sic*) de Dios, que quien lo ejerce es él mismo *ministro de*

535. Ratzinger, *Un canto nuevo para el Señor*, 54.
536. *Ibid.*, 56.

Dios".[537] Esta concepción la entendió muy bien Salomón —y con este ejemplo Ratzinger empieza una serie de reflexiones sobre los fundamentos del derecho—. Cuando Salomón fue entronizado, Dios le concede a este rey una petición; Salomón no pide dinero, éxito, eliminar a sus enemigos con la violencia, larga vida para poder espoliar al pueblo; no le pide las cosas que corrompen el poder. Sabe que Dios es el verdadero autor del poder[538] y, por esa razón, le pide a Dios "un corazón dócil, para que sepa juzgar a [su] pueblo y distinguir entre el bien y el mal".[539] Vuelve a aparecer la distinción del conocimiento del bien y del mal, pero ahora con una diferencia, se pide un corazón dócil. Mientras que a Adán y Eva se les endureció su corazón por no querer escuchar a Dios, Salomón pide la docilidad, quiere ser conducido por aquél que es el Bien. Otro elemento que nos enseña este pasaje bíblico en el tema de la política, es que el último criterio para poder desarrollar el trabajo de la política, no es el bienestar económico-material ni mucho menos el éxito, sino que el criterio decisivo, el criterio último de la actuación del político es y "debe ser un compromiso por la justicia y crear así las condiciones básicas para la paz".[540] Este compromiso por la justicia, que es el deber fundamental del político, se traduce en "servir al derecho y combatir el dominio de la injusticia".[541]

537. San Ambrosio, *Expositio Evangelii secumdum Lucam*, citado en Benedicto XVI, *La caridad política*, 18; Benedicto XVI, *Encuentro con las autoridades. Discurso del Santo Padre Benedicto XVI*, https://www.vatican.va/content/benedict-xvi/es/speeches/2012/june/documents/hf_ben-xvi_spe_20120602_autorita-milano.html En el discurso original, en italiano, aparece de la siguiente manera: "l'istituzione del potere deriva così bene da Dio, che colui che lo esercita è lui stesso *ministro di Dio*".

538. *Cfr.* Benedicto XVI, *La caridad política*, 18.

539. 1 Re 3, 9.

540. Benedicto XVI, *La caridad política*, 24; Benedicto XVI, *Visita al parlamento federal. Discurso del Santo Padre Benedicto XVI.*

541. Benedicto XVI, *La caridad política*, 25; Benedicto XVI, *Visita al parlamento federal. Discurso del Santo Padre Benedicto XVI.*

La situación contiene un grado alto de complejidad. ¿Cómo saber qué es el bien?, ¿cómo discernir entre el bien y el mal? Adquiere mayor complejidad con todo el avance científico y tecnológico que produce el hombre. A lo largo de la historia podemos encontrar que el fundamento del derecho, conocer el bien, está fundamentado en la voluntad divina. En el caso del cristianismo remite "a la naturaleza y a la razón como verdaderas fuentes del derecho, se ha referido a la armonía entre razón objetiva y subjetiva, una armonía, que sin embargo, presupone que ambas esferas estén fundadas en la Razón creadora de Dios".[542] El derecho no es para algunos iluminados, es para todos, está al alcance de cada ser humano, quien sólo debe poner el esfuerzo de su intelecto para conocer y discernir qué es el bien y qué es el mal: está escrito en su corazón. Ahora podemos comprender lo que Salomón ha pedido a Dios, al decir un *corazón dócil*, ésta es la conciencia, es "la razón abierta al lenguaje del ser".[543]

Fundamento del derecho: la naturaleza

Los fundamentos del derecho son la naturaleza y la conciencia. La situación del primer fundamento, que es la naturaleza, tiene muchos obstáculos en la actualidad. Se cree que es un argumento religioso, sobre todo católico, y es desechado de inmediato. Hemos visto que el desarrollo para alejarse de la ley moral natural se ha dado con Kant, Marx y Kelsen,[544] quienes apelan a una ley positiva (humana). Asimismo, hemos dicho que desde la razón positivista, desde la ciencia experimental,

542. Benedicto XVI, *La caridad política*, 27; Benedicto XVI, *Visita al parlamento federal. Discurso del Santo Padre Benedicto XVI.*
543. Benedicto XVI, *La caridad política*, 28; Benedicto XVI, *Visita al parlamento federal. Discurso del Santo Padre Benedicto XVI.*
544. También habrá que incluir en esta lista a George Edward Moore con su falacia naturalista. *Cfr.* G. Moore, *Principia Ethica: revised edition*. Ed. por Th. Baldwin (Cambridge: Cambridge University Press, [1903] 1993).

no se puede dar un salto hacia el deber: la ciencia experimental no puede fundamentar un *ethos* y mucho menos el derecho. ¿Cómo podremos reactivar la vigencia y la validez de la ley moral natural? El primer paso es la rehabilitación del tema metafísico, rehabilitar el ser, éste ha sido el paso decisivo para entender el tema de la política; contra ello, Ratzinger formula un nuevo argumento para introducir en el debate político el considerar la ley moral natural como fundamento del derecho.[545]

El hombre, al estar ya cansado de la razón mecanicista, una razón calculadora, netamente matemática, necesita una bocanada de aire fresco. Para introducir de nuevo la ley natural en el debate político, debemos recordar que también debe entrar en la inmensidad del mundo, es decir, en la globalidad de todas las culturas; además, la naturaleza debe aparecer en su majestuosidad, con su profundidad, sus exigencias e indicaciones. El argumento que usa Ratzinger para volver a introducir el primer fundamento del derecho es el movimiento ecologista en la política; dice que algunas personas se dieron cuenta de que la relación que tenemos con la naturaleza ya no está funcionando, y si esta relación ya no funciona debemos detenernos para reflexionar cómo cambiar este rumbo, no podemos seguir haciendo lo mismo con ella (conocer la naturaleza como poder, transformarla).[546] Definitivamente, el tema de

545. *Cfr.* Benedicto XVI, *La caridad política*, 30-32; Benedicto XVI, *Visita al parlamento federal. Discurso del Santo Padre Benedicto XVI.*

546. *Cfr. Ibid.*, 30-32; Benedicto XVI, *Visita al parlamento federal. Discurso del Santo Padre Benedicto XVI.* Si bien, parece ser que existe una confusión entre el concepto de naturaleza, entendido como principio de operaciones, y naturaleza como ecosistema, en el discurso en alemán el Papa Benedicto XVI menciona que la ley natural (Naturrechts) es concebida sólo como una idea católica a la que no se le debe prestar atención, especialmente por la falacia naturalista antes mencionada, que de la naturaleza no se pueden obtener deberes. Benedicto XVI agrega que este problema se debió a que el concepto de naturaleza se concibe ahora desde el positivismo, y la naturaleza se concibe ahora como "un conjunto de datos objetivos, unidos los unos a los otros como causas y efectos"; esto lleva a concebir el concepto de naturaleza

la relación del hombre con la naturaleza es urgente, debemos prestar atención al lenguaje de la naturaleza. Sin embargo, esto no significa lo que muchos ecologistas proponen: que debemos salvar al medio ambiente del cáncer que es el hombre. Ésta no es la intención de Benedicto XVI; lo que él pretende rescatar con el tema de la ecología es que se nos ha olvidado que dentro de esta naturaleza también se encuentra el ser humano, es un miembro más del medio ambiente, y nos hemos olvidado de que existe una ecología del hombre.

> También el hombre posee una naturaleza que él debe respetar y que no puede manipular a su antojo. El hombre no es solamente una libertad que él se crea por sí solo. El hombre no se crea a sí mismo. Es espíritu y voluntad, pero también naturaleza, y su voluntad es justa cuando él respeta la naturaleza, la escucha, y cuando se acepta como lo que es, y admite que no se ha creado a sí mismo.[547]

como algo meramente funcional y, por lo tanto, no se pueden desprender de ella un carácter ético. Benedicto, para poder argumentar en favor de la ley natural (Naturrechts), también usa el concepto de naturaleza como recursos de Dios (aus den Vorräten Gottes) y la inmensidad del mundo, del cielo y de la tierra (die Weite der Welt, den Himmel und die Erde). Después de esto, se pregunta cómo la naturaleza aparecerá nuevamente con su profundidad y exigencias (Wie kann die Natur wieder in ihrer wahren Tiefe, in ihrem Anspruch und mit ihrer Weisung erscheinen?). La respuesta la reflexiona desde el movimiento ecologista (der ökologischen Bewegung), que el tema de la ecología es indiscutible y que debemos escuchar el lenguaje de la naturaleza y responder (Die Bedeutung der Ökologie ist inzwischen unbestritten. Wir müssen auf die Sprache der Natur hören und entsprechend antworten), y dice que hay algo que se ha olvidado, que también existe una ecología del hombre (Es gibt auch eine Ökologie des Menschen); es decir, que el hombre también "posee una naturaleza que él debe respetar y que no puede manipular a su antojo" (Auch der Mensch hat eine Natur, die er achten muß und die er nicht beliebig manupulieren kann).

547. *La caridad política*, 32; Benedicto XVI, *Visita al parlamento federal. Discurso del Santo Padre Benedicto XVI.*

Con esta argumentación, Ratzinger ha vuelto a poner en la mesa del debate la ley moral natural, un tema que trasciende la cultura occidental, pues el ecologismo no ha sido desarrollado sólo por Occidente, sino por todas las culturas. También ha mostrado que la *falacia naturalista* no es un argumento válido, ha recalcado que el fundamento de la ley no es el beneplácito de cada una de las personas, pues no se han creado a sí mismas; es decir que la ética no se funda en el relativismo moral. La ética individual como social y política tienen un fundamento racional que podemos conocer a través del lenguaje de la naturaleza, sólo hace falta prestar atención y escuchar qué nos tiene que decir.

Hemos dicho que la razón también puede sufrir una *hybris* de la cual debe purificarse, y esto se logra con el conocimiento y la relación con el Dios verdadero; la razón puede alcanzar por sí misma las cotas altas del conocimiento, pero ella misma no puede conocer más allá de la naturaleza divina; la fe además de iluminar a la razón, la purifica. El papel de la religión católica en el mundo político no es darle normas, ni mucho menos mandarle cómo actuar, sino, más bien, "ayudar a purificar e iluminar la aplicación de la razón al descubrimiento de principios morales objetivos".[548] Y el papel de la razón es también iluminar y purificar a la religión cuando se desvía, cuando se deforma. Ésta es una sana laicidad del Estado, reconocer el poder que ostenta se da en lo temporal (dar al César lo que es del César), y el poder de la Iglesia es espiritual (dar a Dios lo que es de Dios); este poder proviene del mismo ser divino, sólo que su aplicación es distinta.[549]

Fundamento del derecho: la conciencia

La conciencia es el segundo fundamento del derecho, es el sagrario inviolable donde Dios se pone en contacto con el hombre, es el crite-

548. *Ibid.*, 38.

549. *Cfr.* Benedicto XVI, *Ceremonia de bienvenida encuentro con las autoridades del estado* (Ciudad del Vaticano: Librería Editrice Vaticana, 2008).

rio subjetivo de la moralidad. Anteriormente, he dicho que cuando se menciona la verdad, cuando se argumenta a favor de ésta, algunos librepensadores creen que se violenta a su conciencia, pues hablar de la verdad es una imposición y supuestamente deja de existir la libertad de conciencia. La historia nos puede enseñar cómo se luchó tanto contra los gobiernos totalitarios, para que cada individuo tenga la libertad de pensar según sus convicciones. La situación de la libertad de conciencia está sobrepasando los límites hasta llegar a un nihilismo exacerbado o, como dice Spaemann, a un nihilismo banal.[550]

Ratzinger vuelve a tratar el tema de la razón positivista en el tema de la conciencia, pues las democracias actuales se basan en el principio de mayorías. Asimismo, la razón positivista sigue haciendo la escisión entre el mundo moral y el mundo del progreso: un científico o un ingeniero se deben preocupar por el avance en sus campos, sin importar qué consecuencias morales puedan traer sus nuevos avances. Con la razón positivista, la razón del poder y del hacer, se niega la capacidad humana para conocer lo que le concierne al hombre; es la negación del principio moral, la impugnación del "órgano de conocimiento —previo a cualquier especialización— que llamamos conciencia".[551] Lo que llega a conocer este órgano de conocimiento es la percepción de la responsabilidad moral: "podríamos decir que es propio de la libertad la capacidad de la conciencia para percibir los valores humanitarios fundamentales que atañen a todos los hombres".[552]

Cuando la conciencia se nubla o se equivoca, la libertad no se encamina correctamente, sino que se convierte en una libertad egoísta. Lo que sustenta las instituciones y mecanismos democráticos son las con-

550. *Cfr.* R. Speamann, *De la utopía al nihilismo banal.* Acceso el 27 de junio de 2021, http://foro-spaemann.blogspot.com/2016/08/de-la-utopia-al-nihilismo-banal.html

551. J. Ratzinger, *Verdad, valores, poder. Piedras de toque de la sociedad pluralista* (Madrid: Ediciones RIALP, 2012), 31.

552. *Ibid.*, 34.

vicciones morales, que son percibidas por la conciencia, de esta forma se robustece el derecho y el bien en la sociedad. Además, el Estado no debe imponer la fuerza del derecho con la coacción externa ni definirla de forma arbitraria. Lo que Ratzinger recupera del pensamiento de Alexis de Tocqueville es la condición esencial que mantiene unida la formación quebradiza del Estado y, además, que hiciera posible un orden de libertades en libertad común, que es "el que en América seguía viva la conciencia moral fundamental alimentada por el cristianismo protestante".[553] La conciencia tiene diferentes dimensiones, pero aquí veremos sólo dos de ellas: la conciencia en su dimensión moral y la conciencia en su dimensión religiosa. La conciencia moral, nutrida por la religión, es un sustrato básico de humanidad que se debe "respetar como verdadero bien común y condición de todos los demás bienes".[554] Un Estado que atenta contra la conciencia individual se expone al suicidio de la cultura o culturas que viven en su patria, y es el suicidio de la nación, pues éste no vive sólo del progreso, sino de las convicciones morales que atañen y conciernen al hombre. Asimismo, es responsabilidad del Estado "cultivar las evidencias morales esenciales, defenderlas y protegerlas como un bien común sin imponerlas por la fuerza".[555]

La conciencia es un tema de suma importancia, porque es la forma en la que el ser humano conoce los elementos morales, y adquiere mayor relevancia, porque en el actual desarrollo moral tiene implicaciones con los binomios "'libertad' y 'norma', 'autonomía' y 'heteronomía', 'autodeterminación' y 'heterodeterminación' por la autoridad".[556] La conciencia al ser el criterio subjetivo de moralidad, en ocasiones puede equivocarse y seguir sin una dirección (ley); esto es lo que se pretende con los términos libertad, autonomía y autodeterminación. Es, por decirlo de alguna manera: la contraposición de la moral de la conciencia y de la moral de

553. *Ibid.*, 38.
554. *Ibid.*, 39.
555. *Ibid.*, 39.
556. *Ibid.*, 43.

la autoridad. Cuando la autoridad política, con su poder, hace leyes contrarias a la naturaleza del ser humano, el hombre por conciencia tiene la obligación moral de no obedecerlas, pues "*la conciencia es la norma suprema*, que el hombre ha de seguir incluso contra la autoridad".[557]

Como ya se ha dicho, la conciencia moral es alimentada por la religión; en el caso de la autoridad eclesiástica, el magisterio de la Iglesia suministra elementos morales a la conciencia; aunque siempre se deja el fallo a la conciencia para que forme su propio criterio. Con este argumento, algunas personas creen que la conciencia siempre es infalible; esto conlleva a la problemática de la inexistencia de la verdad alguna en temas morales y religiosos, pues el fallo de la conciencia tiene siempre razón, y acaso ¿no hemos visto en la sociedad cómo hay conciencias que yerran en lo que creen verdadero? Su conciencia es el criterio objetivo que toda la sociedad debe seguir. Pero como cada conciencia choca con su propia veracidad, entonces los dictámenes de la conciencia se convierten en construcciones y reflejos de hechos sociales, para que no se violente la libertad de cada uno de los individuos.

La cuestión de la conciencia es uno de los problemas actuales sobre el tema esencial de la moralidad, pero, ¿qué sucede con la conciencia errónea? Es importante abordar este tema, pues en la sociedad actual es muy difícil observar que se estén formando las conciencias de forma recta, el imperio de la banalidad y la dictadura del relativismo deforman las conciencias y les hacen creer que todo es válido, todo está permitido. Algo que le llamó sobremanera la atención a Ratzinger fue el hecho de que en la academia universitaria alemana se pensara que Dios salva a las personas no cristianas dándoles una conciencia errónea, y si se les mostrara el cristianismo violentaríamos sus conciencias. Además, la verdad, la moral y la fe serían cargas pesadas para esas personas que Dios las había dotado con una conciencia errónea. El argumento principal que se encuentra en estas reflexiones es que "la conciencia errónea prote-

557. *Ibid.*, 44.

ge al hombre de las exigencias de la verdad y lo salva".[558] La conciencia errónea es un caparazón individualista que protege al hombre de la realidad; entonces, la verdad o no existe o exige demasiado. La repercusión de esta posición implica que la conciencia no está dispuesta a buscar la verdad, pierde todo sentido el esfuerzo humano por poder alcanzarla. Además, la verdad no es una idea preferida de esta época porque "se suele asociar con la intolerancia, y es considerada más como amenaza que como promesa",[559] que como liberación. Así, con el caparazón de una conciencia errónea, el hombre evita ser cuestionado sobre su pensamiento y sus acciones, pues cada quien tiene su verdad y, además, evita de esta forma la responsabilidad social llegando a un conformismo, dejan de formarse comunidades en las que existe el compromiso social, y el único criterio básico es tener el conocimiento que uno mismo logra, y adaptarse, conformarse, en la sociedad.

Ratzinger hace un último comentario de su experiencia respecto a la conciencia errónea; menciona que en alguna ocasión alguien objetó que la conciencia errónea tiene una fuerza salvadora y que, además, es universalmente válida, pues todos aquellos que hayan cometido algún mal estaban moralmente en lo correcto, porque seguían a su conciencia, y que todos aquellos que conformaban la *Schutzstaffel* (SS o escuadrón de protección en la Alemania nazi) se deberían encontrar en el cielo porque seguían el dictamen de su conciencia, por más mal que estuvieran; uno de sus colegas afirmó que verdaderamente deberíamos encontrarlos en el cielo.[560]

Ante estas dos experiencias, Ratzinger aborda con mayor precisión el tema y menciona que cuando escuchó estos argumentos se dio cuenta de que una conciencia que produce esos resultados, es un argumento que falla. Es decir, a veces algunas personas se resguardan de hacer fechorías, re-

558. *Ibid.*, 49.
559. Ratzinger, *Un canto nuevo para el Señor*, 23.
560. *Cfr.* Ratzinger, *Verdad, valores, poder. Piedras de toque de la sociedad pluralista.*

beldías, actos contumaces a través de la conciencia, y con ello se excusan de corregir su vida diciendo que siguen fielmente la voz interior. De esta forma, la conciencia se "convierte entonces en el principio de un egoísmo subjetivo que se presenta como absoluto, lo mismo que puede, a su vez, convertirse en el principio del tránsito del yo a un 'se' impersonal o un yo alienado".[561] Así, para poder liberar la conciencia y volverla a encaminar a un "yo", es necesario revisar ¿qué elemento puede ayudar a sanarla y redirigirla?, ¿cómo librar a la conciencia de un súper-yo?

Ratzinger encuentra, en un psicólogo, el argumento decisivo para afrontar el tema. Menciona que en el estado anímico se encuentra el sentimiento de culpa y que con ésta se rompe la falsa tranquilidad de toda conciencia mal encaminada. Cualquier persona que no tiene este sentimiento de culpa, es una persona que está enferma espiritualmente. A veces, aunque exista una conciencia recta, también se pueden justificar algunos actos moralmente malos, porque no somos capaces de reconocer nuestros deslices y se nos ocultan ante nuestros propios ojos; necesitamos de otro para poder ver y limpiar esos yerros. Esto lo encontramos en el Salmo 19, 13 "¿Quién será capaz de reconocer los deslices? / Límpiame de los que se me ocultan". Para Ratzinger, esto es signo de una profunda sabiduría humana, porque "*negarse a ver la culpa,* el *enmudecimiento de la conciencia* en tantas cosas es una *enfermedad del alma más peligrosa que la culpa reconocida como culpa*".[562] Una persona que niega que el mal es mal, está totalmente alejada de la verdad y de la conversión de quien, aun cometiendo el mal, reconoce la culpa. Aunque la conciencia sea errónea eso no exime que el mal que se haya cometido sea malo o pecado, la conciencia errónea no convierte el acto malo en algo bueno; ni mucho menos que los actos moralmente buenos dejen de ser buenos. La conciencia errónea impide el camino hacia la verdad, hacia la libertad, hacia el bien, hacia el derecho; una persona con este tipo de conciencia cree que tiene saldada la cuenta con su conciencia,

561. Ratzinger, *Iglesia, ecumenismo y política*, 188.
562. Ratzinger, *Verdad, valores, poder*, 52.

y así la conciencia se hace una fortaleza infranqueable donde ni Dios ni los hombres pueden entrar.[563] En cambio, una persona a la que su conciencia le recrimina que sus actos morales son malos, que reconoce la culpa como culpa, ésta tiene su corazón abierto, un corazón dócil, un corazón que se deja encaminar y guiar por la verdad y el amor. Podemos entender ahora lo que Dios quiere decir a través del profeta Ezequiel:

> Les daré un corazón nuevo y pondré en ustedes un espíritu nuevo: les arrancaré de su cuerpo el corazón de piedra y les daré un corazón de carne. Infundiré mi espíritu en ustedes y haré que sigan mis preceptos, y que observen y practiquen mis leyes. [...] Ustedes se acordarán de su mala conducta y de sus acciones perversas, y sentirán asco de ustedes mismos a causa de sus culpas y sus abominaciones. [...] Sientan vergüenza y confusión por su conducta[564]

Ratzinger enseña a los políticos de este siglo que deben tomar la misma consideración y plegaria que Salomón: ¡Danos un corazón dócil para que podamos discernir qué es el bien y el mal para que así podamos juzgar a Tu pueblo! Cuando la conciencia es tocada por el Poder de Dios, cuando el corazón del hombre es tocado por la *Exousía*, es capaz de reconocer la existencia irrecusable de la verdad: "*el hombre puede ver la verdad de Dios* en el fondo de su ser creatural. *No verla es culpa*. Sólo se deja de ver cuando no se la quiere ver".[565] La conciencia al reconocer la verdad se hace libre, porque verdad y libertad van de la mano; en efecto, al conocer la verdad, la verdad nos hace libres.

Hemos llegado al cenit del discurso ratzingeriano, un corazón dócil es capaz de conocer la verdad, un corazón que se deja tocar por el Poder de Dios —*Exousía*— vive en una libertad plena, y ¿qué es el Poder de Dios, sino su Amor? Dios vence el corazón de piedra de los hombres con su amor e infunde su espíritu —su amor— en el corazón de carne para que así cumplamos los preceptos. La Razón creadora ha hecho todas las

563. *Cfr. Ibid.*, 52.
564. Ez. 36, 26-27. 31-32.
565. Ratzinger, *Verdad, valores, poder*, 53.

cosas con su poder, Dios con su amor creó todas las cosas; pero con el envilecimiento y la mentira del poder que le ofreció el diablo al género humano, desfiguró la belleza del poder de Dios y de su creación. Con su poder, Dios que era rico, se hizo pobre, tomó nuestra condición, la carne, la condición mortal, para inundar con esta pobreza su riqueza; venció la muerte con el poder de su amor; con su amor vence el poder que ofrece el mundo; con su poder recrea todas las cosas.

Con el poder del mundo, el poder que procede del maligno, parece contradicho el "muy bueno", "muy bello" del sexto día de la Creación; está sometido a la mentira del tentador y

> resulta permanentemente contradicho, en este mundo, por el mal, por el sufrimiento, por la corrupción. Y parece casi que el maligno quiere permanentemente ensuciar la creación, para contradecir a Dios y hacer irreconocible su verdad y su belleza. En un mundo tan marcado también por el mal, el "Logos", la Belleza eterna y el "Ars" eterno, debe aparecer como "caput cruentatum". El Hijo encarnado, el "Logos" encarnado, está coronado con una corona de espinas; y sin embargo precisamente así, en esta figura doliente del Hijo de Dios, comenzamos a ver la belleza más profunda de nuestro Creador y Redentor.[566]

El Amor de Dios hace que las cadenas que tienen atada a la verdad se rompan, el amor de Dios muestra la belleza de la verdad y del bien; rompe el yugo pesado que cargamos por el poder del mundo, es cambiado y lo cambia por el yugo ligero del amor.

DEMOCRACIA PLURALISTA[567]

La vida política de los siglos XX y XXI nos ha mostrado que una mala concepción de *lo político* ha llevado a terribles consecuencias; dicha

566. Benedicto XVI, *Palabras del Santo Padre Benedicto XVI al término de los ejercicios espirituales en el Vaticano.*
567. Haciendo una búsqueda en EbscoHost y Dimensions para hacer un análisis bibliométrico sobre los conceptos en inglés de "Ratzinger" y "democracia"

concepción se fue formulando en la edad moderna, más precisamente con la Ilustración y el marxismo. Esta deformación (*hybris*) de lo político que hemos tratado hasta este apartado, lo podemos resumir de la siguiente manera: a) con la aparición de la Ilustración se ensalzó y endiosó a la razón científica-tecnológica y se miró como enemiga a la fe (cristianismo) y con cierto dejo de sospecha a la moral (Maquiavelo); esta razón científica-tecnológica fue avanzando y progresando con el tiempo y llegó a imponerse ante la naturaleza, dominándola y sometiéndola hasta expoliarla y dejando de lado a la moral, porque dentro del método científico sólo hay cabida para lo objetivo, tangible, mensurable, experimental, y no para lo subjetivo como se supone es la moral. Así, el fundamento de la polis no se encuentra en el *ethos* —en lo moral—, sino en una razón calculadora y, además, una razón inscrita en la dialéctica histórico-materialista que transforma la realidad. b) Esta separación entre lo político y lo moral ha llevado a malas interpretacio-

(democracy) del 27 de junio de 2021, sólo se obtuvo un resultado en Ebscohost y cuatro en Dimensions. Esto significa que no existen muchas investigaciones sobre el pensamiento democrático en Ratzinger. Asimismo, se buscó en los mismos motores de búsqueda, en inglés, los conceptos "Ratzinger" y "democracia pluralista" y no se obtuvieron resultados, significa que este apartado de la tesis es un aporte novedoso en las investigaciones sobre la democracia y la democracia pluralista en el pensamiento de Ratzinger. *Cfr.* J. C. Paskewich, "Liberalism Ex Nihilo: Joseph Ratzinger on Modern Secular Politics", *Politics* 28, núm. 3 (2008): 169-176, doi:10.1111/j.1467-9256.2008.00326.x; P. C. Jiménez Lobeira, "Pre-Political Foundations of the Democratic Constitutional State – Europe and the Habermas-Ratzinger Debate" (2 de julio de 2010), SSRN: https://ssrn.com/abstract=1633715 or http://dx.doi.org/10.2139/ssrn.1633715; J. Kristeva y J. M. Perl, "Rethinking 'Normative Conscience': The Task of the Intellectual Today", *Common Knowledge* 25, núms. 1-3 (abril de 2019): 192-199, https://doi.org/10.1215/0961754x-7299282; K. Jordan, "A Christian vision of freedom and democracy: Neutrality as an obstacle to freedom", *Tennessee Journal of Law & Policy* 9, núm. 4 (2014), https://trace.tennessee.edu/tjlp/vol9/iss4/4; A. Gonçalves, "The theological foundation of democracy according to Ratzinger", Religions 9, núm. 4 (2018): 115, https://doi.org/10.3390/rel9040115

nes del uso de la autoridad y del poder, pasando por momentos históricos, como la guerra de Independencia de Estados Unidos de América, la Revolución francesa, la constitución de los Estados-Nación en Europa, las guerras mundiales, la Guerra Fría y demás situaciones que vivimos hoy en día. Se observa en las democracias actuales la tensión entre las posturas políticas de la gama de derecha a izquierda, a esto lo podemos denominar *la lucha por el poder*. Estos dos aspectos han llegado a consecuencias que nos llevan a replantear y cuestionar el fundamento del Estado, para bien vivir en la sociedad política.

En algunos de los escritos de Joseph Ratzinger encontramos el tema de la *democracia pluralista*, ¿qué significa esto? Primero hay que decir que este concepto fue acuñado por el politólogo estadounidense Robert Dahl,[568] y que su origen se remite a la *poliarquía*, de la que surgen todos los regímenes democráticos actuales. En los gobiernos poliárquicos se encuentra el pluralismo social, es decir, "la organización de la sociedad civil en diversidad de grupos, con una gran dosis de autonomía recíproca, es decir, desarrolladas al margen del control estatal".[569] Este

568. *Cfr*. *Pluralist democracy in the United States: conflict and consent* (1967), *Polyarchy, participation and opposition* (1971), *Dilemmas of pluralist democracy: autonomy vs. control* (1982) y *Democracy and its critics* (1989). Riordan menciona que la postura de Aristóteles sobre un bien universal o supremo no es aceptado por muchos filósofos políticos en la actualidad (como es el caso de Bernard Williams, Stuart Hampshire, Joseph Raz, Steven Lukes, Michael Stocker, Thomas Nagel, Charles Taylor, Martha Nussbaum, Charles Larmore, John Gray, John Kekes, William Galston e Isaiah Berlin), por eso existe el valor del pluralismo. Todos estos filósofos afirman que los valores pluralistas no promueven un relativismo, son inconmensurables y no es posible ordenarlos jerárquicamente como bienes, algunos bienes son reconocidos como básicos para una vida decente, hay diversidad de concepciones de vida decente y se distingue de los monismos. *Cfr*. Riordan, *Global Ethics and Global Common Goods*, 45-46.

569. R. Chacín, "La teoría pluralista de la democracia de Robert Dahl y la inestabilidad del sistema político venezolano (1989-1993)", *Frónesis* 4, núm. 3 (1997): 47-48.

tipo de democracia moderna goza de derechos y libertades, como son el voto universal, el voto igual, voto pasivo, elecciones libres, libertad de opinión, libertad de asociación, entre otros.[570] La regla fundamental del voto en las democracias pluralistas es la mayoría, que se traducen en decisiones colectivas y obligatorias para todos los ciudadanos, y el fundamento del Estado liberal son las libertades antes mencionadas. El estado de Derecho se encuentra en su concepción individualista, que resumimos en tres puntos: 1) el contractualismo de los siglos XVII y XVIII (Locke, Rousseau; el Estado es un producto del contrato entre personas); 2) la economía política (Smith; buscando el interés propio promovemos el interés social), y 3) la filosofía utilitarista (Bentham y Mill; las condiciones para una ética objetiva son el placer y el dolor).[571] Una última observación sobre este tipo de democracia, es que en la democracia pluralista, la fuente del poder es múltiple debido a la diversidad de grupos que se encuentran en el régimen democrático; pluralismo que busca que la autoridad no se arrogue todo el poder, sino que esté limitada, para no volver a caer en estados totalitarios o dictaduras.

Antes de empezar con este discurso, es preciso mencionar que no es intención de Ratzinger hacer una teología política, es decir, la teología civil que menciona Marco Terencio Varrón, ni el supuesto del cristianismo como fuerza política, que podría exigir la desobediencia a la autoridad civil y a las instituciones legítimas, y establecer un régimen político basado en la idea del reinocentrismo, superando así el eclesiocentrismo, cristocentrismo y teocentrismo.[572] La razón última del reinocentrismo es hacer de la realidad política una utopía política: el mundo (sociedad política) perfecto, sin ninguna mancha o error: "semejante política, que convierte el Reino de Dios en un producto de la política y somete la fe a la primacía universal de la política, es, por su propia naturaleza, una

570. *Cfr. Ibid.*, 48.
571. *Cfr.* N. Ochoa, *"Gobernabilidad" versus Democracia pluralista* (Quito: Ediciones Abya-Yala, 2003).
572. *Cfr.* J. Ratzinger, *Jesús de Nazaret* (Madrid: Ediciones Encuentro, 2011).

política de la esclavitud; es política mitológica".[573] Lo que busca Joseph Ratzinger es poner en diálogo la fe y la política.

573. Ratzinger, J. *Iglesia, ecumenismo y política*, 164. También en el apartado *Escatología y utopía* menciona lo siguiente: "la utopía es filosofía política como actividad de la razón práctica en el ámbito del pensamiento ontológico". Ratzinger, *Iglesia, ecumenismo y política,* 261, también *Cfr*. Ratzinger, *Fe, verdad y tolerancia*. Además, Aranda menciona que Ratzinger rechaza la teología política por cuatro razones: "First, he suscribes to Peterson's rejection of the idea of Christian political theology. The possibility of political theology is also rejected in the New Testament: Ratzinger leans on the historian Martin Hengel, who contrast the Jewish Zealot movement with the preaching of Jesus of Nazareth, affirming that 'one could, like the Zealots, attempt to «force»... the imminent reign of God through militant action, with weapons in hand, or, conversely, to alleviate the enormous, concrete need, to bind up wounds instead of inflicting them. Jesus consistently chose the second way'. In the third place, he follows Voegelin's critique of gnosticism. In opposition to the gnostic tenet that through the use and perfection of human knowledge we can establish a new order of being, Ratzinger claims that our "relationship to truth is first of all essentially receptive and not productive." Gnosticism, on its part, represents a rejection of the *cosmos* and its God, 'a radical form of protest against everything that up until then had seemed to be holy, good, and upright, and that was now exposed as a prison, which gnosis promised to show the way out of'.
For Ratzinger, however, 'neither reason nor faith ever promises us that there will ever be a perfect world. It does not exist', and thus the gnostic project is condemned to fail. A fourth ground for rejecting political theology comes from Ratzinger's Augustinianism. He adopts Augustine's doctrine of the two cities, the idea that, although mixed together here on Earth, the two cities are distinguishable in their origins, their loves, and their *telos*. Happiness, for the citizens of the heavenly city – which is 'true' happiness – is not attainable in this world, for 'no one lives as he wishes unless he is happy, and... no one is happy unless he is righteous. Even the righteous man, however, will not live as he wishes unless he arrives at the state where he is wholly free from death, error and harm'." Aranda, *Antitotalitarian Catholic Thought in Twentieth-Century Germany*, 85-86.

ESTADO Y DEMOCRACIA PLURALISTA EN EL PENSAMIENTO DE JOSEPH RATZINGER

Hasta el momento hemos tratado algunos aspectos morfogenéticos del Estado moderno y consideraciones metafísicas que se han puesto de lado por parecer intrascendentes. Ahora desarrollaremos qué entiende Joseph Ratzinger por Estado y democracia pluralista.

Sobre el Estado, Ratzinger se pregunta qué es, para qué existe y para qué no, también aporta algunas respuestas a este problema (que encontraremos en las amenazas) y la solución definitiva.[574] Según Ratzinger, la finalidad del Estado es: 1) mantener el orden de la convivencia humana, buscar un sano equilibrio entre la libertad y el bien del hombre que se reúne en sociedad y que, además, impulse tener una vida digna. Esto se puede traducir en que el Estado tiene el deber primario de "proteger a la propia población de violaciones graves y continuas de los derechos humanos, como también de las consecuencias de las crisis humanitarias, ya sean provocadas por la naturaleza o por el hombre";[575] 2) garantizar el derecho "como condición de la libertad y el bienestar en general";[576] 3) gobernar, y 4) que este ejercicio de gobernar, no sea sólo el ejercicio

574. También estas preguntas se encuentran condensadas en la postura del politólogo italiano Giovanni Sartori en su libro *La democracia en treinta lecciones* (2009); en la primera lección, al tratar lo que es la democracia se pregunta ¿qué insidias amenazan a la democracia?, ¿qué peligros corre? y ¿qué futuro tiene la democracia? *Cfr.* G. Sartori, *La democracia en treinta lecciones*. Trad. de Alejandro Pradera (México: Taurus, 2009).

575. Benedicto XVI, *Discurso de Su Santidad Benedicto XVI. Encuentro con los miembros de la Asamblea General de las Naciones Unidas* (Ciudad del Vaticano: Librería Editrice Vaticana, 2008).

576. Ratzinger, *Verdad, valores y poder*, 90. Asimismo, Aranda dirá que la ley, para Ratzinger, debe mostrar las convicciones más profundas, su estilo de vida y el entenderse de las sociedades; y para ello, analizará la democracia "where decisión making is understood as a collaborative effort to shape the law". Aranda, *Antitotalitarian Catholic Thought in Twentieth-Century Germany*, 88.

del poder, sino la protección del derecho "que asiste al individuo y garantía del bienestar de todos".[577] Lo que no le corresponde al Estado y no se encuentra en su naturaleza es: 1) no puede crear ni traer la felicidad a cada ser humano, a todo el conjunto, 2) no puede crear nuevos seres humanos, eso le compete a la familia, 3) no puede convertir a la nación o al mundo en un paraíso, y mucho menos es capaz de hacerlo.[578]

Además de analizar para qué existe y para qué no existe el Estado, Benedicto XVI menciona que en nuestra época, la soberanía del Estado se afronta a algunas limitaciones de tipo económico-comercial y financiero internacional, caracterizadas por la creciente movilidad de los capitales financieros y de los medios de producción, tanto materiales como inmateriales, lo cual ha llevado a modificar el poder político de los estados.[579]

Dos elementos fundamentales para el Estado son las instituciones y los *mores*. En el primer elemento, ha existido un desarrollo escaso en la crítica y un desarrollo creativo de las mismas. En el segundo, hay un posible riesgo de olvidarlo, aunque éste es mucho más esencial que el primero. En efecto, las *mores* no son la moralidad, sino las costumbres: "un conjunto de convicciones fundamentales que se manifiestan en la forma de la vida, que dan concreción al consenso sobre los indiscutibles valores fundamentales de la vida humana".[580] Tales convicciones son los que dan fundamento a las instituciones, todavía más, la democracia se fundamenta más en estas convicciones que en las instituciones, y mientras más exista la conciencia y rijan las costum-

577. Ratzinger, *Verdad, valores y poder*, 90.
578. *Cfr. Ibid.*, 90.
579. *Cfr*. Benedicto XVI, *Caritas in veritate.*
580. Ratzinger, *Iglesia, ecumenismo y política,* 277. *Cfr.* Aranda, *Antitotalitarian Catholic Thought in Twentieth-Century Germany*, 88. En *Introducción al cristianismo*, Ratzinger menciona que para que pueda existir futuro es necesario que los hombres con convicciones capaces de configurar la vida se encuentren. *Cfr.* Ratzinger, *Introducción al cristianismo.*

bres, menos serán necesarios los institutos, y si lo que más rige son las instituciones y hay menos conciencia de las costumbres, entonces las consecuencias que sucederán son la tiranía y la opresión de la libertad de las personas.

El desarrollo del régimen democrático tiene como bases la cultura helena y cristiana, y tuvo su desenvolvimiento en la época de la Ilustración, pero el concepto y esencia de la democracia como la concebimos actualmente se formó y tiene sus orígenes en el congregacionalismo americano (estadounidense). En un breve recorrido histórico, Joseph Ratzinger recuerda que el concepto de democracia se desarrolla en la modernidad por dos razones diferentes y, por lo tanto, dos fundamentos distintos. El primero de ellos es en el ámbito anglosajón, aquí la democracia fue pensada, fundamentada y realizada, de alguna forma, desde la concepción *iusnaturalista* y "apoyada en un consenso fundamental cristiano, concebido, desde luego, de forma enteramente pragmática".[581] Y el segundo, se desprende del pensamiento de Rousseau, en el cual el concepto de democracia tiene su fundamento contra la tradición cristiana, es decir, con Rousseau la democracia se fue formando como la democracia en oposición al cristianismo.

En el caso de la democracia pluralista, Ratzinger recuerda que cuando ésta se introdujo en los países fue bien recibida y tiene como punto de partida histórico el fin de las guerras del siglo XX. Sin embargo, con el paso del tiempo, las personas se fueron desilusionando y empezaron a sentir ciertos malestares con la democracia, pues en su inicio existieron grandes promesas que no llegaron a cumplirse, así como el comportamiento antidemocrático que se ha suscitado en los países del Tercer

581. Ratzinger, *Verdad, valores, poder*, 96. Con estas ideas expuestas, Aranda menciona que Ratzinger no apoya un totalitarismo cristiano (como sostiene John Allen), que existe una separación entre los poderes del Estado y de la Iglesia, pero que esto no es un divorcio; y no puede ser un totalitarismo, porque la Iglesia iría en contra de la Iglesia fundada por Cristo. *Cfr*. Aranda, *Antitotalitarian Catholic Thought in Twentieth-Century Germany*, 84-91.

Mundo.[582] Así, recuerda que la democracia pluralista no está garantizada del todo: "no puede unir, por sí sola, a los ciudadanos en una adhesión fundamental a la comunidad estatal".[583]

Durante todo el tiempo que se ha desarrollado esta democracia, a pesar de estar bien dirigida, en la realidad y actualidad no produce la convicción de ser la mejor forma de gobierno, para esto baste recordar las crisis económicas del siglo XXI. Ratzinger menciona que la democracia no creará a la sociedad ideal, pero en la actualidad y en la práctica ha resultado ser un sistema de gobierno adecuado.[584] Esto se debe a que la democracia ha ayudado a distribuir y controlar el poder; a través de esta distribución y control del poder se ofrece "la más alta garantía contra la arbitrariedad y la opresión, y el mejor aval de la libertad individual y el respeto a los derechos humanos".[585] Entonces, gracias a la democracia encontramos el gran bien de que todos podemos participar en la vida política de la nación, cada uno de nosotros aporta su voluntad para la acción política, todos participamos en el ejercicio de poder, y esto se traduce en la expresión de la libertad. Como ciudadanos de una democracia somos cogestores y coejecutores del poder, todos somos libres e iguales, nadie más puede imponernos su poder, nadie nos puede subyugar, expoliar, atormentar, someter bajo su poder, somos realmente libres. Pero en la realidad social, no todos podemos ejercer diariamente de forma directa el poder, por eso es necesario delegarlo de forma temporal, es decir, tiene un plazo determinado hasta las siguientes elecciones. Sin embargo, para que no se convierta en despotismo el ejercicio de este poder delegado, se requieren controles para que siga vigente y mandando la voluntad colectiva que ha delegado el poder.

582. *Cfr*. Ratzinger, *Iglesia, ecumenismo y política*.
583. Ratzinger, *Iglesia, ecumenismo y política*, 224.
584. *Cfr*. Ratzinger, *Verdad, valores y poder*, 81.
585. *Idem*.

Esta democracia pluralista se encuentra en el marco del Estado liberal y secularizado, y al retomar las ideas del pensador político alemán Böckenförde, Ratzinger menciona que ésta ya no es la *societas perfecta*, pues vive de supuestos que no puede garantizar. Un ejemplo de lo anterior es que las personas creen que se alcanzará el fin del Estado cuando se garantice la libertad de todos (libertad sin contenido), eludiendo así el fin original del Estado, que es la autarquía del individuo, o la capacidad de disponer de sí mismo.[586] Con esto, Ratzinger entiende que algo es imprescindible para la democracia pluralista que no se encuentra en el fundamento de lo político; este "algo imprescindible" lo tratará después de considerar cuáles son las amenazas que aquejan a la democracia. Además, considera que la pluralidad de los valores tiene sus bases en Europa y es legítima, pero está siendo conducida a un pluralismo que excluye los fundamentos del derecho; esto se debe a que la pluralidad de orientaciones religiosas, culturales e ideológicas no pueden fundamentar una base común de valores éticos, en el que todos y cada uno estén de acuerdo. Al no fundamentar esta base común, se tiene como consecuencia que tampoco se puede fundamentar una democracia estable. Sólo se reconoce que existe un mínimo de valores aceptados y compartidos en la democracia, los cuales se están viendo amenazados y están perdiendo su consistencia, que resultan el filtro de los demás valores: "el derecho de la libertad individual a expresarse sin imposiciones, por lo menos en cuanto no resulte lesiva para el derecho del otro".[587]

Las amenazas a la democracia pluralista

La primera aproximación sobre las amenazas a la democracia pluralista la encontramos en los escritos: "¿Orientación cristiana en la democracia pluralista?" (1984) y "El significado de los valores morales y religiosos

586. *Cfr. Ibid.*
587. Ratzinger, *El cristiano en la crisis de Europa* (Madrid: Ediciones Cristiandad, 2005), 57.

en la sociedad pluralista" (1992); también se deducen otras amenazas en "Lo que cohesiona al mundo. Los fundamentos morales y prepolíticos del Estado Liberal" (2004) y "Europa, política y religión" (2001), entre otros.

En el artículo "¿Orientación cristiana en la democracia pluralista?" menciona que existen tres amenazas a la democracia pluralista: 1) "la incapacidad de aceptar la imperfección de las cosas humanas",[588] esto conlleva a un hastío, o en términos de Sartre, a una náusea por la realidad; 2) el ansia de anarquía, gracias a que va en aumento este hastío por la realidad, también se encuentra en aumento un ansia de anarquía "debida la convicción de que debe existir en alguna parte algo mejor"[589] y 3) un mesianismo profano, esta idea tiene sus raíces en Kant, Hegel y Marx. En Kant encontramos esta idea en su escrito: La victoria del principio bueno sobre el malo y la constitución del Reino de Dios sobre la tierra. Hegel menciona que al final de la historia se suscitará una gran síntesis, esto significa que dentro de poco se podrá o deberá construir la sociedad justa, esta idea de la construcción de la sociedad justa es la mística que albergaba la idea del *Reich* (Imperio) o del Tercer Reich, y que en la actualidad esta idea mística sigue pululando entre muchos ateos y cristianos. Con Marx encontramos el paso decisivo hacia la "salvación", él pensaba que con "la expropiación de la clase dominante, con la caída del poder político y con la socialización de los medios de producción, se establecería la Nueva Jerusalén".[590] Ahora se construirá un Reino de Dios sin Dios, y se llamará el reino del hombre, o simplemente reino o la nueva sociedad. Este reino lo vamos construyendo (constituyendo, según Kant), lo vamos trabajando con base en nuestro esfuerzo, y que está al alcance de nuestras manos.

Este último elemento, la construcción del reino, se presenta para Ratzinger como "una especie de moralismo que sustituye a los argu-

588. Ratzinger, *Iglesia, ecumenismo y política,* 225.
589. *Ibid.*, 226.
590. Benedicto XVI, *Spe Salvi*, n. 21.

mentos políticos o económicos".[591] Además, parece evidente que estamos trabajando efectivamente para este programa, para construir un mundo nuevo y más perfecto. Esta idea escatológica tiene inquietudes y repercusiones en los ámbitos filosófico y político, que Ratzinger expresa en tres aspectos fundamentales.

El primero, el bien se encuentra sustentado en las estructuras del Estado y no en el esfuerzo ético de los hombres de la sociedad. ¿De dónde surge esta idea? Es un mito de la sociedad liberal, que se basa en la concepción de que "el *ethos* está siempre en peligro, no es nunca perfecto y debe ser continuamente conquistado".[592] Este mito es un grave peligro, pues reconoce que el ser humano es imperfecto y que de su imperfección (mal) no puede surgir el bien. Asimismo, corre peligro en manos de los seres humanos, por lo cual debe conquistarse; estas conquistas del *ethos* de la sociedad liberal las vemos sumamente marcadas en los supuestos derechos alcanzados por las minorías de la sociedad liberal. Para ésta, según Ratzinger, el Estado que surge de un *ethos* (de la libertad humana) no está totalmente terminado, nunca es perfecto, nunca es justo, nunca está garantizado; por esta razón, el Estado debe desmarcarse de un *ethos*, debe ser independiente si quiere alcanzar la perfección, pues las estructuras en las que vivimos al estar impregnadas de la imperfección humana son pecaminosas, y las futuras estarán libres de este elemento y serán justas: "por eso la salvación se basa en el análisis de las estructuras y de las actualizaciones político-económicas que de ellas resultan".[593] Lo que se encuentra en lo más profundo de esta concepción es la idea del materialismo, porque al negar la esfera de la realidad, se está negando el plano espiritual, suplantado por el *ethos* que conquistan las estructuras imponiéndosela a los seres humanos. Es decir, queda suplantada la realidad que el espíritu es la fuente de la materia y se implanta la idea de que el espíritu es producto de la evolución

591. Ratzinger, *Iglesia, ecumenismo y política,* 226.
592. *Ibid.*, 226.
593. *Ibid.*, 227.

de la materia, teniendo como consecuencia que el "*ethos* es producido por la economía y que la economía, en último término, no depende de las decisiones fundamentales del hombre".[594]

Según este reino, la renuncia al *ethos* (renunciar a la libertad y a la responsabilidad) produce tranquilidad ("liberación") y una renuncia a la conciencia. Este supuesto "reino" conduce a la tiranía, pues, como veremos, la conciencia tiene un papel importantísimo en el ámbito político, y renunciar a ella, o tratar de acallarla, lleva a terribles consecuencias. Entonces, el falso moralismo que se podría encontrar en las sociedades plurales es totalmente inmoral, pues satisfacerse con lo perfecto es una utopía que conduce a la anarquía y, esta utopía, ni la fe ni la razón tienen cabida en la política ni en la sociedad. Es por eso que Ratzinger menciona que "para la futura consistencia de la democracia pluralista y para el desarrollo de una medida humanamente posible es necesario tener el valor de admitir la imperfección y el estado de continuo peligro que corren las realidades humanas".[595]

El segundo aspecto fundamental es la renuncia al aspecto moral. Ratzinger encuentra que éste fue formulado primero por Francis Bacon, y fue adquiriendo más fuerza con el paso del tiempo. Para este aspecto, la única razón es la razón capaz de hacer medición y experimentación, que puede reproducir aquellos fenómenos y que sea exacto, a esto es a lo único que podemos denominar razón, todo lo demás queda excluido de este ámbito y se le denomina "arracional y debe ser progresivamente superado y reconducido igualmente al nivel del conocimiento 'exacto'". [596] Debemos recordar que este último argumento es postulado por Augusto Comte, que se encuentra en el tercer estadio, el positivista. En este estadio propone que la razón científica está jerarquizada, pasando por las matemáticas, la astronomía, la física, la química, la biología y la so-

594. *Idem.*
595. *Ibid.*, 228.
596. *Idem.*

ciología; en el caso de la sociología, para que sea una ciencia, propone que sea como una física con estática y dinámica. Pero no será Comte el que consolide esta idea, sino Emile Durkheim. Ratzinger menciona que el estadista alemán, Martin Kriele habla de la "inversión de la relación entre ciencia y razón práctica, de reducción de la ética y de la política a la física", [597]teniendo como fuentes a Comte y Durkheim. Toda la vida moral del ser humano queda reducida a la estática que ofrecen las estructuras de la política, mientras que ésta es totalmente dinámica.

La tesis de Ratzinger en este segundo aspecto, es que la huida y renuncia de lo moral, no se debe a la fatiga, sino a la sospecha por ser algo irracional. Así se relegaron los aspectos morales del pensamiento clásico y se intenta restablecer la moral desde el mecanismo de la razón científica, "de un modo u otro, según la tipología del cálculo, según la comparación entre efectos favorables o desfavorables de una acción".[598] Se ha renunciado completamente a lo metafísico y a lo moral, ya no existe el bien moral y el mal moral, lo único que existe es lo conveniente e inconveniente de una acción, por consiguiente no se le puede exigir una responsabilidad a alguien que obra. Ante esta amputación en la vida del hombre y de la sociedad, ya no se puede recurrir ni se puede hacer relevante tratar las normas de comportamiento; además, esta amputación conduce a que el derecho pierda su fundamento, y el nuevo fundamento del derecho será el del más fuerte. Esto significa que el derecho ya no protege los bienes jurídicos gracias a la fundamentación de unos principios, lo que busca es evitar el choque entre intereses opuestos. Estos principios que fundamentan al derecho ya no deben ser defendidos, porque entran en el ámbito de lo subjetivo, y como consecuencia de este argumento, de desplazar o eliminar la razón moral, es que "el derecho no puede referirse a una imagen fundamental de justicia, sino que se convierte en el espejo de las ideas dominantes". [599]

597. *Idem.*

598. *Ibid.*, 229.

599. *Ibid.*, 230.

En el primer aspecto hemos visto cómo la renuncia al *ethos* lleva a conquistar ciertos ámbitos, ciertos derechos, y ahora al sospechar de la moral como algo irracional, el fundamento de estas conquistas son el espejo de las ideas dominantes, que denominamos ideologías. Aunque Ratzinger menciona que todos comprenden que la justicia no se puede basar en estos fundamentos, y que está apelando a la ideología de los totalitarismos del siglo xx, han surgido otras ideologías en las que se basan estos fundamentos, aunque para muchas personas no les resulta evidente que todos lo lleguen a comprender.

Para terminar este segundo aspecto, Ratzinger menciona que para que la sociedad y el Estado puedan sobrevivir es necesario el restablecimiento de "un consenso moral fundamental en nuestra sociedad".[600] ¿Cómo se hará este consenso moral? Ratzinger especula esta idea en el coloquio con Jürgen Habermas sobre la visión de los fundamentos morales del Estado, y encuentra dos factores del desarrollo histórico que estamos viviendo: una sociedad con dimensiones mundiales y las posibilidades que tiene el hombre de construir y destruir, lo que lleva a considerar el tema del planteamiento jurídico y moral acerca del poder. Le parece evidente y obvio que a partir de la ciencia no se puede formular ni generar un *ethos*, una conciencia ética, es decir, que de los presupuestos científicos no se puede dar un salto al elemento moral, ya que lo moral no se puede poner en el banquillo de los debates científicos. Lo que ha sucedido es que el desarrollo de la ciencia ha modificado, transformado radicalmente, la imagen del hombre y del mundo, y con ello ha demolido las certezas éticas clásicas.[601]

El tercero y último aspecto fundamental es pensar y creer que la vida terrenal es la única vida que vivimos y, por lo tanto, nadie puede esperar una felicidad diferente a la que ahora vive. Puesto que felicidad que puede alcanzar en esta vida no es suficiente, escapa a ilusiones, utopías;

600. *Ibid.*, 230.

601. *Cfr.* Habermas y Ratzinger, *Entre razón y religión*.

en efecto, podemos ver cómo el socialismo y el capitalismo prometen ciertas comodidades y con ello la felicidad, pero aunque presuman de ser la plenitud de la vida, en realidad están totalmente vacíos.[602] Ratzinger sintetiza toda esta idea como "la pérdida de la trascendencia provoca la fuga hacia la utopía".[603] Este elemento de quitarle esta visión trascendente al hombre, de amputarle una parte esencial de su vida, es consecuencia del primer aspecto: el materialismo. Habiendo negado el ámbito espiritual del hombre como producto de la evolución de la materia, se niega de inmediato la vida trascendente del hombre. Al mutilar el elemento espiritual-trascendente del hombre, se acorta la visión de grandeza que se encuentra inscrita en la naturaleza del hombre y, por esta razón, el ser humano busca con tropiezos una grandeza que lo llene, y al no encontrarla brota el sentimiento de frustración y sufrimiento, y lo menos que puede intentar es fugarse a una vida con esperanzas ilusorias.

Con estos tres aspectos fundamentales de la idea escatológica de la construcción del reino,[604] nos damos cuenta de que es totalmente ilusoria y falsa, y que ha dañado y desfigurado la imagen del hombre y, con ello, la razón y la libertad, pues elevando la bandera del progreso la moral ha resultado irracional y la libertad ha sido llevada a la anarquía, desconociendo todo vínculo con la autoridad y las instituciones, con la promesa de que la libertad será perfecta y libre de ataduras.

Hasta aquí, Ratzinger menciona en el artículo "¿Orientación cristiana en la democracia pluralista?" cuáles son las amenazas a la democra-

602. *Cfr.* Ratzinger, *Instrucción sobre algunos aspectos de la "teología de la liberación".*

603. Ratzinger, *Iglesia, ecumenismo y política,* 231; *Cfr.* Ratzinger, *Instrucción sobre algunos aspectos de la "teología de la liberación"*, 1984.

604. Ratzinger entiende que la escatología no está en el plano terrenal, sino en el espiritual, y que las materias sobre las que versa la escatología son la muerte, la inmortalidad, la vida futura y lo que sucede entre la muerte y la vida eterna. *Cfr.* Ratzinger, *Escatología. La muerte y la vida eterna. La muerte y la vida eterna* (España: Herder, 2017).

cia pluralista, pero existe otra amenaza que se encuentra en su escrito "El significado de los valores morales y religiosos en la sociedad pluralista", en éste empieza con la pregunta: ¿es el relativismo una condición para la democracia? Hay que resaltar que en la pregunta se menciona la palabra condición y no amenaza, el fondo de este discurso es que el relativismo lesiona la democracia pluralista.

El Estado liberal ofrece a los ciudadanos una libertad sin fundamento y sin contenido, este tipo de libertad se ve anulada cuando aparecen más libertades; por lo tanto, la libertad necesita una medida, algo que le ofrezca un límite, ya que la libertad al no encontrar límite se puede convertir en violenta contra los demás. Éste es el recurso al que se remiten los regímenes totalitarios, dotan de una libertad sin contenido para que se convierta en violencia, y así aparece el orden del gobierno que pone fin a esta violencia convirtiéndose en el salvador de la sociedad. Esta libertad pone en juego los derechos humanos y el bien de todos los ciudadanos.

¿Cuál es la medida y el contenido de la libertad para que no sea anulada y se use en provecho de los sistemas totalitarios? Lo justo y el bien.[605] Pero entre la libertad, lo justo y el bien existe una disputa por la forma legítima de democracia y política; en efecto, para muchas personas, en la actualidad, es evidente que la libertad es un verdadero bien para el individuo. No existe un disenso en esta cuestión, en donde sí lo hay, es sobre lo que es lo justo y el bien, es algo que podemos discutir en el cual no existe el consenso, y se puede abusar con facilidad sobre estos dos. Se ha mencionado que en el Estado liberal, la libertad es fruto del progreso de la razón científica; en otras palabras, en la razón que ha alcanzado la mayoría de edad, autónoma, independiente, objetiva, heterodoxa, librepensamiento. Además, lo justo y el bien pertenecen al ámbito de la moral, es algo que escapa de la razón calculadora (científica), se mira con sospecha porque parece que depende de la fe, de lo religioso, es heterónoma, sub-

605. *Cfr.* Ratzinger, *Verdad, valores y poder*.

jetiva, ortodoxa, dogmática. Podemos entender que la discusión sobre la forma legítima de la democracia y de la política, que versa sobre el bien, es cuestionable en la actualidad, pues se piensa que la verdad alcanzada en el plano moral será siempre y cuando el bien se adecúe a la medida de los placeres y antojos, pero en una sociedad liberal y global los placeres y antojos son muy diversos. Para eliminar el problema que versa sobre el bien, Joseph dice que el concepto de bien se puede clarificar mediante la verdad, aunque parece que estamos retrocediendo a la Edad Media con el problema de la doble verdad: la verdad del plano moral y la verdad de la razón científica son ambos verdaderos, aunque parecieran contradictorios y, si existe esta contradicción, normalmente se acepta la verdad de la razón científica. También podemos decir que existe una verdad política (pública) y una verdad moral (privada), y se piensa que se debe seguir la verdad política y dejar el ámbito subjetivo de la moral, y de esta forma se crea una doble vida.

Entra un tercero en disputa, que es el Estado, el cual no puede imponer una verdad, pues coartaría la libertad de los individuos, lo que sería "un avasallamiento de la conciencia".[606] Asimismo, el concepto de verdad y clarificación del concepto de bien a través de la verdad no son alcanzables de forma comunitaria, son dudosos. Con este argumento se quiere establecer que "la verdad no es un bien público, sino un bien exclusivamente privado, es decir, de ciertos grupos, no de todos".[607] De esta forma podemos entender que cuando se habla de verdad a toda la sociedad y al Estado liberal, se entiende como una imposición, se piensa que se vulnera la libertad de las personas de pensar por sí mismas y, como consecuencia, que se realiza algo intolerante y se atenta contra la democracia pluralista, porque no todos los ciudadanos ni todos los grupos ven la verdad como bien, entonces la verdad es algo totalmente antidemocrático: "Dicho de otro modo: el concepto moderno de demo-

606. *Ibid.*, 84.
607. *Ibid.*, 84.

cracia parece estar indisolublemente unido con el relativismo, que se presenta como la verdadera garantía de la libertad, especialmente de la libertad esencial: la religiosa y de conciencia".[608]

Si la democracia pluralista está inmersa en el relativismo, ¿qué pasa con la verdad y el bien de los derechos humanos, pues éstos no están sujetos o fundamentados en los mandamientos del pluralismo y la tolerancia? Es decir, aquello que había conquistado el Estado liberal, se ve anulado al no tener fundamento ni contenido; el pluralismo está basado en el relativismo de la verdad y de la moral; la razón científica-tecnológica y la libertad también pierden el aparente contenido del cual los dotó el Estado liberal, entonces se vuelven relativos, subjetivos y no objetivos, heterónomos y no autónomos, dependiente y no independiente, ortodoxos y no heterodoxos, dogmáticos y no del librepensamiento. En efecto, mientras más crezca el relativismo en las democracias pluralistas, más intolerantes se vuelven y se convierten en el nuevo dogmatismo; lo que se denomina *políticamente correcto,* se vuelve omnipresente e impone su modo de pensar y de hablar. Entonces, todos se deben dejar moldear por esta forma de pensar y de hablar; todos aquellos que quieren permanecer fieles a los valores tradicionales y a los conocimientos que los sustentan, son tachados de intolerantes. Esta pseudo-Ilustración amenaza "a la libertad de pensamiento así como a la libertad religiosa".[609]

Con lo anterior, parece que existe un núcleo no relativista de la democracia para poder fundamentar y dotar de contenido a los derechos humanos, pues la democracia pluralista fue constituida para defenderlos y salvaguardarlos.

Ya hemos mencionado que el pensador austríaco Kelsen es uno de los representantes y defensores de la postura relativista en la democracia pluralista. Ratzinger menciona que existe otro pensador que sostie-

608. *Ibid.*, 84.

609. M. Pera y J. Ratzinger, *Sin raíces. Europa, relativismo, cristianismo, islam* (Barcelona: Ediciones Península, 2015), 125.

ne esta postura, se trata del estadounidense Richard Rorty, para quien la única fuente del derecho es la convicción de la mayoría, pero entiende que existe un disgusto por esta fuente. Menciona que existe una razón pragmática que tiene intuiciones ciertas y válidas, como es el caso del rechazo a la esclavitud. Para Ratzinger, esto no es verdadero ni evidente, pues durante mucho tiempo (milenios) no fue el sentir de la mayoría; pensemos en los griegos y romanos que aceptaban, en su mayoría, la esclavitud. Asimismo, piensa que no sabemos cuánto tiempo se pueda seguir conservando esta idea, pues puede ser que una dictadura o un grupo de personas de la democracia pluralista empiecen de nuevo a aceptar la esclavitud. ¿Cuál es el error en Rorty? Es la operación de "un concepto vacío de libertad, que llega al extremo de considerar necesaria la disolución y transformación del yo en un fenómeno sin centro y sin naturaleza para poder formar concretamente nuestra intuición sobre la preeminencia de la libertad".[610]

Para el desarrollo argumentativo sobre el núcleo no relativista, Joseph Ratzinger encuentra condensado en preguntas el centro de la disputa actual, en la que se encuentra la gresca de la filosofía política tratando de defender y encontrar la verdadera democracia, éstas son:

> ¿Cómo se pueden fundamentar los valores válidos para la comunidad? O, expresado con el lenguaje de nuestros días: ¿cómo justificar los valores fundamentales que no están sujetos al juego de las mayorías y minorías? ¿Cómo los conocemos? ¿Qué es lo que sustrae al relativismo? ¿Por qué y cómo?[611]

Una última amenaza que podríamos encontrar en la democracia pluralista es el desarrollo del nihilismo en la política. Aunque no hay un desarrollo completo sobre esta idea, sólo una mención en la conferencia "La conciencia en el tiempo", dictada en el Reinhold-Schneider-Gesellschaft, cuando trata el tema de la conciencia en tiempos del nacionalsocialismo con Adolf Hitler. La mención sobre el nihilismo lo

610. *Ibid.*, 94.
611. *Ibid.*, 85.

trata al encontrar una cita de Rauschning, donde menciona que el movimiento nacionalsocialista no posee presupuestos y programas y que se puede adaptar y abanderar cualquier tipo de acción; esto hace que en un Estado no existan programas definidos sobre política interior, política exterior ni en el plano económico, además se puede observar en la revolución nihilista alemana la destrucción de normas vigentes.

En síntesis, la democracia pluralista sufre por amenazas, como el alejamiento del *ethos*, claudicar por la razón que podemos encontrar en la moral, eliminar el elemento trascendente del ser humano, el relativismo que encontramos en el régimen democrático y el nihilismo en programas políticos. Como consecuencias en la democracia pluralista tenemos la renuncia a la libertad —y su vaciamiento de contenido— y a la conciencia, implantándose así el totalitarismo. La amputación de las exigencias que llevan a la moral y a las normas del comportamiento, dando paso al derecho del más fuerte; la frustración, sufrimiento y desesperanza de esta vida completamente vacía, conduciéndola a ilusiones irrealizables; y, por último, la destrucción de lo justo, del bien, de la verdad, de los derechos humanos y de las normas vigentes. Con esto, tenemos una democracia que sospecha de los pilares metafísicos que le daban soporte y los fue "lastimando", tratando de acabar con ellos, ha perdido el fundamento y el contenido, y se ha empecinado en lo meramente formal: la democracia pluralista consiste "esencialmente, pues, en un mecanismo de elección y votación",[612] dando paso al entramado de reglas que impone la mayoría y la alternancia al poder, dictaminando así al derecho como aquello justo que los órganos competentes dispongan que es lo justo. Existen algunas democracias pluralistas que son dogmáticas y cínicas; dogmática porque cree en la propia verdad que ha construido (ortopraxis), está tan segura de sí misma que se impone al todo de la sociedad, y cínica porque si la mayoría es la que siempre tiene la razón, entonces el derecho y su poder son pisoteados por el poder del más fuerte y de la mayoría.

612. *Ibid.*, 86.

Lo imprescindible de la democracia pluralista y el fundamento del Estado

Ante los dilemas que plantean las amenazas antes dichas, Ratzinger propone una aportación para que la democracia pluralista no se vea mermada en sus actividades como una forma de gobierno adecuado para la actualidad. Esta aportación es el elemento imprescindible de la democracia pluralista, sin la cual la democracia seguirá siendo amenazada y no podrá cumplir lo que es el Estado. La postura de Joseph Ratzinger es que el cristianismo es aquello imprescindible de la democracia pluralista, pero antes de decir el porqué, menciona que se debe hacer una autocrítica porque actualmente no parece evidente que el cristianismo sea imprescindible, la fuerza exterior que necesita el estado liberal y el núcleo de la democracia pluralista; después de la autocrítica, mostrará la irrenunciabilidad del cristianismo en la democracia moderna.

Autocrítica del cristianismo frente a la democracia pluralista

A primera vista, el cristianismo no parece ser la fuerza exterior que necesita el Estado; si hiciéramos un recorrido histórico sobre la Iglesia católica nos daríamos cuenta de que hay momentos históricos que podrían contradecir la postura respecto al cristianismo es la fuerza que necesita el Estado. Podríamos pasar por la época de las cruzadas, de la conquista de algunos territorios en el continente americano, las guerras de religión. La autocrítica al cristianismo como fuerza política que realiza Joseph Ratzinger, tiene como base la parte histórica, así como de su presente; de esta forma, resume la autocrítica en tres aspectos: el valor absoluto del "reino", la destrucción del *ethos* y una idea de tolerancia.

El valor absoluto del "reino" es el primer aspecto de la autocrítica. El cristianismo puede considerar erróneamente que, dado el carácter temporal, relativo y falible del Estado, las personas pueden proclamar la anarquía contra esta institución. Esta idea filosófica de la anarquía contra el Estado tiene su fundamento en una triple raíz: 1) el mesianismo hebreo, 2) el milenarismo cristiano y 3) la idea moderna del progreso promovido por la técnica, que conducen a una doble *escatología*. En efecto, por una parte podemos reflexionar que Dios debe comprometerse con el ser humano para llevarlo a un mundo nuevo, en un tiempo y espacio determinados, éstos deben ser llevados a un fin intrahistórico e intraespacial; por el otro, Dios también se compromete a llevar al ser humano al fin del tiempo y el espacio, metahistoria y metaespacio, y dar cabida a un cielo nuevo y a una tierra nueva, un mundo nuevo totalmente diferente al que conocemos en la actualidad. Con esta concepción, lo intrahistórico y metahistórico son unificados: "lo intrahistórico es entendido de tal manera que ya no pertenece al pensamiento histórico; lo metahistórico se convierte en algo milagroso que puede realizarse en la historia".[613] Entonces, con esta concepción se entiende que existe un elemento *teopolítico* y que Dios mismo es el agente político inmediato, pues Dios hará este Estado imperfecto en el paraíso terrenal, existirá una salvación intrahistórica, pero no gracias a la acción política; no obstante, para que esta salvación se pueda realizar se deben utilizar los medios políticos.

El segundo aspecto es la destrucción del *ethos* a través del pensamiento que dice: la justicia no puede provenir de los actos humanos, pues los seres humanos se equivocan, sino que solamente puede venir a través de la gracia (*sola gratia*). Con este argumento, el *ethos* puede ser relativizado o destruido, y así surge la incapacidad del hombre para poder comprometerse con sus acciones y con la justicia. De esta forma se destruye la visión de humildad en la imperfección y lleva a la primera amenaza de la que hemos hablado. Podemos encontrar una línea de este pensamiento en la obra *La ciudad de Dios* de san Agustín, cuando diferencia entre la *civitas Dei* y la *civitas terrena*. La primera no tiene una concreción empírica, la segunda, sí; dado que la segunda fue entendida por san Agustín como algo demoníaco, él no ofrecerá una visión y base

613. Ratzinger, *Iglesia, ecumenismo y política*, 263.

positiva del Estado terreno. También podemos encontrar esta problemática en el pensamiento de los dos reinos que desarrolló Martín Lutero. Y en el caso de la Edad Media, encontraron un elemento positivo del Estado terreno (profano) reflexionando el pensamiento de Aristóteles: el derecho natural. La cuestión es que se fue sobrecargando de contenidos el derecho natural y, además, con una marcada tendencia cristiana, que lo llevó a perder la capacidad de compromiso. Entonces, el Estado se ve limitado por ser profano y "a fuerza de luchas por metas excesivas, se frustra la vía de lo posible y de lo necesario".[614]

El último aspecto de esta crítica tiene relación con la idea de tolerancia. Cuando el cristianismo se introduce en el mundo, la fe cristiana rompe con la antigua idea de tolerancia; en efecto, cuando se encuentra con la cultura antigua de la Hélade y del Imperio romano no acepta entrar en el panteón de los dioses griegos y romanos. Si una religión era introducida en el panteón de estas dos culturas formaba parte del ámbito, el espacio y de la tolerancia religiosa, y además reconocía que existían otros dioses y podía convivir con ellos. Al no aceptar entrar en el panteón griego o romano, o de cualquier otra religión, parece que el cristianismo tiene deseos de grandeza y superioridad, pues no acepta otro dios fuera del Dios judeocristiano, y así parece que quiere imponerse frente a todas las demás culturas y religiones, diciendo que conoce la verdad absoluta. La consecuencia de este rechazo es que "jurídicamente, esta nueva fe no podía beneficiarse de la tolerancia porque rehusaba dejarse colocar en el ámbito del derecho privado, en el que encontraba su sitio cualquier asociación religiosa espontánea".[615] Esto significa que el cristianismo buscaba colocarse en el ámbito del derecho público, el cual sólo le correspondía al derecho de los dioses; si el cristianismo se hubiera dejado colocar en el ámbito del derecho privado, hubiera renunciado a la convicción de verdad que posee en cuanto religión monoteísta. En

614. *Ibid.*, 234.
615. *Ibid.*, 234.

consecuencia, buscó su validez jurídica como derecho público rechazando el derecho público vigente: la verdad radica en la no existencia de muchos dioses, sino en el único Dios en el cual cree el cristiano.[616]

El peligro de este último aspecto es la constitución de un Estado teocrático; en efecto, la pretensión del cristianismo al consolidarse en el derecho público consiste en situarse en el mismo plano jurídico que el Estado. Si se exagera demasiado esta pretensión jurídica del cristianismo, y se hace lo mismo con esta verdad, esto lleva a una intolerancia política, lo cual ha sucedido en algunas ocasiones en la historia. Además, podemos decir que el cristianismo al encontrarse en la pluralidad de religiones y al pretender tener la razón sobre la verdad acerca de Dios, podríamos pensar que lastima esta pluralidad y podría lastimar, por ende, la pluralidad en la democracia: todos aquellos que no conciben al Estado como lo hace el cristianismo, no tienen el derecho de dar su visión de Estado, y, por lo tanto, no entra en el ámbito de la tolerancia bajo el aspecto del derecho, convirtiéndose en una fuerza intolerante al arrogarse la pretensión de ser la única portadora de la verdad.

Después de esta autocrítica sobre el cristianismo como fuerza política que ayuda al Estado, debemos encontrar cuál es entonces la fuerza exterior que debe ayudar al Estado para realizar lo que le compete. Ratzinger menciona que hay dos posibilidades: la primera es regresar a los elementos precristianos y, el segundo, es mirar a las otras culturas que existen, como las no europeas (entre ellas hay que considerar al islam). En el caso de la primera propuesta, vivir en un Estado moderno liberal con las pretensiones de una filosofía antigua resulta una abstracción, en la que ya no existe vigencia alguna: los argumentos parecen un andamiaje inestable. Vivir en una sociedad en la que el cristianismo ha reflexionado por dos milenios el pensamiento de los filósofos antiguos, es el resultado del Estado en el que vivimos; purificar al Estado del ele-

616. *Cfr.* Ratzinger, *Iglesia, ecumenismo y política*; Ratzinger, *Fe, verdad y tolerancia*; Ratzinger, *El espíritu de la liturgia.*

mento cristiano sería quitarle el aliento que le ha dado vida. La primera pretensión que se suscitó en la historia es con el Renacimiento, donde buscaba destilar lo griego de lo cristiano. En otro aspecto, uno de los filósofos que ha tratado de realizar este ejercicio es Karl Jaspers, "que creyó haber encontrado en su filosofía existencial un modelo universal capaz de sustituir al cristianismo, condenado, a su parecer, al particularismo".[617] Actualmente, ya no se conoce ni se propone su modo de ver el modelo universal.

La segunda posibilidad es el islam. Esta fuerza es completamente adversa y contraria a la democracia pluralista. ¿Por qué el islam es contrario a la democracia pluralista? En el islam no está clara la separación del Estado y la religión, no ven estas dos realidades como separadas, sino unidas; el centro de la idea radica en que el islam propone un monismo Estatal-religioso implementando una teocracia (aspecto que ya hemos criticado con el cristianismo); pero la situación con el islam es su fundamentalismo y su intolerancia: no da cabida en su monismo político al desarrollo del Estado con una visión diferente a la suya. Si alguien tiene una visión contraria a este monismo debe perecer, pues atenta contra el Estado y la religión, de esta forma se constituye un nuevo totalitarismo autoritario. De hecho, la idea de Estado liberal no puede ser concebida en el Islam, no se puede trasplantar esta concepción cristiana-moderna en el monismo político islámico.

Si no es ni la pretensión de regresar a los antiguos ni al islam, ¿qué es lo que le da fuerza al Estado? Joseph Ratzinger menciona que la democracia que ahora conocemos es producto de la herencia en común, unión de lo griego y lo cristiano, como su contexto fundamental y vital. ¿Qué aporte se da en esta herencia greco cristiana? Los griegos nos han heredado la distinción entre bien y bienes, que se da en conjunto con el derecho de la conciencia, la relación recíproca entre razón y fe-religión, la democracia (diferente concepto a la democracia actual que ya hemos

617. Ratzinger, *Iglesia, ecumenismo y política*, 235.

expuesto) vinculada a la esencia de la *eunomia*, es decir, la validez del derecho (el caso del cristianismo lo expondremos en el siguiente apartado). Si no se comprende y si no somos capaces de ver este fundamento y, además, si "no aprendemos a vivir la democracia en orden al cristianismo y el cristianismo en orden al Estado libre democrático, podemos jugarnos la propia democracia".[618] Esta consecuencia todavía no es patente en Europa, pero en no poco tiempo podremos ver primeros ministros musulmanes y después la instauración de un califato eliminando así el Estado libre democrático.

La fuerza política cristiana en el Estado libre democrático pluralista

Este apartado es la respuesta a las preguntas que nos habíamos hecho anteriormente, que podemos resumir en la pregunta ¿qué es lo que le da consistencia a la democracia pluralista en la actualidad? Al resolver esta gran interrogante, podremos darnos cuenta de que es la posición diametralmente opuesta de la democracia relativista-escéptica, que hemos mencionado como amenaza, además también hemos analizado la autocrítica que hace Ratzinger sobre el cristianismo para eliminar los errores que han surgido, y así poder ser la savia del régimen político actual. Así como hemos visto en el escrito *Cristianismo y democracia pluralista*, las amenazas y la autocrítica divididas en tres apartados, en este apartado también encontramos el resumen de esta visión en tres grandes esquemas, que iremos completando con las mismas ideas desarrolladas en otros escritos.

El primero de este esquema es la situación de que el cristianismo no ha situado su mesianismo en lo político —aunque es verdad que

618. *Ibid.*, 236. Ya se ha dicho que se ha tratado de eliminar lo cristiano de lo griego, pero actualmente existe la postura de deshelenizar al cristianismo, es decir, eliminar lo griego de lo cristiano.

podemos encontrarlo en algunos momentos históricos, pero esto es una deformación del mesianismo. Lo que hizo desde el comienzo fue dejar en al ámbito de la racionalidad ética el aspecto político, es decir, el cristianismo ha sido muy optimista y confía en la razón humana como luz y guía del obrar humano, de esta forma ha pensado que el hombre actúa libremente y no determinado por Dios; también enseña que debemos aceptar lo imperfecto, pero haciendo énfasis en la perfectibilidad de las cosas. Esto significa una cosa: que en el Nuevo Testamento, los cristianos pueden comprender la existencia de un *ethos* netamente cristiano y no una teología política.

El *ethos* político lo encontramos primeramente en las tentaciones de Jesús en el desierto, específicamente en la tercera tentación, donde el demonio le exige a Jesús que se postre ante él para darle todos los reinos y su gloria. Jesús vence esta tentación y con ello a "la divinización fraudulenta del poder y del bienestar, frente a la promesa mentirosa de un futuro que, a través del poder y la economía, garantiza todo a todos".[619] Es decir, ni el poder ni la economía dan bienestar a los seres humanos, no son el fin último que persigue el hombre; cuando se convierten en el fin último del hombre, cuando se convierten en el programa social para liberar al hombre y desalienarlo —reinocentrismo—, lo que realmente sucede es una divinización fraudulenta (*hybris*). El *ethos* político del cristianismo tiene como base el reconocer que la única divinidad es Dios y que de Él mana el poder.

Un punto clave y de suma importancia para el *ethos* político del cristianismo es la conocida frase "dar al César lo que es del César y a Dios lo que es de Dios". Con esta frase se hace la sana separación de lo político y la fe (religioso); se entiende que los dos tienen poder, pero no se deben confundir: ni el poder del César es divino —él mismo no es autor y poseedor supremo del poder—, ni el poder de Dios es meramente terrenal —lo material no es principio y fin del bienestar humano. También con

619. Ratzinger, *Jesús de Nazaret. Desde el Bautismo hasta la transfiguración*, 70.

esta frase podemos entender que el poder civil o, mejor dicho, el poder del gobernante se circunscribe a la racionalidad ética, el gobierno debe ser iluminado por la razón y dirigido hacia el fin último del hombre, hacia la realización plena de todo ser humano. Por otro lado, el poder divino no puede ser usado por el ser humano como justificación para implantar un programa político utópico, queriendo y tratando de eliminar lo imperfecto de este mundo, sino que ayuda a recordar que el poder divino es Razón creadora, y que ésta hizo todo cuanto existe. Además, enseña a separar el poder imperial del poder divino, así como a separar el derecho divino del derecho público del emperador. Gracias a éstos, los primeros cristianos se preocuparon por la definición y la salvaguarda "de un *proprium cristiano* en una situación de impotencia política y no la estructuración de un poder político cristiano".[620]

Así, lo que se repite una y otra vez en los pasajes bíblicos es que los temas políticos corresponden a la esfera de lo ético y no de lo teológico; lo único que puede recibir la política de la teología, en último término, es su fundamento. Para ilustrar esta idea, recordemos que los primeros cristianos no gozaban de buena aceptación en el Imperio romano porque no aceptaban recluir a Dios en el panteón romano, como un dios más; por esta razón, fueron perseguidos y martirizados muchos de ellos. Pedro y Pablo exhortaban con sus epístolas a esos cristianos a vivir con las exigencias que Dios enseñó, mientras vivía entre los hombres: someterse a la autoridad divina y cumplir con sus deberes y obligaciones religiosos, y someterse a la autoridad civil y cumplir con sus deberes y obligaciones, a pesar de que el gobernante sea un déspota, tienen el deber y obligación civil de pagar los impuestos, la contribución con la autoridad, así como respeto y honor. Es decir, que el cristianismo reconoció siempre al Estado en cuanto Estado, y que el cristiano al ser ciudadano de éste debía construirlo y no destruirlo: si el Estado es contrario a las exigencias cristianas, los ciudadanos cristianos debían recor-

620. Ratzinger, *Iglesia, ecumenismo y política*, 193.

dar que se encontraban en una situación de exilio y, por lo tanto, se les exhortaba a conservar y restaurar lo bueno que encontraran del Estado. Esto no quiere decir que los cristianos viven angustiosamente frente a una autoridad antes descrita y mucho menos que los cristianos fueran ignorantes de la existencia del derecho a la resistencia y a su deber de hacerlo en conciencia. Lo que se quiere subrayar es que el cristiano reconoce los límites del Estado, nunca se doblegaron ante la tentación de postrarse ante un hombre y adorarlo como si fuera Dios y así conseguir beneficios políticos, como el contribuir a regir el Estado. Los cristianos combatieron lo antimoral del Estado "con lo moral, y el mal con la decidida adhesión al bien [...] La moral, el cumplimiento del bien, es la verdadera oposición, y sólo el bien puede preparar el impulso hacia lo mejor".[621] De esta forma, cobra sentido la frase de san Pablo a los cristianos de Roma: "No te dejes vencer por el mal. Por el contrario, vence al mal, haciendo el bien".

El cristianismo ha exaltado lo político a través de la razón moral; en efecto, lo exalta al relacionarlo con el trascendental metafísico del bien. A modo de ejemplo, san Pablo dice a los cristianos que amen a sus enemigos: que los bendigan, que estén alegres, que vivan en armonía, que sean humildes, que no devuelvan el mal que les han hecho, que vivan en paz; y después de esto les pide que sean respetuosos y se sometan a la autoridad civil. Los cristianos han vencido el mal político, el no-ser, haciendo el bien, el ser; con ello se asemejan a Dios de dos formas: la primera como creación, en la cual Dios crea *ex nihilo*, desde el *no-ser*, y, en segunda, que Dios ha vencido el pecado y cerrazón del hombre (mal) con la fuerza del amor (bien). El cristiano inunda y difunde el bien y con ello vuelve a hacer una nueva creación, ayuda a construir al Estado y le ayudan a fundamentarse a través del *ethos*; esto no significa que el cristianismo —como religión revelada— es fuente de verdad política,

621. Ratzinger, *Iglesia, ecumenismo y política*, 167.

como imposición dogmática, sino como evidencia de lo moral y, con ello, como la levadura que fermenta la vida política.

Entonces, el cristiano acepta que no existen dos verdades, no existe la verdad política ni la verdad moral separada, sino que existe una sola verdad y la verdad moral ilumina a la política: no se puede renunciar ni se pueden dejar de lado los mandatos hechos por Dios, ni siquiera para hacer un supuesto avance o acelerar la situación en la que se vive. Con este esquema, el cristiano se convierte en el sustentador del Estado, ya que al realizar el bien ayuda a la construcción del Estado. Entonces, el cristiano asegura que no está ayudando a los malos, sino que vence el mal introducido a fuerza de hacer el bien. La única exigencia de resistencia hecha por los apóstoles, es cuando el Estado quiere usurpar el lugar de Dios, es decir, que el Estado exige la negación de Dios y de sus mandamientos; la resistencia es hacer el bien, y siempre es un mandamiento.

Para concluir este primer esquema, podemos decir que la fe presta un gran servicio a la política: "libera al hombre de la irracionalidad de los mitos políticos".[622] Cuando se piensa que el Estado es anterior al ser humano, que aquél otorga derechos a éste, el Estado se convierte en irracional y crea mitos; la fe presta el servicio de la razón para derribar los mitos de que el Estado constituye el todo de la existencia humana y le ayuda a volver a dar el cauce original al Estado. Al renunciar a estos mitos políticos se está renunciando a un Estado tiránico; no significa rendirse y resignarse ante la imposibilidad de contribuir a mejorar la vida política, sino ser leal al Estado, con el propósito de mantener a todos los hombres en la esperanza de que el bien prepara el impulso hacia algo mejor. Si no aceptamos esta realidad, entonces estamos aceptando una pseudoesperanza basada en los mitos políticos, lo que no conduce al hombre a vivir en la esperanza, sino en la frustración. El hombre se frustra, no por la preparación hacia el impulso, sino que se frustra "ante

622. Ratzinger, *Iglesia, ecumenismo y política*, 165.

el fracaso de sus promesas y ante el gran vacío que le acecha; una frustración angustiosa, hija de su propia fuerza y crueldad".[623]

Ante esta amenaza actual de tiranía por parte de los mitos políticos, la fe ilumina al ser humano para vivir en sobriedad, hacer lo que se encuentre en sus manos y lo que sea posible; vivir conforme a la razón y no conforme a lo irracional, utópico, imposible. Lo que la razón le dice a la moral política es que debe resistir a la seducción de la grandilocuencia, no puede pretender realizar por sí mismo lo que le corresponde a Dios; lo que se quiere decir, es que la política debe escapar de esta pseudomoral. Lo que sí es moral es la "lealtad que acepta las dimensiones del hombre y lleva a cabo, dentro de esta medida, las obras del hombre. No es en la ausencia de toda conciliación, sino en la misma conciliación donde está la moral de la actividad política".[624]

La política debe mirar siempre al hombre con sus luces y sombras, y con ello empezar a fomentar un *ethos*; sólo así, conciliando y aceptando todas las dimensiones del ser humano, el Estado escapa de los mesianismos y destruye en sí mismo el mito del Estado divinizado. Teniendo las miras puestas en las luces del hombre, de su razón, se empieza a implantar su realismo, pero su realismo en toda su expresión, y no reducido a la razón científica-mecánica o estadística. En esta implantación del realismo de la razón, encontramos la moral, iluminada por la fe y alimentada por la ley divina, los Mandamientos. Éstos no se pueden quedar encerrados en el plano subjetivo, como si se tratara de un asunto meramente privado; tienen su valor en el plano público, pues se concretan en el ser y el actuar. Por esta razón, este primer elemento elimina las amenazas de la incapacidad de reconocer las imperfecciones humanas, y una gran parte del mesianismo político; el *ethos* es el garante y "gozne sobre el que gira una acción política responsable [el cual] debe ser el

623. *Ibid.*, 165.
624. *Ibid.*, 165.

hacer valer en la vida pública el plano moral, el plano de los mandamientos de Dios".[625]

El segundo esquema y la segunda ayuda que da la fe a la política, es que la "fe cristiana despierta la conciencia y fundamenta el *ethos*".[626] Hemos visto que la fe fundamenta el *ethos* a través de volver a la raíz de la política, que es el ser humano, y que en él encontramos una fuerza y una luz que orienta su obrar humano, que es la razón; aunque esta razón no es la científica-calculadora, sino la moral, la cual es fortalecida por los Diez Mandamientos que encontramos anticipados en las creaturas, en la lógica divina cuando crea las cosas, y expresamente en el decálogo. Además, la conciencia es aquella chispa primordial de la *vox Dei* que nos dice "haz el bien y evita el mal". Tanto el *ethos* como la conciencia son el contenido y el señalamiento hacia dónde se tiene que dirigir la razón práctica. Con esto, Joseph Ratzinger menciona que la crisis que actualmente vivimos se debe a que nos hemos desviado de lo que realmente es la razón moral, no comprendemos lo que nos quiere decir esta razón y, por lo tanto, lo trasladamos a la razón calculadora. En consecuencia, debemos reencaminar ese desvío y reconocer que la razón moral es ese bien que tiene el ser humano que es razón, es decir, los preceptos que nos da la razón moral no son algo irracional, debemos volver a un mayor dominio de la razón y mostrar que lo moral es totalmente racional. Esto significa que el Estado debe reconocer que la sociedad nunca está lograda ni acabada y que, por lo tanto, debe empezar a construir sobre la base de la conciencia y nunca amenazarla o destruirla, pues destruirla implica la sujeción a un Estado totalitario.

En páginas anteriores hemos tratado de conocer la esencia misma de la conciencia, ahora reflexionaremos cómo la conciencia es un límite para el poder; basta por el momento traer a colación algo que ya he mencionado: que la conciencia es el órgano de conocimiento del bien

625. *Ibid.*, 168.
626. *Ibid.*, 238.

y del mal, ayuda a conocer el principio moral, también a recordar la limitación del ser humano, y que su constitución ontológica es temporal y no omnipotente, y que todos los demás seres humanos son creaturas igual que él. Podemos resumir y comenzar esta reflexión con esta frase: "lo absoluto de la conciencia se opone a lo absoluto de la tiranía, y sólo su reconocimiento de su inviolabilidad protege al hombre de los demás y de sí mismo, su acatamiento es la única garantía de la libertad".[627] Aquí podemos entrever el vínculo indisoluble entre conciencia y libertad, es decir que si el Estado construye desde una conciencia sana podrá tener un Estado sano.

Ante esta frase de Joseph Ratzinger, se presentan algunas objeciones: que nuestra primera ocupación no es hablar o discutir sobre la conciencia y la libertad individual, sino que nuestra primerísima ocupación y obligación es resolver los problemas y nuestras ocupaciones sociales; otra objeción que se presenta es, si nos encontramos ante un estado totalitario o, bien, ante un Estado semejante al totalitarismo, pero con diferentes matices y con nombre diferente, ¿no deberíamos usar armas reales para defendernos o, acaso, debemos caer en la ingenuidad de que la conciencia es un arma poderosa que elimina a los tiranos? Otro contraargumento es la situación en la que parece ser que el Estado inyecta su poder en lo más íntimo de las personas para explotarlas y dominarlas, inculcándoles imposiciones morales (derechos y obligaciones), dándoles a entender que es la misma voz de Dios que habla en su interior. Si esto es verdadero, entonces sería mejor que el ser humano se liberara de la conciencia, porque ésta es la que nos oprime y no nos deja ser totalmente libre, y entonces tienen razón los Estados totalitarios al suprimirla.

Para resolver estos argumentos, Ratzinger menciona primero que es verdad que dadas las circunstancias históricas, los hombres pondrán más énfasis y acento en algunas cuestiones que deben pasar a primer

627. *Ibid.*, 183.

plano, pero la "actualidad de un tema no puede ser el criterio para medir su dimensión humana", por lo tanto, a lo que sí es importante prestar atención es a lo auténticamente humano: "es y será siempre actual en el sentido más profundo del término".[628] Respecto a las otras objeciones, dice que las menciones son una voz del pasado a las que el Estado inyecta su poder para someterlas y, entonces, la exigencia personal de nuestras obligaciones y deberes como ciudadanos son meros convencionalismos, dando paso a los temores que bloquean el presente y el futuro.

Un producto de estas manipulaciones y tergiversaciones de la conciencia tienen vinculación con el nihilismo y, actualmente, se empiezan a manifestar con la preocupación social, especialmente, con la preocupación por el estado de vida de una miseria económica de millones de seres humanos. Ratzinger advierte que este binomio nihilismo-preocupación social tiene vinculación con el nacionalsocialismo o los nacionalismos,[629] y esto puede conducir a totalitarismos y, por lo tanto, "es un momento primordial para el tema de la conciencia".[630]

La forma en la cual el nihilismo y los totalitarismos tratan de destruir la conciencia es cuando las personas dejan de ver al otro como semejante y se pierde el fundamento y centro de la íntima realidad de la conciencia, entonces la consecuencia fatal es que se pierde el control del poder y se transpola a un mero equilibrio de intereses. La conciencia empezó siendo el control del poder y ahora se convierte en aceptación del poder como el único criterio de aprobación. El fundamento, control y limitación del poder "consiste en el valor de obedecer a la conciencia".[631]

La tesis fundamental de este segundo esquema es que la conciencia determina el límite del poder; para ello, Ratzinger va a ilustrarlo y fundamentarlo desde un escrito de Reinhold Schneider sobre una amerindia,

628. *Ibid.*, 184.
629. *Ibid.*, 185.
630. *Ibid.*, 189.
631. *Ibid.*, 189.

Bartolomé de las Casas y Carlos V. No nos detendremos en la exposición ni discusión histórica ni de la Conquista ni de los escritos de Bartolomé de las Casas, ni en la discusión de quién tenía la razón o el derecho; nos centraremos en cómo estas tres figuras representan tres modos de ser de la conciencia, la función de la conciencia en tres planos diversos.

Por una parte, Ratzinger reconoce en la mujer autóctona que se encuentra en la obra de Schneider, la forma más pura de la conciencia, esto es, "en la humildad de su dolor y en la simplicidad de su fe".[632] Este tipo de conciencia "descubre" los pecados más ocultos de las demás personas; además, los pecados nos impiden que veamos a los ojos a los seres queridos. Una característica más que encuentra Ratzinger de la conciencia pura, representada por la amerindia, es que vive en contacto fraterno con los demás y está abierta al otro mundo, es decir, a la trascendencia. Siguiendo con la narración de Schneider, Ratzinger observa que el encuentro de los amerindios con los españoles muestra que este tipo de conciencia normalmente se encuentra confrontado con la fuerza bruta, específicamente, con el poder que no se deja guiar por la conciencia. La conciencia que se manifiesta en las personas que sufren, es el grito de la conciencia para poder despertar del letargo a los que ostentan el poder y a los que sacuden a éstos.

Ratzinger identifica en el personaje de Bartolomé de las Casas el tipo de conciencia que se convierte en misión, pasa de quedarse en la comodidad a convertirse en voz profética, una voz que no deja conformes a los que ostentan el poder o, mejor dicho, el poderoso que se "proclama el derecho de los oprimidos bajo la injusticia, se planta serenamente en medio de los tronos y no deja de perturbar la paz de aquellos cuyo poder se impone a expensas del derecho de los demás".[633] Este tipo de conciencia ha alcanzado su plenitud porque la fe presta el servicio de devolverle la voz a la conciencia, la fe hace que la conciencia pueda enfrentarse con

632. *Ibid.*, 193.
633. *Ibid.*, 195.

el mundo establecido por los poderosos; es el *no* que se impone ante las dictaduras y ante el atropello de los derechos de las demás personas. Así, en Bartolomé de las Casas encontramos a los "[h]ombres que no representan la voz de sus propios intereses, sino la voz de la conciencia contra tales intereses".[634] Y, así, las personas que tienen este modo de conciencia, se convierten "en un testimonio de la soberanía del derecho".[635]

Por último, está la figura de Carlos V, que es el tipo de persona que ha sido investido del poder y, además, debe ejercerlo con responsabilidad. Un dato curioso que no deja pasar ni Schneider ni Ratzinger, es que en el escrito aparece en la mesa de Carlos V el libro *La imitación de Cristo*, tratando de sugerir que aquel que dirige los pueblos y naciones, también debe asemejarse a Cristo. Si la fe ilumina la conciencia de los gobernantes, entonces ellos no aparecen como dominadores que tratan de vencer, sino que desean la "reconciliación; un dominador pronto a despojarse de su grandeza, marcada por el peso de la culpa, que reconoce que la verdadera grandeza está en la responsabilidad acerca del hombre".[636] La fe no sólo ilumina a la conciencia para que se reconozca y reconozca al otro como creaturas, y la responsabilidad que tiene uno con el otro, sino que además, también le presenta "el poder como peso y dolor, y que por lo mismo puede elevar el poder hasta su propio sentido".[637]

¿Cómo el poder absoluto de la conciencia puede detener y limitar el poder absoluto de la tiranía? En primera instancia, tenemos una conciencia pura, que sufre y que clama de dolor para que cesen los atropellos; parafraseando a Chesterton y a Lewis, cuando la puñalada roza los nervios de la conciencia, ésta grita de dolor para que se manifiesten con mayor claridad cuáles son las verdades más fundamentales del ser humano. Una segunda forma de conciencia es aquella que es portavoz de los que sufren, que trata

634. *Ibid.*, 196.
635. *Ibid.*, 196.
636. *Ibid.*, 196.
637. *Ibid.*, 196.

de guiar a los que gobiernan a los pueblos y a las naciones, aquella que busca restablecer el derecho que se les trata de quitar a los oprimidos. Y, por último, una conciencia que busca la reconciliación, que se abaja (como una kénosis) para reconocer la grandeza del ser humano, marcada por el dolor; así el poder se purifica, pues "[e]l monarca absoluto está bajo el control que sobre su poder ejerce la conciencia. Sin este control, cualquier otro que se quisiera ejercer sobre el poder sería impotente".[638]

Así, podemos concluir que, si la conciencia permanece libre, se le pone una barrera a la dominación del hombre por el hombre y a la arbitrariedad humana; por el contrario, si tratamos de destruirla o acallarla, tenemos el presupuesto para una sujeción y un dominio totalitario, y la única función de la conciencia es reconocer al poder como único criterio de aprobación.[639] Los gobiernos totalitarios tratan de acallar la conciencia inyectando "su poder hasta lo más íntimo de las personas a las que explotan, inculcando a sus víctimas sus deseos impositivos, haciéndoles creer que es 'la voz de Dios' la que habla dentro de ellos".[640] Dado que de esta forma la conciencia se ha manipulado y se convierte en egoísmo subjetivo absoluto, necesita purificación. Para ello, la fe brinda esta ayuda, al recordarle cuáles son las exigencias de la conciencia y definir así los límites del poder, es decir, el reconocerse a sí y a los demás como creación, "y respetar en este hombre a su Creador".[641] De esta manera, la fe ayuda a la conciencia a delimitar el poder y proteger al débil; además, la conciencia que sufre y lucha es despertada por la fe y, en ella, la razón encuentra los fundamentos de los derechos.[642]

Podemos contar con la conciencia como un poder, porque es "es el germen de todo control y limitación del poder en este mundo";[643] la

638. *Ibid.*, 197.
639. *Cfr. Ibid.*, 188.
640. *Ibid.*, 187.
641. *Ibid.*, 188.
642. *Ibid.*, 190.
643. *Ibid.*, 189.

fuerza de la conciencia contra el poder dominante se encuentra en el dolor y sólo el poder que procede del dolor puede ser un poder de salvación, que renuncia al poder mismo y así muestra su grandeza.

Reflexiones finales

La situación política en gran parte del mundo es desalentadora, seguimos viendo cómo existen varios flagelos que lastiman a las sociedades democráticas. Algunos países que tienen estabilidad en sus estructuras política, económica, salubre, cultural, educativa, entre otras, gozan de varias libertades estipuladas y defendidas por el derecho de esas naciones. La mayoría de las naciones que participan en el concierto político mundial no gozan de éstos y más elementos que deben resguardar, defender y aumentar los políticos.

Estudiar la realidad política actual es sumamente extensa, ya que su recorrido histórico es muy grande, además, han surgido nuevas teorías políticas en el transcurso histórico y nuevas teorías desde las ciencias prácticas que dependen de la ciencia política. Por lo que recurrir a desarrollar y actualizar el pensamiento en la ciencia política es una empresa enteramente grande, es pensar en el todo que conforma a la ciudad. La situación se complica cuando estudiamos o pensamos el todo que conforma el mundo como una gran ciudad. La forma en la cual habían pensando la *polis*, Aristóteles, y la *civitas*, santo Tomás de Aquino, no ha cambiado, sigue siendo actual porque recurrieron a los principios de la constitución política y discurrieron, estudiaron, el objeto de lo político a través de la sabiduría humana, la cual permite consolidar una doctrina política.

SOBRE EL PENSAMIENTO POLÍTICO DE SANTO TOMÁS DE AQUINO

En primera instancia hay que recordar que para el Aquinate, la concepción de la política es un arte, debido a que el ser humano imita de la naturaleza sus producciones; el ser humano con su intelecto conoce la naturaleza, y ésta le proporciona los elementos necesarios para producir un gobierno en armonía, le proporciona un orden; esto es lo que debe imitar el arte de la política. Pero, además, esta armonía y orden que tiene la naturaleza, no la tiene porque se la ha dado a sí misma, sino que hay una inteligencia que se las ha dado, y es la inteligencia divina. Así, pues, otro elemento que le proporciona la naturaleza, es que aquel que va a gobernar a la sociedad debe imitar al que gobierna todas las cosas que existen. Para la concepción de santo Tomás, el fundamento de la autoridad es esta inteligencia divina, pues, Aquel que ha creado todas las cosas las gobierna perfectamente porque le pertenecen, pero participa —*analogia entis*— a los seres que tienen composición de acto y potencia, los que tienen composición de forma sustancial y de materia, de alma espiritual y cuerpo, de su autoridad para que gobiernen. En el proemio del *Comentario a la Política* estudiábamos cómo la razón humana dispone de los elementos materiales que existen en todo el universo para su propia subsistencia, pero el que tiene la razón gubernativa dispone de los elementos materiales que existen y de los seres humanos, en cualquiera de sus dimensiones de comunidad, para encaminarlos hacia el fin que persigue la sociedad perfecta.

Una segunda conclusión que obtenemos del estudio del Aquinate, es que la política también es una ciencia. Como ciencia ayuda a perfeccionar el entendimiento especulativo al conocer una realidad, esta realidad es un cierto ente; su objeto de estudio es la ciudad encaminada hacia su fin, dado que la ciudad no es una sustancia primera, debemos decir que este cierto ente es una sustancia segunda de primera intención. Entonces, esta ciencia estudia los actos humanos que imitan a la naturaleza. Y concluye que su necesidad es filosófica y con esta ciencia se perfecciona el estudio de la ética; que su dignidad radica en dar orden a las demás ciencias prácticas, y que su modo y orden está en el ámbito especulativo estudiando sus principios, los cuales hemos visto que son el ontológico y teleológico, y en orden práctico ayudan a perfeccionar los particulares.

En el caso de los particulares, se ha estudiado con santo Tomás de Aquino la política vista desde sus causas y una virtud correspondiente;

cómo el ser humano (causa material) puede perfeccionarse a través de la virtud de la magnanimidad. Por la naturaleza del ser humano nos reunimos en sociedad (causa eficiente) y ésta ayuda a cada miembro a alcanzar su perfección, para ello es necesaria la virtud de la amistad y con ella buscar el bien del otro de manera totalmente desinteresada. Quien es el guía de los miembros reunidos en sociedad es la autoridad (causa formal), de la que hemos analizado su oficio y su premio, así como la virtud que adorna su vida, en especial la prudencia regnativa que va de la mano con la justicia social, y que el gobernante es quien cuida y ayuda a conseguir el bien común de la comunidad política. Por último, el bien común (causa final) es tanto trascendente como inmanente; la comunidad política puede construir y desarrollar varios bienes comunes, pero orientando todos los bienes comunes y tendiendo siempre hacia el fin último de todo ser humano, que es Dios, el Bien Común.

Respecto a las preguntas que se hicieron al principio, podemos concluir que lo que podemos retomar del pensamiento de santo Tomás de Aquino es su concepción de política, haciendo hincapié en que el Estado no es un ser subsistente por sí mismo, o en términos tomistas, no es una sustancia primera; también retomamos que en cuanto que el ser humano imita a la naturaleza, la política es considerada como un arte, y que en cuanto al conocimiento de esta realidad que ayudará a perfeccionar el entendimiento especulativo, la política es considerada una ciencia. Retomamos algunos conceptos que parecen estar olvidados en la jerga política y en la vida social de los ciudadanos, como son los términos amistad política, prudencia regnativa, la magnanimidad y las dimensiones de la justicia en lo legal, conmutativa y distributiva.

En cuanto a la otra pregunta que se propuso, si habrá que cambiar algo de la doctrina de santo Tomás en el tema político, la respuesta es que debemos hacer una distinción; esta distinción es de razón, pues al hacer el estudio de la política desde el ámbito de la sabiduría humana, hemos recurrido a los principios que rigen esta ciencia, y los principios no cambian, son inmutables, lo que sí cambia son los actos humanos y los productos de éstos son contingentes. En tanto, los principios que encontramos en la ciencia política no cambian, lo que sí cambia es la forma de pensar la política en el transcurso histórico. Por esta razón, encontramos que actualmente a la justicia legal se le denomina justicia social, que al principio ontológico de la política ahora se le denomina soberanía nacional, la cual reside en los ciudadanos; que a la justicia conmutativa ahora se le conoce como solidaridad y a la justicia distributiva como subsidiariedad; que en el tiempo de santo Tomás, se vivía en monarquías y ahora vivimos en democracias (tomado en un sentido de buen gobierno). Al hacer esta distinción de razón, al actualizar el pensamiento de Tomás, y además ampliar el conocimiento de esta realidad a través de otros pensadores que son contemporáneos nuestros.

Para coronar y terminar esta primera conclusión con Aquino, está implícito en todo el trabajo una última pregunta que realicé al inicio: para él ¿la génesis, el desarrollo y consolidación de la política se da a través de la voluntad de los seres humanos y del pacto social? La respuesta debe ser, de nuevo, haciendo una distinción, porque parece ser que sí se da la génesis, desarrollo y consolidación de la política a través de la voluntad de los seres humanos, y lo podemos constatar en el principio de la ciencia política conocida como ontológica. En efecto, hemos dicho que en la naturaleza humana encontramos que es un ser relacional, es decir, es social y, además, político; esta naturaleza permite al ser humano ser un ser-para el otro; con esta apertura de su ser para los demás genera y constituye sociedades, y además las regula a través de leyes (positivas), las cuales dice o escribe basándose en la ley que está inscrita en su corazón, la ley moral natural. Pero la respuesta no termina aquí, puesto que el otro principio de la ciencia política es el teleológico, la inteligencia divina que da origen, orden, armonía, desarrollo y consolidación a la comunidad de todas las cosas que existen; y dado que una parte de todas las cosas que existen es el ser humano y que tiene de forma participada la inteligencia del analogado principal, que es la inteligencia divina, así debe la autoridad imitar al gobernante por excelencia; y además, el ser humano tiene la autoridad participada del que tiene la autoridad de todas las cosas, incluidos los seres humanos.

SOBRE EL PENSAMIENTO POLÍTICO DE JOSEPH RATZINGER

Joseph Ratzinger nos enseña de manera magistral todo aquello que santo Tomás de Aquino no vivió ni conoció; toda la deformación que le sucedió al hombre al poner a la razón por encima de él y destronando a Dios del puesto que le corresponde; luego la falsa idea de que la materia nos salvará y nos hará libres. Lo que en realidad Ratzinger ha rehabilitado es la metafísica en la política; éste es el hecho decisivo de toda la segunda parte.

En primer lugar, se hizo un estudio de cómo se encontraba deformado el tema de la política desde el comienzo de las sociedades, es decir, desde la época antigua: todo gobernante en la antigüedad se creía hijo de Dios o Dios mismo. El argumento principal de Ratzinger es que la política se salvará si es introducido Dios, a aquel que para muchos parece lejano; ¿por qué introducir el argumento de que Dios salvará a la política? Porque es Razón creadora, de Él proviene todo y también proviene el poder que le compete a la autoridad. Es decir, al purificar la idea de Dios, al conocer al Dios verdadero, cae por tierra el argumento de que los antiguos gobernantes eran o hijos de Dios o el mismo Dios. Asimismo, al rehabilitar a Dios en la política, Ratzinger ha desmentido a dos de los exponentes de la filosofía política del Renacimiento y de la Ilustración: Nicolás Maquiavelo y Juan Jacobo Rousseau. El primero desliga el tema moral de la política y el segundo dice que el poder que tiene la autoridad es participativa, pues se la ha otorgado el pueblo para que lo gobierne. Por el contrario, Joseph Ratzinger dice que el poder de gobernar a un pueblo proviene de Dios, pues este poder es un tema metafísico y, además, Él es dueño de las personas que la autoridad va a gobernar. Al rehabilitar a Dios con el nombre misterioso que le pronuncia a Moisés, Yo soy el que soy, vuelve a retomar la Verdad y el Bien como trascendentales del ser; la Verdad como Logos que se manifiesta en toda la creación y, en específico del ser humano, podemos encontrar el Bien que se encuentra inscrito en su corazón.

Una segunda conclusión que tomamos de Ratzinger es que la democracia es una forma de gobierno que mejor nos ha servido, teniendo algunas excepciones y siempre con miras a purificarse y perfeccionarse; además, el hombre no debe poner su fe en los sistemas políticos, porque los diviniza, los ontologiza, y trae muchas consecuencias negativas para la vida social, para su bienestar y bienvivir. Un claro ejemplo se da en el régimen totalitario del nazismo; Hitler llegó al poder gracias al voto mayoritario que fue engañado con discursos nacionalistas, y trajo consecuencias devastadoras para millones de personas. ¿Qué sucede con la democracia actualmente? El argumento que podemos concluir del pensamiento de Ratzinger es que actualmente la democracia puede convertirse en el baluarte del relativismo, lo que se está jugando en el ámbito democrático a través de las mayorías y minorías son las verdades fundamentales inherentes en la naturaleza del ser humano. La propuesta de Joseph Ratzinger es la rehabilitación del elemento metafísico de la verdad en la política: la verdad no está a la venta, no está a la decisión de las personas, la verdad es un principio regulador de la vida del ser humano.

A través de la verdad, la política se purifica, la verdad purifica y guía a las personas y también a las sociedades; la situación es que actualmente para muchas personas la verdad no es algo totalmente evidente, ¿cómo podemos conocer la verdad?, a través de la conciencia, que para Ratzinger es el segundo elemento del derecho. La conciencia es esa chispa de amor que ilumina la vida del hombre, es aquella que está capacitada para conocer la verdad, especialmente las verdades fundamentales de todo ser humano, los valores morales que se deben resguardar y proteger. Para la vida política actual es necesario rescatar el tema de la conciencia, pues para los gobernantes muchas de estas verdades no son evidentes; es urgente educar la conciencia de los ciudadanos y de los gobernantes para poder defender las verdades morales que apremian a todo hombre y dejar de lado pseudoverdades o posverdades morales.

La recomendación de Ratzinger consiste en que el político esté abierto a escuchar el lenguaje del ser para poder establecer al derecho y que éste sea justo y, además, defenderlo; asimismo, dice que el gobernante debe purificar su corazón, hacerlo dócil, y dejar que se infunda el poder de Dios en él, para que así "lo que hace el amor, no podrá nunca hacerlo el miedo. Nada es tan útil como hacerse amar".[644] El amor todo lo puede, debemos dejarnos vencer por el amor para transformar así a la sociedad.

Ya que el ser humano debe estar abierto a escuchar —como dice Heidegger— y a hablar el lenguaje del ser, debe reconocer que toda autoridad proviene de Dios. ¿De qué forma entiende Joseph Ratzinger el origen de la autoridad humana? Este argumento y pensamiento es de suma importancia y único en su género; santo Tomás de Aquino nunca lo desarrolló de la misma manera que Ratzinger. La autoridad humana proviene del Ser, y ¿de qué forma o cómo se da el provenir de la autoridad divina a la autoridad humana? A través de la exousía, del poder divino, del poder del Ser; y ¿cuál es el poder de la divinidad? La verdad y el amor, un "amor rico en inteligencia y la inteligencia llena de amor".[645] Con estos dos elementos, Ratzinger rehabilita la metafísica en el ámbito político.

APORTE GENERAL DE LA OBRA

En la introducción se mencionó que el método a seguir en este estudio sobre la política sería a través de la filosofía, y que en ésta existen varios métodos, y me inclinaría por el método del realismo, el cual estudia la esencia de una cosa que se encuentra situada en una existencia. En el

644. Benedicto XVI, *La caridad política*, 21.
645. Benedicto XVI, Caritas in veritate, n. 30. En el capítulo "El Espíritu Santo como comunión" en *Convocados en el camino de la fe*, menciona que el amor es lo que nos posibilita permanecer y, su relación con la verdad, se da gracias a la superación de la vacilación, el ser constante y así es llevado a la eternidad, "amor en sentido pleno sólo puede darse donde existe lo duradero". Ratzinger, *Convocados en el camino de la fe*, 46.

desarrollo de este trabajo se ha estudiado la esencia de la política, aunque nunca terminamos de conocer la esencia de una cosa,[646] y menos de una realidad, como la política que es contingente. La pretensión de esta investigación es un desarrollo sistemático en el pensamiento político de santo Tomás de Aquino y de Joseph Ratzinger; al desarrollar y ampliar la filosofía política en estos pensadores surge de forma implícita una ampliación en el conocimiento sobre la política.

Se ha tratado de seguir el método realista al dejar hablar a las personas que han dicho algo sobre el tema de la política, tanto personas antiguas como contemporáneas. En el capítulo dedicado a Santo Tomás de Aquino retomo lo dicho por pensadores, como Aristóteles, Simónides, Ulpiano, san Agustín, entre otros, que él mismo consideró importante por sus argumentaciones. De igual forma, en el capítulo dedicado a Joseph Ratzinger retomo a pensadores como Vico, Kant, Marx, Kelsen, Habermas, entre otros, y con ellos corregir las posturas y argumentos que son erróneos. Al estudiar tanto a Tomás de Aquino como a Joseph Ratzinger, no sólo he buscado consultar sus libros, sino que he tratado de profundizar en su pensamiento, que se encuentra en cada una de sus obras, tal vez no son todas, y no se encuentran los *opera omnia* de cada uno, pero creo son suficientes las obras citadas para el propósito que me he planteado, y a través de ellos he estudiado la realidad política. Asimismo, no he buscado repetir lo que dicen cada uno de los autores, sino usar sus argumentos para ampliar el conocimiento sobre la política y extender su mirada, esto debido a las cosas novedosas que suceden en la actualidad.

Otra gran aportación es la resolución de la pregunta: ¿al dejar de lado el elemento metafísico en la política, se pierden objetivamente muchos planteamientos desde la política o la política es independiente y no se dejan de lado los problemas cruciales de la sociedad? Vemos que al

646. *Cfr.* Tomás de Aquino, *Exposición del símbolo de los Apóstoles o del "Credo in Deum"*, 3ª. ed. (México: Tradición, 1989).

dejar de lado el elemento metafísico en la política perdemos muchos elementos que dan orden a la vida social; las consecuencias que actualmente vivimos se deben, principalmente, por abandonar en la reflexión política las grandes cuestiones metafísicas. Si el ser humano abandona la reflexión metafísica, esa capacidad que se encuentra en su naturaleza, se está traicionando a sí mismo, y pone en venta al mejor postor las verdades fundamentales de su vida y las de las demás personas; ha buscado conocer las cosas materiales, tangibles, y ha renunciado a conocer a dónde va el mundo y de dónde procede, principalmente hacia dónde va nuestra vida, qué es el bien y el mal, la libertad, la conciencia, la verdad. La política no es ajena, no es independiente, de la metafísica, ya nos lo ha dejado claro Tomás de Aquino con el proemio al *Comentario a la Política,* y Joseph Ratzinger al hablar de la verdad y el amor en la política. Por eso Benedicto XVI dice:

> La oscuridad acerca de Dios y sus valores son la verdadera amenaza para nuestra existencia y para el mundo en general. Si Dios y los valores, la diferencia entre el bien y el mal, permanecen en la oscuridad, entonces todas las otras iluminaciones que nos dan un poder tan increíble, no son sólo progreso, sino que son al mismo tiempo también amenazas que nos ponen en peligro, a nosotros y al mundo. Hoy podemos iluminar nuestras ciudades de manera tan deslumbrante que ya no pueden verse las estrellas del cielo. ¿Acaso no es esta una imagen de la problemática de nuestro ser ilustrado? En las cosas materiales, sabemos y podemos tanto, pero lo que va más allá de esto, Dios y el bien, ya no lo conseguimos identificar. Por eso la fe, que nos muestra la luz de Dios, es la verdadera iluminación, es una irrupción de la luz de Dios en nuestro mundo, una apertura de nuestros ojos a la verdadera luz.[647]

Es de suma importancia volver a retomar y estudiar a estas dos grandes lumbreras intelectuales que pertenecen a la Iglesia católica, y que también a la gran familia del mundo. Con sus pensamientos, se han derrumbado y pueden seguir derrumbándose los muros de odio, violen-

647. Benedicto XVI, *Homilía de Su Santidad Benedicto XVI en la Vigilia Pascual,* 2012.

cia, ignorancia. Es urgente que en el tema de la política, la metafísica sea rehabilitada para que así la razón práctica pueda conocer instantáneamente, de golpe, los primeros principios del obrar humano y, así, establecer las condiciones de justicia y de paz tan necesarias en nuestras naciones. El político del siglo XXI está llamado a vencer el miedo, la violencia, la corrupción, el terror, el hambre, la pobreza y todos los demás azotes que lastiman a las sociedades políticas; la forma que nos han presentado estos dos grandes pensadores es a través de la vivencia de las virtudes, pero sobre todo tener un corazón grande y generoso que se desborde de amor hacia los demás.

Para concluir, el último paso del método realista, dije que no es sólo una vida de escritura o sólo de contemplación, tampoco sólo de publicaciones, sino que es una forma de vida, pues el realismo vive en las inteligencias de los hombres. Hagamos vida estas aportaciones que nos proporcionan santo Tomás de Aquino y Joseph Ratzinger, la autoridad de la comunidad política y los ciudadanos debemos ser amigos, debemos fomentar la amistad política, según Tomás de Aquino, y la caridad política, según Joseph Ratzinger; pero, sobre todo, debemos ser amigos de Dios y amar a Dios, que es el Supremo Gobernador, es Pantócrator, es gobernante de todo, y al ser amigos de Dios ocurrirá la verdadera revolución, el verdadero cambio que necesita el mundo, porque

> No son las ideologías las que salvan el mundo, sino solo dirigir la mirada al Dios viviente, que es nuestro creador, el garante de nuestra libertad, el garante de lo que es realmente bueno y auténtico. La revolución verdadera consiste únicamente en mirar a Dios, que es la medida de lo que es justo y, al mismo tiempo, es el amor eterno. Y ¿qué puede salvarnos, si no es el amor?[648]

648. Benedicto XVI, *Intervención de Su Santidad Benedicto XVI en la vigilia con los jóvenes*, 20 de agosto de 2005.

Fuentes bibliográficas

Arancibia, Jorge. "Política, el aporte de Santo Tomás". *Revista de Marina*, enero-febrero (1997). Acceso el 20 de octubre de 2016. https://revistamarina.cl/revistas/1997/1/arancibi.pdf

Aranda, J. "Cristiandad y cristianismo: dos proyectos para la evangelización". *'Ilu. Revista de Ciencias de las Religiones* 19 (2014): 27-46.

Aranda, J. P. "Antitotalitarian Catholic Thought in Twentieth-Century Germany". *Arc-The Journal of the School of Religious Studies* 45 (2017): 67-93.

Arendt. H. *Eichmann en Jerusalén. Un informe sobre la banalidad del mal.* Traducción de Carlos Ribalta. Barcelona: Lumen, 1999.

Aristóteles. *Ética.* Traducción de Tomás de Calvo Martínez. Madrid: Gredos, 1982.

Aristóteles. *Física II* (Madrid: Gredos, 1995).

Aristóteles. *Metafísica.* Madrid: Gredos, 1994. https://apiperiodico.jalisco.gob.mx/api/sites/periodicooficial.jalisco.gob.mx/files/metafisica-aristoteles.pdf

Aristóteles. *Política.* Traducción de Manuela García Valdés. Madrid: Gredos, 1982.

Asla, M. *La gramática moral universal. Una aproximación cognitivista a la ley natural.* España: EUNSA, 2016.

Benedicto XVI. *Caritas in veritate.* Ciudad del Vaticano: Librería Editrice Vaticana, 2009.

Benedicto XVI. *Carta de su Santidad Benedicto XVI al Primer Ministro del Reino Unido, Gordon Brown.* Ciudad del Vaticano: Librería Editrice Vaticana, 2009.

Benedicto XVI. *Ceremonia de bienvenida encuentro con las autoridades del estado.* Ciudad del Vaticano: Librería Editrice Vaticana, 2008.

Benedicto XVI. *Deus Caritas Est.* Ciudad del Vaticano: Librería Editrice Vaticana 2005.

Benedicto XVI. *Discurso de Su Santidad Benedicto XVI. Encuentro con los miembros de la Asamblea General de las Naciones Unidas.* Ciudad del Vaticano: Librería Editrice, 2008.

Benedicto XVI. *Discurso del Santo Padre en la Universidad de Ratisbona*. Ciudad del Vaticano: Librería Editrice Vaticana, 2006.

Benedicto XVI. *Encuentro con las autoridades. Discurso del Santo Padre Benedicto XVI*. Acceso el 21 de abril de 2022. https://www.vatican.va/content/benedict-xvi/es/speeches/2012/june/documents/hf_ben-xvi_spe_20120602_autorita-milano.html

Benedicto XVI. *Homilía de Su Santidad Benedicto XVI en la Vigilia Pascual*. Ciudad del Vaticano: Librería Editrice Vaticana, 2012.

Benedicto XVI. *Intervención de Su Santidad Benedicto XVI en la vigilia con los jóvenes*. Ciudad del Vaticano: Librería Editrice Vaticana, 20 de agosto de 2005.

Benedicto XVI. *La Caridad Política*. Ciudad del Vaticano: Librería Editrice Vaticana, 2012.

Benedicto XVI. *Palabras del Santo Padre Benedicto XVI al término de los ejercicios espirituales en el Vaticano*. Ciudad del Vaticano: Librería Editrice Vaticana, 2013.

Benedicto XVI. *Santa Misa en el solemne inicio del ministerio petrino del obispo de Roma*. Ciudad del Vaticano: Librería Editrice Vaticana, 2005.

Benedicto XVI. *Spe salvi*. Ciudad del Vaticano: Librería Editrice Vaticana, 2007.

Benedicto XVI. *Visita al parlamento federal. Discurso del Santo Padre Benedicto XVI*. Acceso el 21 de abril de 2022. https://www.vatican.va/content/benedict-xvi/es/speeches/2011/september/documents/hf_ben-xvi_spe_20110922_reichstag-berlin.html

Beuchot, Mauricio y Javier Saldaña. *Derechos humanos y naturaleza humana*. 2ª. ed. México: Universidad Nacional Autónoma de México-Instituto de Investigaciones Jurídicas, 2017.

Beuchot, Mauricio. "Santo Tomás de Aquino: del gobierno de los príncipes". *Revista Española de Filosofía Medieval* 12 (2005): 101-108.

Beuchot, Mauricio. *Filosofía política*. México: Torres Asociados, 2006.

Blanco, Pablo. "Fe, persona e Iglesia según Joseph Ratzinger". *Scripta Theologica* 37 (2005-3): 911-927.

Burgos, J. "Persona y sociedad: el bien común en Jacques Maritain". En *Pedagogía del Bien Común*. Editado por Mariano Sánchez. Puebla: Universidad Popular Autónoma del Estado de Puebla, 2021.

Cain, Patrick. "Technology and freedom: Pope Benedict XVI on faith, reason, and politics". *Perspectives on Political Science* 41 (2012): 3-10.

Carr, Bernard. "Cosmology and Religion". En *The Oxford Handbook of Religion and Science*. Editado por Philip Clayton. Oxford: Oxford University Press, 2009.

Carroll, William. *Creation and Science: Has science eliminated God?* EUA: Catholic Truth Society, 2011.

Chacín, Ronald. "La teoría pluralista de la democracia de Robert Dahl y la inestabilidad del sistema político venezolano (1989-1993)". *Frónesis* 4, núm. 3 (1997): 45-73.

Chesterton, G. K. *Santo Tomás de Aquino.* España: Edicones RIALP, 2022.

Copleston, Frederik. *Historia de la filosofía. De la filosofía Kantiana al idealismo* 3. España: Ariel, 2011.

Copleston, Frederik. *Historia de la filosofía. Del utilitarismo al existencialismo* 4. España: Ariel, 2011.

Cummings, Andrew. "The Habermas-Ratzinger Discussion Revisted: Translation as Epistemology". *Catholic Social Science Review* 22 (2017): 311-325.

De Aquino, Tomás. *Comentario a la Ética a Nicómano.* Madrid: Ediciones Ciafic, 1983.

De Aquino, Tomás. *Comentario a la Política de Aristóteles.* Traducción de Ana Mallea. Navarra: EUNSA, 2001.

De Aquino, Tomás. *Comentario al I° libro de Física. Corpus Thomisticum.* http://www.corpusthomisticum.org/cpy011.html 2000-2017.

De Aquino, Tomás. *Cuestiones disputadas sobre la verdad.* Traducción de Gabriel Ferrer Aloy, O.P. Madrid: Gredos, 2012.

De Aquino, Tomás. *Cuestiones disputadas sobre la virtud o Cuestión de las virtudes en general.* Traducción de Pedro Arenillas Sangrador. Madrid: Gredos, 2012.

De Aquino, Tomás. *De los dos preceptos de la caridad y de los Diez Mandamientos de la Ley (Los Mandamientos).* 2ª. ed. México: Tradición, 1981.

De Aquino, Tomás. *Escrito sobre las Sentencias. Corpus Thomisticum.* http://www.corpusthomisticum.org/snp3033.html

De Aquino, Tomás. *Exposición del símbolo de los Apóstoles o del "Credo in Deum"*. 3ª. ed. México: Tradición, 1989.

De Aquino, Tomás. *La monarquía. Al Rey de Chipre*. Traducción de Laureano Robles Carcedo. Madrid: Gredos, 2012.

De Aquino, Tomás. *Sobre el gobierno de los judíos. A la Duquesa de Brabante*. Traducción de Jaime Moreno Garrido. Santiago: Editado por Ana María Tapia Adler, 2004.

De Aquino, Tomás. *Suma contra los gentiles*. México: Éxodo, 2008.

De Aquino, Tomás. *Suma teológica*. Argentina, 2012. http://hjg.com.ar/sumat/index.html

De Aquino, Tomás. *Super Epistolam B. Pauli ad Romanos lectura*. En corpusthomisticum.org

De Lubac, Henri. *El drama del humanismo ateo*. Madrid: Encuentro, 2012.

Finnis, John. *Human Rights and Common Good.* Reino Unido: Oxford University Press, 2013.

Finnis, John. *Human Rights and Common Good.* Reino Unido: Oxford University Press, 2013.

Finnis, John. *Reason in action*. Reino Unido: Oxford University Press, 2013.

Forment, Eudaldo. "Principios fundamentales de la filosofía política de santo Tomás". En *El pensamiento político en la Edad Media,* coordinado por Pedro Roche Arnas. Madrid: Centro de Estudios Ramón Areces, A.C., 2010.

Francisco. *Laudato Si.* http://w2.vatican.va/content/francesco/es/encyclicals/documents/papa-francesco_20150524_enciclica-laudato-si.html. 2015

García Alonso, Luz. *Ética o Filosofía moral*. México: Diana, 1986.

García-Cuadrado, José Ángel. "Ética y política. Tomás de Aquino comenta a Aristóteles". *Revista da Faculdade de Ciências Sociais e Humanas* 1, núm. 7 (1994): 87-103.

Gilson, Étienne. *El realismo metódico*. Traducción de Valentín García. Madrid: Ediciones Encuentro, 1997.

Gilson, Étienne. *La filosofía en la edad media*. Madrid: Gredos, 2014.

Glenn, Gary. "Is the Secularism the End of Liberalism? Reflections on Europe's Demographic Decline Drawing on Pope Benedict, Habermas, Nietzsche and Strauss". *Catholic Social Science Review* 13 (2008).

Gonçalves, A. "The Theological Foundation of Democracy According to Ratzinger". *Religions* 9, núm. 4 (2018).

Gutiérrez-González, M. A. *Las virtudes intelectuales como horizonte normativo de los bienes comunes en instituciones de educación superior* (publicado próximamente).

Gutiérrez, Manuel. "El bien común desde las causas aristotélicas". *Metafísica y Persona* 13, núm. 25, enero-junio (2021): 117-145.

Gutiérrez, Manuel. "La acción pedagógica del Logos-Pedagogo para la formación y edificación del bien común temporal en Clemente de Alejandría". *Metafísica y Persona* 13, núm. 25, julio-diciembre (2021).

Gutiérrez, Manuel. "La cruzada de los sabios: *Harmonia scientiarium.* Una mirada al pensamiento de Blaise Pascal y Gottfried Wilhelm Leibniz". Tesis de Licenciatura. Universidad Popular Autónoma del Estado de Puebla, 2012.

Gutiérrez, Manuel. "Vía amoris: Revolutio Ilustrata". Disertación filosófica presentada en la Universidad Popular Autónoma del Estado de Puebla, 12 de abril de 2012.

Gutiérrez, Manuel. "Crítica de la razón económica: el bien común para la empresa". Tesis de Maestría. Universidad Popular Autónoma del Estado de Puebla, 2015.

Habermas, Jürgen y Joseph Ratzinger. *Entre razón y religión. Dialéctica de la secularización.* México: Fondo de Cultura Económica, 2008.

Hadjadj, Fabrice. *Por qué dar la vida a un mortal. Y otras lecciones.* Madrid: RIALP, 2020.

Heidegger, Martin. *La pregunta por la técnica. Conferencias y artículos.* Barcelona: Ediciones Serbal, 1994.

Inwagen, Peter van, Meghan Sullivan y Sara Bernstein. "Metaphysics". *The Stanford Encyclopedia of Philosophy.* Editado por Edward N. Zalta. Invierno 2021. https://plato.stanford.edu/archives/win2021/entries/metaphysics/

Jaeger, W. *Cristianismo primitivo y paideia griega.* México: Fondo de Cultura Económica, 1952.

Jaeger, W. *Paideia: los ideales de la cultura griega.* México: Fondo de Cultura Económica, 1957.

Kant, Immanuel. *Qué es la Ilustración*. Traducción de Eugenio Imaz. México: Fondo de Cultura Económica, 1994.

Keys, Mary. *Aquinas, Aristotle, and the promise of the Common Good*. Nueva York: Cambridge University Press, 2007.

Lucas, John. *On Justice*. Oxford: Clarendon Press, 1980.

MacIntyre, Alasdair. *Ética y política. Ensayos escogidos II*. Granada: Nuevo Inicio, 2008.

MacIntyre, Alasdair. *Justicia y racionalidad: conceptos y contextos*. Barcelona: Ediciones Internacionales Universitarias, 1994.

Maritain, Jacques. *Democracia y autoridad*. Consultado el 9 de enero de 2022. https://www.jacquesmaritain.com/pdf/09_FP/03_FP_DemAuto.pdf

Maritain, Jacques. *El principio pluralista en la democracia*. Consultado el 9 de enero de 2022. https://www.jacquesmaritain.com/pdf/09_FP/05_FP_Plural.pdf

Maritain, Jacques. *La carta democrática*. Consultado el 9 de enero de 2022. https://www.jacquesmaritain.com/pdf/09_FP/09_FP_CartaDem.pdf

Maritain, Jacques. *La iglesia y el estado*. Consultado el 9 de enero de 2022. https://www.jacquesmaritain.com/pdf/09_FP/12_FP_IglEst.pdf

Maritain, Jacques. *Ley natural o derecho natural*. Consultado el 9 de enero de 2022. https://www.jacquesmaritain.com/pdf/09_FP/06_FP_DerNat.pdf

Maritain, Jacques. *Posibilidades de cooperación en un mundo dividido*. Consultado el 9 de enero de 2022. https://www.jacquesmaritain.com/pdf/09_FP/07_FP_DiscUNE.pdf

Marx, Karl. *Tesis sobre Feuerbach*. Consultado el 27 de junio de 2021. https://www.marxists.org/espanol/m-e/1840s/45-feuer.htm

McKenna, Mary. "On the future of Europe: Philosophical and Theological Perspectives on Pre-Political Foundations of Europe and the State from Ratzinger, Habermas, and MacIntyre". *The Heythrop Journal* (2017).

Medina, Jorge. "Una aproximación a las actitudes constructivas del bien común a partir del *De Nabuthe* de Ambrosio de Milán". *Metafísica y Persona* 12, núm. 24, julio-diciembre (2020): 115-142.

Mirete, José. "El proceso de la razón práctica en Santo Tomás". *Anales de Derecho* 3. Murcia: Universidad de Murcia, 1982.

Mueller, Pascal. *Une lecture de la mystagogie de Maxime le Confesseur.* Conferencia al grupo de investigación *Patristics and Common Good*, 26 de febrero de 2021.

Nebel, Matthias. "El bien común en *De Civitate Dei* de san Agustín". Conferencia, 23 de abril de 2021.

Nebel, Matthias. "La noción de *bien común* de acuerdo a la Doctrina Social de la Iglesia". En *Pedagogía del Bien Común.* Editado por Mariano Sánchez y Jorge Medina. Puebla: Universidad Popular Autónoma del Estado de Puebla, 2021.

Nebel, Matthias. "Operacionalizar el bien común. Teoría, vocabulario y medición". *Metafísica y Persona* 10, núm. 20, julio-diciembre (2018).

Nebel, Matthias. Introducción a *Pedagogía del Bien Común.* Editado por Mariano Sánchez y Jorge Medina, 9-21. Puebla: Universidad Popular Autónoma del Estado de Puebla, 2021.

Nemoianu, Virgil. "The Church and the Secular Establishment: A Philosophical Dialogue between Joseph Ratzinger and Jurgen Habermas". *Logos: A Journal of Catholic Thought and Culture* 9, núm. 2 (2006): 16-24.

Ochoa, Nancy. *"Gobernabilidad" versus Democracia pluralista.* Quito: Ediciones Abya-Yala, 2003.

Ostrom, E. *El gobierno de los comunes. La evolución de las instituciones de acción colectiva.* México: Universidad Nacional Autónoma de México, 2000.

Ostrom, E. *Trabajar juntos. Acción colectiva, bienes comunes y múltiples métodos en la práctica.* México: Universidad Nacional Autónoma de México, 2012.

Pablo VI. *Vaticano II. Constitución Pastoral Gaudium et Spes, sobre la Iglesia en el mundo actual.* 1965. De Vaticano. http://www.vatican.va/archive/hist_councils/ii_vatican_council/documents/vat-ii_const_19651207_gaudium-et-spes_sp.html

Pascal, Luis. "Los deberes de la persona para el bien común". Conferencia, Universidad Popular Autónoma del Estado de Puebla, 21 de septiembre de 2014.

Paskewich, J. C. "Liberalism Ex Nihilo: Joseph Ratzinger on Modern Secular Politics". *Politics* 28, núm. 3 (2008).

Pera, Marcello y Joseph Ratzinger. *Sin raíces. Europa, relativismo, cristianismo, islam.* Barcelona: Ediciones Península, 2015.

Pérez, E. "Patrimonio desmontable. El caso del Ara Pacis y la reconstrucción de la memoria". *ARQ* (*Santiago*) 90 (2015).

Pieper, Josef. *Las virtudes fundamentales*. 11º ed. Madrid: Ediciones RIALP, 2017.

Pío XI. *Unigenitus Dei Filius*. 1924. De Vaticano. http://w2.vatican.va/content/pius-xi/la/apost_letters/documents/hf_p-xi_apl_19240319_unigenitus-dei.html

Pío XII. *Quadragesimo Anno*. 1931. De Vaticano. http://w2.vatican.va/content/pius-xi/es/encyclicals/documents/hf_p-xi_enc_19310515_quadragesimo-anno.html

Platón. *Fedro*. Traducción de Emilio Lledó. Tomo I. Madrid: Gredos, 2010.

Platón. *República*. Traducción de Conrado Eggers. Tomo II. Madrid: Gredos, 2011.

Pontificio Consejo "Justicia y Paz". *Compendio de la Doctrina Social de la Iglesia*. México: Ediciones Conferencia del Episcopado Mexicano, 2007.

Ramírez, Santiago. *Doctrina política de Santo Tomás*. Madrid: Instituto Social León XIII, 1951.

Ratzinger, Joseph. *Communio. Un programa teológico y eclesial*. Madrid: Ediciones Encuentro, 2013.

Ratzinger, Joseph. *Convocados en el camino de la fe*. Madrid: Ediciones Cristiandad, 2004.

Ratzinger, Joseph. *El cristiano en la crisis de Europa*. Madrid: Ediciones Cristiandad, 2005.

Ratzinger, Joseph. *El Dios de la fe y el dios de los filósofos*. Madrid: Ediciones Encuentro, 2008.

Ratzinger, Joseph. *El espíritu de la liturgia. Una introducción*. Traducción de Raquel Canas. Madrid: Ediciones Cristiandad, 2001.

Ratzinger, Joseph. *En el principio creó Dios. Consecuencias de la Fe en la Creación*. Traducción de Salvador Castellote. Valencia: EDICEP, 2008.

Ratzinger, Joseph. *Escatología. La muerte y la vida eterna*. España: Herder, 2017.

Ratzinger, Joseph. *Fe, verdad y tolerancia*. 2ª. ed. Salamanca: Sígueme, 2005.

Ratzinger, Joseph. Homilía de la Misa "*Pro eligendo Pontifice*", 2005.

Ratzinger, Joseph. *Iglesia, ecumenismo y política*. 2ª. ed. Madrid: Biblioteca de Autores Cristianos, 2005.

Ratzinger, Joseph. *Instrucción Libertatis conscientia. Sobre libertad cristiana y liberación*, 1986.

Ratzinger, Joseph. *Instrucción sobre algunos aspectos de la "teología de la liberación"*, 1984.

Ratzinger, Joseph. *Introducción al cristianismo*. Salamanca: Ediciones Sígueme, 2001.

Ratzinger, Joseph. *Jesús de Nazaret. Desde el Bautismo a la transfiguración*. México: Planeta, 2007.

Ratzinger, Joseph. *Jesús de Nazaret. Desde la entrada en Jerusalén hasta la Resurrección*. México: Planeta, 2011.

Ratzinger, Joseph. *La infancia de Jesús*. México: Planeta, 2012.

Ratzinger, Joseph. *Mi vida*. Madrid: Ediciones Encuentro, 2006.

Ratzinger, Joseph. *Nota doctrinal sobre algunas cuestiones relativas al compromiso y la conducta de los católicos en la vida pública*, 2002.

Ratzinger, Joseph. *Un canto nuevo para el Señor*. Salamanca: Sígueme, 1999.

Ratzinger, Joseph. *Verdad, valores, poder. Piedras de toque de la sociedad pluralista*. Madrid: Ediciones RIALP, 2012.

Rawls, John. *Teoría de la justicia*. México: Fondo de Cultura Económica, 1979.

Reichberg, Gregory. "Thomas Aquinas on Military Prudence". En *Journal of Military Ethics* 9, núm. 3, septiembre (2010): 262-275.

Reyes, Jorge, "La religión y las asociaciones religiosas en México y sus efectos en desarrollo de Seguridad Nacional". Conferencia, Colegio de Defensa Nacional, 6 de marzo de 2020. Consultado el 23 de junio de 2021. https://capellaniamilitar.org/wp-content/uploads/2021/03/capellania-militar-conferencia-colegio-de-la-defensa-nacional.pdf

Riordan, Patrick. *A Politics of the Common Good*. Dublín: Institute of Public Administration, 1996.

Riordan, Patrick. *Global Ethics and Global Common Goods*. Londres: Bloomsbury Studies in Global Ethics, 2016.

Riordan, Patrick. *Recovering the Common Goods*. Dublín: Veritas, 2017.

Rodríguez, Ángel. *Ética General*. Navarra: EUNSA, 2004.

Ruiz de Arbulo, J. "El altar y el templo de Augusto en la *Colonia de Tarraco*. Estado de la cuestión". En *Fora Hispaniae. Paisaje urbano, arquitectura, progra-*

mas decorativos y culto imperial. Editado por José Miguel Noguera Celdrán, 151-186. Murcia: Museo Arqueológico de Murcia, 2009.

Sada, Alejandro. "La lección inaugural de Bonn y la comprensión de la filosofía". *Coletânea* 20, núm. 39 (2021): 141-158.

Sada, Alejandro. "Naturaleza y misión de la filosofía en el pensamiento de Joseph Ratzinger". Tesis doctoral. Universidad de Navarra, 2020.

Sandel, Michael. *Filosofía Pública. Ensayos sobre moral política*. Barcelona: Marbot, 2007.

Sandel, Michael. *La tiranía del mérito. ¿Qué ha sido del bien común?* España: Debate, 2020.

Sanguineti, Juan José. "El triunfo de la nueva ciencia". *Ciencia, tecnología y el mundo*, 1-29. Buenos Aires: Logos/Universidad Austral, 2021.

Sanguineti, Juan José. N*eurociencia y filosofía del hombre*. Madrid: Palabra, 2014.

Sanguineti, Juan José. "La crítica humanista de la ciencia y de la tecnología moderna". *Ciencia, tecnología y el mundo*, 1-30. Buenos Aires: Logos/Universidad Austral, 2021.

Sartori, Giovanni. *La democracia en treinta lecciones*. Traducción de Alejandro Pradera. México: Taurus, 2009.

Seewald, Peter. *Benedicto XVI. Últimas conversaciones con Peter Seewald*. Bilbao: Buena Prensa, 2016.

Soler, Carlos. "Fe y política en Joseph Ratzinger". *Pensamiento y Cultura* 16, núm. 1 (junio de 2013): 204-235.

Speamann, Robert. *De la utopía al nihilismo banal*. Consultado el 27 de junio de 2021. http://foro-spaemann.blogspot.com/2016/08/de-la-utopia-al-nihilismo-banal.html

Vigo, Alejandro. "La concepción aristotélica del silogismo práctico, en defensa de una interpretación restrictiva". *Dianoia* 55, núm. 65 (2010): 3-39.

VV.AA. *El pensamiento político en la Edad Media*. Coordinado por Pedro Roche Arnas. Madrid: Centro de Estudios Ramón Areces, A.C., 2010.

Walzer, Michael. *Las esferas de la justicia: Una defensa del pluralismo y la igualdad*. México: Fondo de Cultura Económica, 2004.